私はいま自由なの？

ER JEG
FRI NÅ?

男女平等世界一の国
ノルウェーが
直面した現実

リン・スタルスベルグ
枇谷玲子 訳

柏書房

ER JEG FRI NÅ?
by Linn Stalsberg

First publishied by H.Aschehoug & Co.(W.Nygaard)AS, 2013
Published in agreement with Oslo Literary Agency
through Tuttle-Mori Agency,Inc.,Tokyo

それぞれの世代が、
それぞれの時代の要請に応じて、
それぞれの問題に根本から向き合い、
適応していかなくてはならない。

文学史教授エルスブ・ステーン（１９０８～２００１）、
『現代女性』（１９５０年）より

私はいま自由なの？　目次

・（ ）内は、原著者による補足説明、もしくは原註である。
・［ ］内は、訳者による補足説明である。
・括弧内の説明が長い場合には見開きの左端に掲載した。

時代の変遷とともに社会情勢は目まぐるしく変化していく。
女性の抱える問題も変わっていく。
若い世代は、もう母親世代の経験をあてにできない。

はじめに

胸騒ぎ

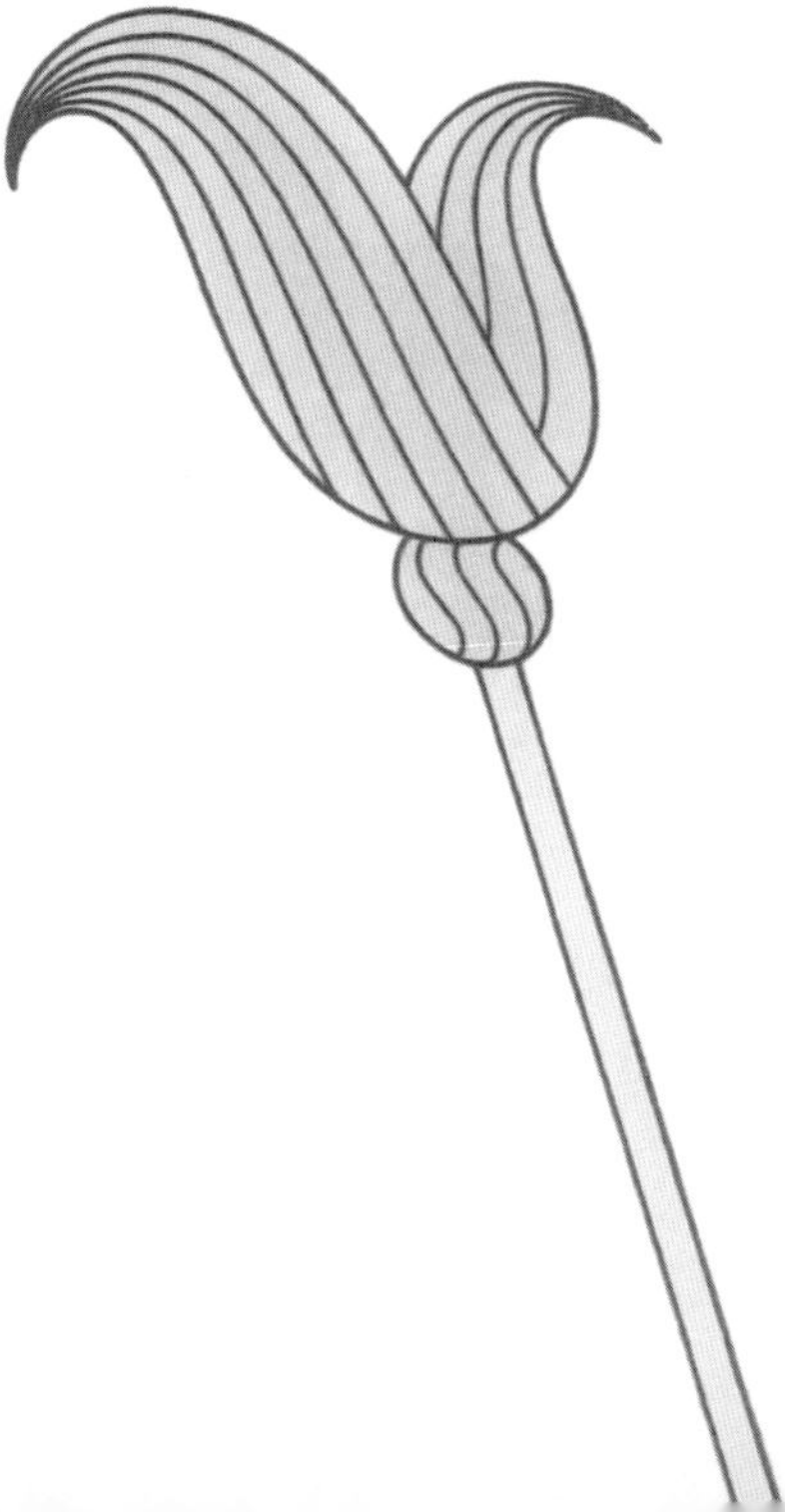

ノルウェーに暮らす私たち女性は、どこまでも前進できる。キャリアを積み、重要な職に就き、子どもも配偶者も持てる。もちろん、自分で稼ぐことだってできる。母親になった後でも、国会議員を目指せるし（ノルウェーの国会議員は、育児休暇を取ることもできるのだから）、スキー・レースやマラソンにだって出られる。くたくたになって帰宅すると、家庭的なパートナーが夕食を作って待っていてくれる。ノルウェーでは、保育料はほぼ無料で、学童保育が充実している。育児休暇の取得率も、父、母ともに世界トップ。高齢の両親がいる場合、老人ホームが毎日、責任をもって面倒をみてくれる。多くの男性が長年手にしてきたものを、私たちもようやく手に入れたのだ。この国は男女平等だ。自分の人生を選択できる。私たちは自由だ。

この国が追い求めてきた理想が、ようやく実現したのだ。政治家たちは、ことあるごとに、ひけらかす。

「ノルウェーは、世界一男女平等な国です！」と。

さらに彼らは言う。

「男性も女性も、仕事と家庭を両立できますよ」

実際にそうするよう、国民に期待する。それはフェミニズムの戦利品かつ男女平等の成果物で、大多数の人の望みでもあった。現在、大半の家庭がフルタイム勤務や、なかば義務教育化した保育制度に順応し、子どもたちも健やかな学童生活を送っている。特異な歴史を経て実現された今日《こんにち》の福祉制度により、過去のどの世代も経験してこなかったようなチャンスに私たちが恵まれているのは、まぎれもない事実だ。憂《うれ》える理由はどこにもない。

ところが、私たちを混乱に陥れるグレーゾーンが少なからず存在する。そこにこそ、男女平等と女性解放、職業生活の変化の過渡期に潜む問題点や知見が埋もれているのではないか。男女平等世界一の国で、仕事と家庭の両立が容易《たやす》いのなら、一体なぜ幼い子を持つ約半数もの親がパートタイムで働いているのだろう？［3歳～6歳の子を持つ既婚女性または事実婚をしている女性のうち、フルタイムで働いているのは26％。40％はパートタイム勤務で、14％は一時的に労働から離れている。残りの20％は失業中または労働力をもたない］

仕事と家庭の両立や、成人と若年者のストレス、燃え尽き症候群、病気による欠勤について、議論されたり研究されたりしているのはどうしてだろう？　私たちはこれらを単なる一過性の不平不満として受け流すべきなのか？　それとも、より深刻な社会問題が潜んでいるのではないか、と疑ってみるべきなのだろうか？

家庭内の小さな問題は、社会の大きな問題と繋《つな》がっている。仕事と家庭の両立がいまだに難しいのは、うまく機能しているように見える私たちの社会に、歪みが生じている証《あか》しなのだろうか。あるいは、今のうちに向き合っておくべき変化のあらわれなのだろうか。

仕事と家庭について数多くの研究を行ってきた学者に数え切れないほどインタビューしてきた。このテーマからは、さらに厄介な問題が立ちあらわれ、注目すべき要素が次々と見つかる。一般庶民の日常には、政治家の謳《うた》う男女平等の成果は見えない。フルタイムの仕事と、家庭でのケア労働の両立は、いまだに各家庭が創意工夫して、解決すべき課題とされている。

家の中で問題となるのは、実務的な事柄とは限らない。あなたとパートナーの様々なニーズ――子ども、仕事、お金、社会――が日々せめぎ合うことで、強烈な感情がしばしば生まれる。私も自分で子どもを持つまで、いつもイライラしてドタバタと時間に追われる友人たちの姿に首をひねり、あんなふうになるもんかと心に誓ったものだった。

ところが蓋を開けてみると、私も友人たちと寸分違わぬ状況に陥ってしまった。パートタイム勤務をし、幼い子の母としてゆっくり子育てをしたいという理想を思い描いていたけれど、現実は甘くなかった。子どもが生まれた時点で、私たち夫婦は住宅ローンと2人分の学資ローンを抱え、どちらも一時雇用という不安定な身の上。短い労働時間をさらに削るなんて、考えられなかった。また私たちはパートタイム勤務が社会保障手当の激減を意味することも知っていた。こうして我々夫婦も、仕事と家庭の板挟みに遭うことになった。幼いわが子が保育所になじもうと健気に頑張っている姿を内心ハラハラして見届けつつ、懸命に働く親としてもっとやりようがあったのではと振り返るかもしれない。でも子育てに追われている最中には、選択肢がほとんどないように思えるものだ。ほかの人たちも皆、同じ条件でやってきたのだから、と。いや、そうなのだろうか？

時々湧き上がる罪悪感。自分の日常生活もうまく回せていないのに、という焦り。仕事も子育ても中途半端。肉体的、精神的ストレスを絶ち切れない日々の中で、増えていく小さな傷。私たちはどうにかしてそんなストレスフルな毎日から抜け出そうとしていた。

子どもが生まれ、このような日々の不安について話すようになると、大勢の人から「私も同じ悩みを抱えている」と打ち明けられた。この会話は、保育所の門の前やお酒の席、お昼休みやFacebookのメッセンジャー上で繰り広げられた。ちょうどメディアでも、親たちがいかに仕事と家庭を破綻なく両立させるのに苦労しているか、盛んに議論されるようになっていた。議題は女性の病欠や、1歳児入所、厳しい勤務条件や、家庭での男女平等など、様々だった。しかし、これらの議論が、私たちの社会全体を映し出し、互いに相関する事象だと意識することはまずなかった。仕事と家庭を両立できないのが、私たちが生きるこの社会のシステムそのもののせいだとしたら？　私たちがこんなにも四六時中追い立てられているのが社会制度の歪みのせいだとしたら、一体どうしたらいいんだろう？

フリーランスのジャーナリスト、コラムニストとして私は、「階級闘争」などの新聞に、フェミニズムや子ども、保育所、職場環境、家族生活について書いてきた。そこで出会ったのは、答えよりも疑問の数々。やがてそれらの答えを見つけ出したいと思うようになった。疑問の多くは、私が母親として日々直面する問題とフェミニストとしての体験のギャップから生まれたもの。そして現代のフェミニズム思想における独立した一つのテーマとして確立させようと苦心してきた、子どもや家庭についてだった。

これらのテーマで記事を書くと、男女平等や家族について、私が感じたのと同じような不安や興味深い意見が、性別を問わず多数寄せられた。彼らに新聞の寄稿欄へ投稿を頼むと、大体の場合、「できません」と辞退された。子どもや保育所、労働環境や日々のストレスについて、公《おおやけ》の場で考えを表明するのをためらう人がこんなにもいるのかと驚かされた。私の主張が「日々の暮らしが楽になるよう、社会の構造を変えよう」と捉えられているためか、子どもや家庭といった言葉を出すと、たちまち個人的な体験と受け止められてしまうのだ。

１９７０年代のフェミニストたちは、個人が日々感じる問題について話すことが女性解放の第一歩であり、そこから社会の全体像が見え、ともに変革をもたらすことができるのだと考えた。この本が変革の一翼を担えたらどんなにいいだろう。自分たちが子育てと家事、仕事の両立に苦しみ、時間に追い立てられているのはなぜか、答えを見つけたい。

答えを探すため、70年代に遡《さかのぼ》ることにしよう。彼女たちの言う女性解放とは、実際のところ、何からの解放を意味していたのだろうか？　彼女たちは一体、何を手にしたかったのだろう？　そして現代の私たちはそれを手にしているのだろうか？　子どもが8、9時間、保育所で過ごす中、両親がフルタイムで共働きするのを、理想の社会だと先人は考えてきたのだろうか？　はたまた全く別の目標を掲げてきたのか？　もしそうなら、それは一体、何だろう？

70年代のフェミニストは、活発な議論を展開し、幼い子を持つ親の一日6時間労働やパートタイム勤務の権利を求めた。彼女たちは経済成長よりも、人々の求めに重きを置いた新しい社会を模索していた。気候変動と経済危機に直面する現在、個人の幸福はかつてないほど求められているに違いない。このような大規模な社会改革は、今日《こんにち》のフェミニズムの議論に欠けがちな論点だ。男女平等のみを求めて闘っていると、社会全体への意識が頭から抜け落ちやすいのかもしれない。男女平等を果たした先に何を望むのかも重要だ。要するに、女性解放運動は男女平等という目先の目標の前で立ち止まってしまっていると言えるのかもしれない。

自由とは、私たちの永遠の関心事だ。その実《じつ》自由は政治的に中立ではない。例えば、国家が個人の暮らしに介入するほど個人が自由になるという人もいる。歴史を振り返ると、自由は抑圧に対抗するためのスローガンだった。ところが現代では、自由は富裕な家庭が安く人を雇って得るものという文脈で使われることが増えてきている。

ノルウェーでは、自由とお金は切っても切り離せない関係にある。支払能力があること。住まいを構えられること――。自由は、社会福祉や国家の支援とも関わっている。しかし自由と直接関係するのは、日常の舵《かじ》をうまく切れるかということだろう。家族の一大事をフォローできる環境にあるか。たとえ骨が折れようと、責任が重かろうと、病床に伏した家族を自ら看病できるか。仕事に追われるあまり、病に倒れた家族に付き添えないのは自由がないのと同じだ。社会のセーフティーネットに守られ、安心して暮らしを送れるのは、そもそも経済的自由を前提にしている。この自由には、税金を払うだけの価値がある。

∴ フェミニズムにおける七つの自由

フェミニズムにおいて自由とは、①女性が男性と同じ機会と権利を得られる自由を指す。また、②特別な措置を受けられる自由――例えば女性が妊娠、出産、授乳にまつわる特別な権利を得る自由――をも指す。

一般的にさらに自由とは、何かから解放される自由と、何かを得る自由の両方を意味する。女性たちは③主婦としての人生を送らなくてよい自由、④経済的な自由、あるいは仕事をする自由を求め闘ってきた。今、自由と聞いて、主婦に逆戻りすることを思い浮かべる人はいないだろう。⑤ワークライフバランスの取れる生活を送る自由も、今日《こんにち》のフェミニズムが求める自由の一つだ。自由はまた、⑥職場における不当な権力関係からの自由をも意味しうる。仕事と家庭の両立が難しい原因は、外からのニーズと、内からの欲求のバランスを取りながら日々のルーティンをこなすのが難しいことにある。もしかすると、「現代を生きる私たちには、多くの選択肢がある」という言説そのものが、私たちを逆に不自由にしているのかもしれない。選択が自己決定により為《な》されるがゆえ、仕事と家庭を器用に切り盛りできないのは自分の責任だと感じてしまう。でも、実際のところ私たちに、そんなに選択肢があるのだろうか？

最後に、⑦**自らの日常と周りの社会、両方に参加し、決定できる自由**がある。そのため自由はこれまでも、これからも、フェミニズムの本質であり続けるべきだ。女性解放は男女平等よりも広範かつ強固な概念なのだ。

私たちは皆、それぞれ異なる社会階級に属し、異なる問題を抱えている。一口に家族といっても、異なる価値観の下、多様な生活を送っている。ところが、男女平等と選択の自由について、時折、逆の言説を耳にする。それは、「私たちは皆、平等で、同じだけ選択肢をもつ。私たちの誰もが等しく自由である」というものだ。

ここに落とし穴が隠れている。あなたが日々のストレスや出世争いで、ぼろぼろになっているのなら、問題があるのは、きっとあなたではなくあなたの周りの世界だ。私たちがどんな種類の経済システムや職業理念、ニーズの中で生き、政府がどんなふうに福祉に取り組んでいるか、どんな種類の価値を求めているのかといった、枠組みの問題がしばしば、仕事と家庭についての議論では抜け落ちがちだ。この本を通して私は、これらの論点を俎上に載せ直したい。家族の構成員は、仕事や保育所、学校や福祉といった社会の〈模様〉の一部だ。一人の力は限られているが、連帯を願い、実際に連帯することで、ともに変革をもたらすことができる。

私は家庭を犠牲にしない働き方を実現するために安定した仕事を辞めた。決意したのは、下の子が保育所に入った年の11月だった。ある暗い冬の朝、まどろむ子どもたちを起こした。下の子は、歩き出したばかりだった。父親はぐずる2人の子どもに冬服を着せ、ソリに乗せた。上の子は下の子がソリから落ちぬよう、後ろから抱きかかえた。私たち大人は寝不足の中、着替えやお弁当作りや朝食の用意をしたり、小さなバッグに予備の手袋をちゃんと入れたりする作業で、一日が始まる前に疲れ果ててしまっていた。おまけに一日の開始時刻は、あまりにも早い。私たちは朝から子どもたちの機嫌を取り、やる気を起こさせるのにくたびれ、互いにイライラしていた。その日、私たちは職場に遅刻してしまった。初めてのことではない。そんな日々をこれからも何百日と過ごさねばならないと思うと、やるせない気持ちになった。私たちは日常生活を回せていなかった。

閣僚や各分野のリーダーがスピーチの中で、キャリアの道を歩んで管理職やリーダー職を目指すよう女性たちをエンパワーしようとするのを耳にするたび、私は舌打ちしてしまう。今でもいっぱいいっぱいなのに、まだ働けって言うの？　出世しないとダメなの？　閣僚もフェミニストを名乗る人も、勝ち誇ったように掲げる理想と、庶民の多くが送る日常に、隔たりがあることに気付いていないの？　多くのフェミニストにとって、家族というのは手に負えないものだろうか？

昨今のフェミニズムにまつわる言説は、過去のフェミニストたちの戦利品をひたすらに称え、西洋で多かれ少なかれ達成されてきた男女平等という素晴らしい思想の恩恵に、どうしたら全ての女性が与《あずか》れるのかといった、概してポジティブなものが多い。フェミニズムの目指す先はまさにそこだ。もちろん女性は、お金を稼ぎ、自らの人生を選べる自立した個人であってほしい。西洋の女性がほかの地域の女性に比べ、恵まれているのもまた確かだ。しかしだからといって、私たちの思い描く男女平等を他国に輸出することで、他国の女性が幸せになれるほど、事は単純なのだろうか？　理念と市場経済をそのまま輸出したところで、よその国の女性に資するとは限らないではないか。その答えを探すことが、本書の目的の一つだ。現代社会における自らの人生の目的を理解する上で、仕事と家庭の両立に関する議論を真剣に受け止めてほしい。

フェミニズムについて話す時、理想と現実の隔たりが見落とされがちだ。とりわけノルウェーの女性の人生については、この悲観と理想の境界線上に、議論すべき点が多々潜んでいる。この本の全てのテーマは、私たちが日々、特定の要求を突き付けてくる市場に完全に支配された経済中心の社会で暮らしているという認識に行き着く。これは、私たちの生き方や考え方に大きく影響する、社会を支配する理念だ。フェミニストも意識的、また無意識的にこの理念の片棒を担ぐのだろうか？　もしそうなら、この理念は世界の女性運動やノルウェーの子どもや大人の日常生活にどんな結果をもたらすのだろう？　以上の観点から、私はこの本を通し、今日《こんにち》の女性運動と男女平等の原動力について考察を深めていきたい。

家庭と仕事の両立は難しく、女性たちは過酷な日常を切り抜けるために、パートタイム労働という選択を取っている。こうした女性と一部の男性は、この現状を真摯に受け止めた上で、出世競争に身を投じ、新たな問題に直面するはずだ。「私たちが望むのは、自分の子どもやほかの家族と過ごす社会よりも、仕事場で長い一日を過ごす日々を誰もが優先する社会なのだろうか？」という問題だ。

この本はもちろん、全女性の気持ちを代弁するものでなく、私個人の静かな叫びだ。ここには、大勢の人が全く共感できない日常描写や、自分の生活とは全く異なると首を横に振るであろう研究が出てくる。この本で触れる日常や研究、インタビューは、私ができるかぎり忠実に再現したものだ。分析を行ったのは私、結論を出したのも私だ。とはいえ、自分以外の大勢がこんなにも日々、ぎりぎりの状態で苦しんでいるということを知らなければ、筆を執《と》ることはなかっただろう。私たちが苦しんでいるのは、効率性を高めることや次々に消費することが始終求められる市場経済社会で、それでもどうにかやっていこうともがくからだろう。

2013年、私はあるパネルディスカッションに参加した。ディスカッションの後、年輩の女性が足早に近づいてきた。その女性はフェミニズム第2波から第4波の現在まで、女性解放運動に力を尽くしてきたフェミニストで、私の腕をつかみ、こう言った。

「あなたがさっき話していたのは、人生の意味についてなのよ」

後に私は、確かにそうなのかもしれないと感じるようになった。仕事と家庭の問題は、私たち一人ひとりに、まさにその「人生の意味」は何かという問いを突き付けているのではないか。毎日忙し過ぎて、何もかもが無意味に思えるかもしれない。でもだからこそ立ち止まって、考えてみてはどうだろう？

仕事・家庭の両立という難問は、大切なことを教えてくれる。私たちは賢明にも、社会的、経済的に秀でた効率的なシステムを築いてきた。でも、それは本当に「賢明」だったのだろうか？

第一章

「仕事と家庭の両立」という難問

「あれこれ求められ、四方八方に引っ張られ、まるで伸びるグミになったみたい。ああ、もう引きちぎられそう」

オスロ在住のソフィー[1]

（2014年2月3日付「アフテンポステン」紙）

現在のノルウェーで幼い子を持つ親は、夫婦ともにフルタイムで働くのが理想とされる社会で、子育てをするようになった最初の世代だ。この理想を実現するため、社会が子どもたちに公共保育サービスを提供するようになった。今の男性は、子どもが誕生するや、物理的にも心理的にも子どもに寄り添い、子育てを主体的に行い、育児休暇をフルに取るよう期待される。女性も出産・育児休暇が明けるや否や、自発的な職場復帰が期待される。親が一つ屋根の下に暮らしていて、子育てを手伝ってくれるなんて人は稀《まれ》だ。祖父母も日銭を稼ぐのに追われ、孫のお守りをする余裕はない。学校では、親の参加が求められる。休日も学校行事で大忙し。オーケストラにサッカークラブ、自治会、住宅組合は、ボランティア精神に満ち溢《あふ》れている。[2]

人々が日々、時間に忙殺されるこの社会で、「仕事と家庭の両立」という言葉が生まれるのは当然に思える。しかし、この概念の陰には一体、何が隠されているのだろう？　この概念が、なぜこの時代に生まれたのだろう？　フェミニストは仕事と家庭を両立できない女性に一体、どんな反応を示してきただろう？

70年代のフェミニストでアクティビストのルナ・ハウコーによると、今日《こんにち》の、仕事と家庭の板挟みという悩みは40年前、「女性の抑圧」と呼ばれていたらしい。この概念を彼女は、女性も自立して働きたいという欲求と、子どもといたいという欲求の間で揺れ動き、胸が張り裂けそうになることと定義している。[3]

私たちが罪悪感と重圧を抱くことを、現代女性の抑圧と呼べるのだろうか？　今日《こんにち》の女性にとってなじみのない考えだろうが、同時に、私たちが新たな発見をする可能性を秘めた考えにも思える。

∴　厄介な良心

この2世代で、男女ともにライフスタイルが大きく変化した。とはいえ、変化の度合いはおそらく女性の方が大きい。

世の矛盾の大半は、生活様式の変化に起因する。女性が働いていたとしても、パートタイム勤務である場合が多い。収入は男性に及ばない。現代の男性は歴史上、最も家事をしているが、それでも家庭内での主な家事の担い手は依然、女性である。[4] 私たちは性別を判断材料に、役割を選ぶ。女性の方が男性より頻繁に病気で欠勤する。新聞で仕事と家庭を両立する難しさについて書くのが、大方、女性なのは偶然ではないだろう。家族に子どもが加わった際、子育ての優先度の高さは男性と女性でしばしば異なる。ここで男女平等の真価が試される。

2005年のスウェーデンの調査で、家庭、仕事への貢献度に男女差があることが明らかになった。幼い子を持つ親は、様々な業界で働いているが、母親の40%は、子どもが小さいうちは労働時間を抑えたいと望んでいた。一方、男性で同じことを望む人はわずか15%だった。女性たちはまた、子どもを保育所に入所させる年を遅らせたいとも思っていた。女性の方が男性よりも、わが子を保育所に預ける時間を短くしたいと願っている場合が多い。[5] しかも女性はわが子に少なからず罪悪感を覚えていると、研究者たちは調査報告を上げている。

私たち女性は、自分が罪悪感を抱くべきでないと分かっている。ここは私たちの弱点だ。罪悪感を持つのを否定することが、フェミニストの活動と化したのではないかとさえ思えてくる。私たちが変えるべきは、母親たちでなく社会だ。私たちは心配し過ぎるべきではないが、罪悪感からは大切な学びを得られるかもしれない。男性諸君も、もう少し心配してみてはどうだろう?

私たち女性は、学校から子どもが帰ってくる時に家で出迎えたいと願うより、キャリアの道を願うよう社会から期待されている。スウェーデンのニーナ・ビョルクはこうまとめる。

「男性が外で働き、女性が家事・育児をするという、男性中心型の家族モデルを擁護しようとするフェミニズムは、経済の論理に迎合したフェミニズムであるように私には思える」[6]

社会から正しいとされる選択は、経済界の空気を読んで行われたものだ。出産・育児休暇明けに、パートタイムで働く、または家庭に留まる女性が受けられる社会保障は限られている。彼女たちの大半は、将来もらえる年金額も疾病手当も減額されると覚悟している。これらの保障が大事なことは重々承知しているが、それ以上に大事なものが彼女たちにはある。私たちは女性がパートタイムで働く選択をする際、それがどういうことなのか、彼女たちが何を意図しているのか研究すべきだ。フェミニストとして、また彼女たちのシスターとして、気にかけるべきだ。

罪悪感は時に、自責の念と入り交じる。日常生活をうまく回せないことに対する自責の念。この世界一の国に満足できないこと、仕事を十分に愛せないこと、文句を言ってしまうことに対する自責の念。カリアンネ・ガムキンが2013年に『ママでごめんね』に書いている通り、私たちは行く先々でぺこぺこ頭を下げてばかりだ。

「私は謝る。上司に。子どもが病気になって、家で看病しなくてはならなくなって、ごめんなさい。保育所からの電話で、会議を抜けてごめんなさい。早退してごめんなさい。ドタキャンしてごめんなさい。謝らなくてはならないことばかりで、ごめんなさい。とにかくもう謝ってばかりだ[7]」

ノルウェー国営放送のNRK言論は同年に、婦人参政権記念のディベート番組をスタートした。ガムキンに近い心境を吐露する人はほかにもいる。例えば番組に出演したフェミニストのグンヒル・マリア・フガタル・マルシェンは、大人になってからもう何年も自分の生活は、飢餓感に満ちていると自ら認めている。

「不安と心許なさを常に感じ、常に寂しくて仕方ない。なぜならあまりにも頻繁に子どもたちと一緒にいたいと願ってしまうからだ。私の心と頭は、保育所で金髪を揺らして遊ぶ2人の娘たちのところにもう何年もあるのに」[8]

私たちの祖母や曾祖母、さらに上の世代が、家を出たいと願ってしまう自分を恥じていたように彼女は子どもと一緒にいたい自分を恥じている。フェミニズムは世間離れしてきていると指摘したのは、ガムキンが初めてではない。このようなフェミニズムが、メディアで台頭してきているように私には思える。ノルウェー国営放送NRK言論やほかの場所で、2013年の冬や春に登場したこれらの言説が印象的だったのは、注目度や広がり方ぐらいで、主張自体に特段、目新しさはなかった。語られたことの大半は、私たちの多くが両親として何年も話し合い、議論してきたことだ。仕事と家庭を両立させる難しさがようやく公に話されるようになったのは、ある意味では好ましい。これまでごく個人的なことと捉えられてきた言葉や体験談が議論すべき対象となったからだ。

スウェーデンの心理士、イルヴァ・エルヴィン・ノヴァクは、博士論文でまさにこの母性と罪悪感について研究した。スウェーデン社会全体が、母親に罪悪感を植え付けてきたのだと、彼女は結論づけた。[9] 背景にあるのは、社会からの矛盾した要求だ。子ども中心の人生を送るよう女性に期待する一方で、フルタイムで働き、男女平等の理念を下支えするよう求める。ノルウェーでは子ども手当がまた、母親たちに混乱を巻き起こす元凶となった。家庭に留まるために手当をもらい、子ども中心の生活を送ることもできる。しかし、保育所に子どもを預けて仕事する道を選ぶと、子ども中心の生活を選ばなかったのだというサインを送ることになる。話は単純でない。

仕事を選んだのに、子どもと一緒にいたいと主張しようものなら、研究者から、「今の親はかつてないほど、子どもと過ごす時間に恵まれている」と訳知り顔で言われてしまう。[10] 多くの人にはその通りなのだろうが、そのような研究が女性労働の改善に貢献しうるだろうか。

保育所の運営状況はどうか——職員は足りているのか、保育の質は十分か？　家族の形は多様で、周囲からどれだけのサポートを得られるかも、家庭によってまちまちだ。それなのに夫婦共働きの理想は、各家庭が抱える問題に関係なく、全ての人に画一的に課せられる。「ノルウェーのような国で母親業ができて、とてつもなく幸運だと分かっている。それでも自身を幸運と呼べるほど、完璧な補償はされていないと感じる女性は非常に多い」。そう説くのは2012年に『男女平等という幸福』という本を書いた、クリスティン・ブリサイドという作家だ。「私たちは皆、昔の女性が指をくわえて夢みていたチャンスに恵まれている。だから私たちは人生に対する不満という、厄介な感情を脇に追いやるよう迫られる」。ブリサイドはそう指摘する。[11] ノルウェーは子育てしやすい国に毎年選出されている。この国で、女性が公の場で国家を批判してしまうと、恥をかきかねない。女性が不満を露わにしようものなら、泣き言を言っているとか、感謝の心が足りないとか、歴史を知らないというレッテルを貼られかねないのだ。しかしブリサイドは、フェミニストが大勢の女性の感情を見過ごしており、さらに職業人の女性がさらされる新たな形の抑圧を見落とす恐れがあると言う。今の女性は、かつての女性が夫に依存していたのと同じぐらい、雇用者に依存している。仕事がなければ、暮らしていくのは難しいのだから。

子育てしながらフルタイムで働く苦労は、並大抵のものではないが、自分自身が子どもを持ち、子育ての当事者になるまでは、そのことについてわざわざ考える人は少ないだろう。例えば——子どもの夕食に毎日ソーセージを出したとか、夫の番と勘違いして保育所に子どもを迎えに行き忘れたといった笑い話を友人から耳にする。そうして子どもの誕生日に手作りのパンを焼けず、市販のケーキで済ませたんだよとおどけながらも、小さくため息をつき、自分はくたくたであること、自分は働く女性で、親でもあることを、当然のごとく強調するのだ。こうして日常で出会う問題を、ユーモアとエクスキューズで見事、煙に巻くことに成功するかぎりは、安全圏にいられるのかもしれない。

しかし、子どもとの暮らしがもたらす様々な馬鹿馬鹿しさ、混沌が、笑いやおかしみだけでなく、欠乏感や罪悪感といったダークな感情をも呼び起こすとしたら？　そう感じる多くの人にとって、参考になるであろう議論がある。仕事と家庭の両立にまつわるこの議論の発端は、「アフテンポステン」紙の記事で、ある女性が当時、家族療法士だった心理学者のシッセル・グランにした話だった。この２００４年と２００５年の議論は、ほかのメディアにもたちまち広がり、長らく続いた。以下に、一連の議論の引き金となったコラムの一部を引用することにしよう。

> 若い頃は、子どもを産んでも、何も変わらないと思っていました。子どもを産む前と同じ日々が続くと信じていたのです。たくさん働き、人付き合いし、職業人として成長できると。夫と私で親業を50・50《フィフティ・フィフティ》で当然、分担できるとも。これらは私たちが耳にタコができるぐらい聞かされてきた話だった。こう言っては何だが、妊娠しても、親になっても何も変わらない、変わる必要はないという誤解を生んだのは、私の周りの同世代、および上の世代のフェミニストなのです。子どもを持つ前と同じような生活が続くかのような誤解を。男性の育児休暇が延長されさえすれば、一件落着だと。私たちは男女平等であれ、と法律で定められた社会で生きているのだから。これはとんでもない絵空事です。人生は想像と全く違っていました。子どもができると何もかも変わるという事実はある意味、伏せられていたのです。この変化に配慮しようとする人などいないという事実も。[12]

シッセル・グランは以下のように答えた。

希望を胸に1人目の子どもを生んだ当時、この質問者は32歳でした。彼女と同じ壁にぶつかっている有能な女性たちがたくさんいます。これは彼女たちの精神がもろいからでも、彼女たちの夫が残虐で思いやりに欠けていたからでもなく、全く予期しない新たな現実を目の当たりにし、ある種、ショックを受けたからです。彼女たちはキャリアと親としての責任のバランスを保とうという挑戦を、周りの同僚や職場からサポートしてもらえるだろうと思っていました。でも、実際はその逆だったのです。以前と全く別種の大きな責任を負う母となったことに左右されず、以前のような生活を続け、以前と同じく生産的であり続けるよう皆から期待されてしまう。これに加え、彼女たち自身が母親としての役割を最優先に全うする上で、他のことは何一つ変える必要はないという大きな誤解をしていて、それゆえ疲弊してしまっているのです。生産的かつ活動的であり、全てを成し遂げられることを当然だと思い込んでしまっています。

グランが以下のような結論を下したことで、その後コメントが雪崩のように押し寄せた。

「『若いのに、くたびれ果て、だまされた』と言われるのにふさわしい若者たちが、男女ともに、大勢、出てくることだろう」

若いのに、くたびれ果てているというのは分かる。でも、だまされたって、誰にだろう？　これを境に私は70年代の文献を読むようになった。70年代のフェミニストたちに、私たちがだまされたって、本当だろうか？　にわかには信じられず、真実を突き詰めたいと思った。

∴ 文句の歌か正直者の曲か

私にとっての仕事と家庭の両立の困難は、悲しみや渇望とより密接に結びついている。例えば次のような感情だ――欲しいものを全て諦めてもなお、やることなすことうまくない。自分が望むのは、普通の仕事をし、近くに保育所があり、子どもが健やかに育ち、子育ての責任を半分負ってくれるパートナーがいること、たったそれだけなのに。子どもと思う存分、過ごせる日がないとか、就業時間の7時間半ちゃんと働いてもなお、十分な成果を上げられない。特に子どもとの時間を毎日8時間も失っているという悲痛な思いは、特に幼い子を持つ母親には耐えがたいものだ。どんなに頑張っても、どんなに強く願っても、断ち切ることのできない罪悪感と不安。両立を望まないわけがない。

２０１０年10月21日、「アフテンポステン」紙に、北欧女性は南欧女性よりも、仕事と家庭の両立に困難を感じている、という記事が掲載された。その記事で、トリル・ブルという研究者の博士論文が紹介されている。そこで彼女は、職業人とケア労働者という役割の両立について分析している。記事では、頑張って頑張って、仕事と家庭、両方うまくこなそうとすることが、キャリア志向の女性の生活に苦難をもたらしているという発見にブル自身「驚かされた」と書かれていた。福祉国家北欧は、仕事と家庭を両立するのにうってつけの国かとばかり思っていたのに、と。

仕事と家庭は別々の世界ではなく地続きであって、日常の中で複雑に絡まり合い、混在するものだ。大半の人にとって、ある程度コントロールのきく職場よりも、ストレスに満ちて退屈な家事をしなくてはならない、慢性的に散らかった家さえも、自由な空間に思えるかもしれない。人を疲弊させるのは、仕事でなく、日々の暮らしを形作るありとあらゆるものだ。息をつく暇もない日々を送る場合は特に。

アメリカの社会学者、アーリー・ホックシールドは、「さかさまの世界」と呼ばれる理論で知られている。[13]アメリカの家庭を対象に行った調査で、外で働く時間が長ければ長いほど、家に帰った後、効率的かつ合理的に家事をしなくては、というプレッシャーにさいなまれることが分かった。外で多くを求められれば求められるほど、家庭というフィールドでも効率的であろうとしてしまう。どこかで聞いたことのある話だ。ホックシールドは、一日の労働は、三つのフェイズに区分できると言う。一つ目のフェイズは賃労働。二つ目は子ども、ウェブ会議、夕食や様々な業務。ホックシールドは、ここでお終《しま》いではないと言う。三つ目は、今しがた経験したばかりのストレスに満ちた二つ目のフェイズを理解、熟慮し、心の整理をするフェイズだ。「男性も女性もこの2回のシフト・チェンジを経験する」とホックシールドは言う。それでも家事に対しても子育てに対しても、女性の方が男性よりも現状大きな責任を負っているため、二つ目のフェイズで特に問題が生じる。[14] 仕事と家庭の両立が困難なのも、二つ目のフェイズだろう。「どうして、こんなに毎日忙しくしていなければならないの？ 夫婦でゆっくりする時間もない」。作家、ケティル・ビョーンスタッドが2012年、『世界の終わり』という小説で書いたように。

何が危機的状況にあるかはさして関係なく、どうしてこんなにも忙しく、こんなにも自らを追い立ててばかりいるのだろう？ 現在、私たちは理想とはほど遠い暮らしを送っていて、結果的に苦しめられているのは大体において子どもである、というのが私の実感だ。なぜなら今《こん》日《にち》の家族は離散したり、忙し過ぎたり、予定の詰め込み過ぎで苦しむという一種の鬱《うつ》状態に陥っているからだ。[15]

ノルウェー家庭が鬱状態に陥っている？ なるほど、確かにその通りだ。だとすれば、さっきの二つ目のフェイズで見られた仕事と家庭のジレンマが見られるのは、ここかもしれない。ひょっとしたら、ここに現代の病が隠されているのではないか。ハンネ・M・S・ベルグは、ノルウェー国営放送の『それが人生』という番組で、2004年にインタビューを受けた折に、この困難を「禁じられた悲しみ」と呼んだ。彼女は、自身を含めた一見成功しているように見える女性の多くがパソコンの前で仕事にいそしみつつも、心の中では子どもに焦がれ、強いストレスを感じていると、女性の内心を表現してみせた。子どもが生まれるとキャリアの道は全く別物になり、心の準備を促してくれる人は誰もいないとベルグは言う。彼女はシスティ・クラフトの『母親も人間じゃないんですか?』という本で取材を受けた際、先のインタビューへの反響がすさまじかったと明かしている。2004年2月1日の「アフテンポステン」紙のインタビューでは、女性が外で働き、労働市場で男性と肩を並べようものなら、たちまち大きな代償を払うことになるとしている。その代償とは、週に5日ぐずる子どもと、くたびれ果てた親子である。加えて私たちは、どうしようもない寂しさや罪悪感に苦しめられている。

「私たちは選択肢を自分たちで消してしまっているのです。長期間に及ぶ高額な教育費、ハードな仕事、共働きしないと賄いきれない高い住居費、幼い子どもと家にいるのでは得られない知的好奇心に押しつぶされているせいで」

ベルグ自身も産後かなり早い時点で働きに出ざるを得なかったのだが「ほかに選択肢がないように感じていた」と答えている。事実、彼女は女性が社会で活躍することを肯定的に捉えていた。彼女はしかし子どもたちにしわ寄せがいくとも考えているようだ。今の子どもたちは、起きている時間の大半、両親も祖父母もいない幼少期を過ごす最初の世代なのだ。[16]

心理学者のシッセル・グランは、この2004年の議論で、若い女性が仕事と家庭をうまく両立できないのを恥じていると知り、心を痛めた。グランは言う。彼女たちは、職場にも、配偶者にも怒っている。でも一番怒っている対象は、自分自身に対してだ。グランは以下のような問題提起に対し、なんて恥さらしなんだ、と驚きを露わにしている。

「女性は男女平等をはじめ、あらゆるものを手にしているのにもかかわらず、文句を言ってしまう自分を恩知らずと感じています。そしてそれをごく個人の問題として捉えてしまい、幸せな結婚生活を送りたいという思いと、キャリアを積みたいという思いの間で揺れ動き、心に鉛のような重圧を感じています。表面上は華やかな仕事をしているように見えても、彼女たちが心の中で願うのは、今の状況からとにかく脱することなのです」[17]

グランはさらに、男女平等は全くもって進んでいないと言う。女性は「本人のやる気次第で、家庭という戦地の前線で死闘を繰り広げながら、キャリアを築くことができますよ」とうんざりするくらい聞かされている。一方で私たちは、トップ・オブ・トップの人には、サポートしてくれる「家内」に家事を任せられるので長時間働けること、ノルウェーの経済界のトップが、家庭では信じられないほど古典的な性別役割分担を行っていることを知っている。[18] 彼らには普通の女性が持たない、主婦の伴侶がいる。つまり仕事と家庭を両立できるかどうかは、女性の意志だけの問題ではないのである。また女性は、自分が何を望み、どこまでならできるのか、一々説明しなくてはならないという負担を負っている。例えば、正規の仕事に就くために、子どものプライオリティを下げるか、家事代行やベビーシッターを利用するか。場合によっては、自分よりも出世願望の弱いパートナーを見つけるか、オペア（若い外国人が外国語の学習などを目的に行う住み込みの家事お手伝い）に来てもらうか。もしくは殺人的スケジュールで日常を送るかだ。

仕事と家庭がどちらも順調な家族がいたとしても、余裕などほとんどないし、ほんのわずかに余裕があったとしても、ふとしたはずみで、失われてしまう。子どもの保育所生活に急にトラブルが発生するかもしれないし、上司から高過ぎる要求を突き付けられるかもしれない。シッセル・グランに連絡をしてきた30歳のエンジニアの女性は、自らの人生を次のように語った。

「私たちは完全に平等だと刷り込まれ、低賃金労働や退屈な単純労働に就かないよう口をすっぱくして言われてきました。大学で著しく優秀な成績を収めれば、追加の単位が与えられ、NTH（ノルウェー技術大学、現NTNUノルウェー科学技術大学）がいかに素晴らしいか無料で見て回るツアーに参加できます。ところが卒業後は、考え方や価値観が合わない労働市場に出て行かなくてはならないと、あらかじめ教えてくれる人はいませんでした。私たちはキャリアというメリーゴーランドや、仕事と家庭の両立という大海原に、強制的に投げ出されます。ほかの選択をしていれば、仕事以外で自己実現できたかもしれないのに。前へ倣《なら》えするみたいに世間と同じであるために私は今、毎日遅くまでPCの前に座っています。私には分からないんです。子どもを持つ女性が、どうしてやっていけているのか。少なくとも今の私の職場では、仕事と家庭の両立は無理なんです[19]」

2013年8月頃に再び、仕事と家庭の板挟み問題に関する議論に、突如大勢の親が論客として加わった。こんなにも多くの人々が関心をもったのは、時代の空気のせいだろうか？ このテーマの本の刊行が続いているのも関係している？ SNSという新しいメディアの台頭により、気軽に声を上げられるようになったから？

子ども平等省大臣のインゲル・トルキルセンはこの議論の中で、以下のように発言して自身の立場を危うくした。

「子どもと家にいるのは、働くことほど価値がないといわれていますが、確かにその通りだと思いませんか？[20]」

子ども平等省の大臣としてはいかがなものか、と保守党と教会党は猛反発。でもこれはちょっとしたボタンの掛け違いなのかもしれない。トルキルセンの言う通りだ。私たちが言う価値を、個人の収入や年金支給予定額を元に計るとすれば、家にいることが職場にいることほど、価値のあることとは認められないのだろう。大臣はこの考えに忠実だと言えよう。だとすると、途中までマナーをわきまえた議論をしていたのに、なかば条件反射的にお金で物事の価値を計り、そのことが世間の反発を招くと理解していなかったとは、この社会党の大臣はなんとまあ賢いのだろう！

トルキルセンは、一部の女性を見くびっているのではないか。パートタイム労働者の多くは、自分が何を失っているのか、重々承知している。ノルウェー国営放送の言論で、オーセ・ドッカが、パートタイム労働で働くことについて、以下のように語っているが、これと同じ状況に陥る人もいる。

「将来の年金支給額が上がりますという言葉は、7時半に子どもを送って17時に迎えに行く動機づけにはならない[21]」

オーセ・ドッカは仕事と家庭の両立を解決する策として、男性を家庭生活に引き込み、消費社会の歯車を再び回そうと考える。どうして男性のパートタイム労働を推進しないのか、と疑問を呈した上で、彼女はこう補足する。「男女平等と家族生活にイエスを。同時に、気候変動をもたらす消費の拡大にノーを！」

オーセ・ドッカは貨幣経済に翻弄されない世界を希求しているのだろう。

ここで彼女は、議題に当然上るであろう日々のストレスについて、示唆に富んだ反論をしている。これこそが本書で最も伝えたいことの一つだ。

「フェミニズムはシステマティックでなくてはならない。これは仕事と家庭の両立に限った話ではない。私たちは他人の生き方にただ漫然と合わせることはできない。破壊的な生き方を強いる経済優先で生きることなどできない」

これはとにもかくにも、一考に値する問いかけだ。

トルキルセンはパートタイム勤務について、率直な議論を望んでいる。だからこそ彼女はパートタイム勤務をする人は実際のところ、経済的損失を被っていると指摘しているのだ。しかし率直だったのは、子どもが小さいうちからフルタイムで働くことについて、自身の感情や考えや迷いを、真正面から話す女性も同じだった。子どもも平等省大臣が見習わなくてはならないのは、この率直さだ。私たちが「個人的なことは政治的なこと」と今も考えているのなら、これは彼女の専門領域のはずだ。

∴ 主婦になるという選択を取る理由

「選択の自由」は、ノルウェーの政治における最も重要なキーワードの一つであり、各政党が「国民に選択の自由を与えられる」と競って言う。かつて多くの政党の政策目標は、「平等」だったが、今日《こんにち》ではそれが「選択の自由」に取って代わられたのである。[22] だが、選択の自由は本当に機能しているだろうか。例えば、フルタイムで働く母親たちを否定する人は、ノルウェーにはどこにもいない。一方でパートタイム労働が、個人の選択であり、日々を滞りなく送るため選択するのが不可欠とは見なされていない。[23] 本来、パートタイム勤務という選択肢は、理論上、棚の最上段に完全に自由に置かれているべきだ。あなたにはフルタイム勤務という選択が用意された上でさらにパートタイム勤務を選び取ることができるべきだ。しかし、職種とか、通勤時間とか、経済状況といった外的要因から、必要に迫られ、またはフルタイムの仕事のオファーが待てども待てども来ず、パートタイム労働せざるを得ない人の存在を無視していやしないだろうか。あなたに、何の選択肢もなかったら？

研究者のアーンラング・ライラは『福祉国家と家族』という本で、「一日6時間のパートタイム勤務をするノルウェーの母親は7時間半の通常勤務をした場合の給与との差額を補償されることなく働き続けるようなものだ」と書いている。選択の自由があるとは言っても、蓋を開けてみれば、男女がかつてと同じ選択をしているのではないか、と。結婚生活が破綻した時は特に、女性の経済的損失は大きい[24]。彼女はこの状況がこのまま続くのを傍観していられないと言う。男性のみならず女性までもがケア労働を放棄したら、幼い子やよぼよぼの高齢者はどうなってしまうのだろう？　女性は仕事と家庭の大半をいまだ担い続ける一方で、家の外で働くよう強く期待されている。ノルウェーは男女平等である、という暗示に私たちはかかってしまってはいないか？　ノルウェーは男女平等というより、「やや男女平等[25]」と言った方が正しいのではないか？　ノルウェーの女性の社会進出率は高いが、主な稼ぎ手は相変わらず男性で、女性の労働者の大半がパートタイム勤務もしくは低賃金労働をしている。ノルウェーの男女平等政策は、様々な点で矛盾をはらんでいる。平等に扱うという原則は絶対だが、同時に、不平等を平等に変えるには特別な配慮（クオータ制など）が必要なのではないか。平等、平等とは言っても、実態はそうではないと、統計や数字を見て私たちは知っている。ノルウェーの父親と母親は対等な立場にあると公私の場で言われているが、それが現実に即しているわけではないことも知っている。家で多くの時間を過ごしているのは、いまだに女性なのだから。

2010年にノルウェーの統計局が作成したパンフレット『カーリとオーラ』に、男女平等を示す——いや、むしろ、男女平等が足りないことを示す[26]——数字が見られる。これによると、女性の労働力人口の70％近くが賃労働をしている。[27] 1980年なかば以降、大学進学率は女子が男子を上回り、2004年以降、学位取得者も女子の割合が男子よりも多くなった。にもかかわらず、職業をもつ女性のうちフルタイム労働者はわずか60％程度しかいない。[28] 謎と矛盾に満ちた事実に違いないが、私たちがさして驚かないのは、パートタイムで働く高学歴女性が知り合いにいたり、そのような選択が満ち足りた生活を送る上で理に適っているのを実感していたりするからだろう。

イングン・イッセンとマリー・シモンセンが2010年、『声を上げよう』の中で、満ち足りた生活を送る上で「男性が残業をやめてもっと家にいれば、女性がフルタイムで働ける[29]」と述べているが、ことはそう単純なのだろうか？　私がここで言いたいのは、全ての夫婦がいっせいのせいで家事、育児を5対5で分担するようになったとしても、フルタイムの仕事と小さな子どもの世話が非常に困難であることは変わらないということだ。困難なのは、夫婦どちらもだ。そのような平等が国家の善意から来る意志だとしても、それで皆がうまくやっていけるとは限らない。議論が袋小路に迷い込むのではないか。私たちは、男女平等は仕事と家事の二重負担を軽減するための道だと言うが、この袋小路で何が起きているか知っている。続いているとばかり思っていた道が、行き止まりだった。今、何をするべきか分からないままに、互いを見つめ、静かに押し黙っている。振り返って、後戻りすべきか、そのまま前に突き進むべきか。

男女平等を選択したからといって、個人も社会全体も、全てうまくいくとは限らない。

∴ 命賭けの長い試練

ノードランド新聞の批評家、アンネ・グレーナセンはこう書いている。

『『かつてのフェミニスト』と悪意を込めて呼ばれる私たちは、そのような批判にひどく心を痛めている。私たちはかつてないほど、家庭生活を中心に据えた労働環境にあるのだが――もちろんさらなる改善の余地はあるが――正直こう叫びたい。『女子たちよ、もっと声を上げて！』[30]』

「ダーグブラーデット」紙のシッセル・ベネシエ・オスヴォルドは、小さな子を持つ現代の母親に、あなたたちは人生そのものに追われているのだと、どうしてもすぐに言いたい衝動に駆られた。「人生は実際、試練の連続です。このままいくとあなたたちは死んでしまいますよ[31]」

命を落としかねない長い試練？　死にたくないと思うのは、当然のことだ。

仕事と家庭の両立についての議論が始まった2004年、シッセル・グランに匿名で連絡をした人が大勢いたが、その中の一人はこんな批判を寄せた。

「彼女たちは現実に根ざさぬ理想の中で生きている。自分たちのやる気と、保育所への送り迎えについて夫ときちんと約束ができているかどうか次第で、両立の可否が決まると言われるばかりで、労働生活の構造は考慮に入れない。全くもって、下らない。仕事と家庭の両立に苦しんでいる私たちが、真の男女平等を果たすには、小さな子どもを持つ親の一日6時間労働を実現させるべきだ[32]」

70年代のフェミニストの一人であるルナ・ハウコーは、自分のシスターが、「娘」たちの疲弊ぶりや仕事と家庭の両立の難しさに理解を示さなかったことにショックを受けたようだ。自分たちもかつて仕事と子どもの両立に苦しんだことを忘れてしまったのか？　と問いかけた。70年代の初頭には女性の社会進出が社会に大きな変革をもたらすだろうと予想され、その時点ですでにフラストレーションを抱える人が出てきたのを忘れたのか、と。[33]ハウコーは家庭と仕事の両立は確かに困難で、女性や家庭、個人が血を吐く思いで頑張ることが解決策であってはならないと指摘する。今こそ労働市場に目を向けよう、と。このように考えるのは、ハウコーだけではなかった。2005年当時、男女平等オンブズマンだったクリスティン・ミーレも、労働時間や労働生活をより家庭に配慮したものにするために、議論をする必要があるとした。[34]

家族政策となると、私には分からないのだ。「不平不満を言うな」と咎《とが》められるばかりで、現行の制度を批判するのがなぜこんなに難しいのかが。ほかの生活面においては声を上げるべし、とされる。私たちは世界一幸せな国に暮らしているが、それでも労働組合を結成し、賃上げ、労働環境の改善を求めているではないか。組織や集団、社会的マイノリティの人たちは、各自の分野でさらなる改善を求めるが、その際、「世界のほかのほぼ全ての国は、ノルウェーよりも苦しい状況にあるのだけれど」と申し訳なさそうに言う必要はない。子育てに対する社会保障は女性たちが自分自身や子ども、家族のために闘い、勝ち取ってきたものなのに、今、社会保障を受ける女性たちが、「ありがたく思え」、「感謝しろ」となぜことさらに言われなくてはならないのか。子育てに対する社会保障は、ほかの社会保障と同じく改善、改革、批判されていいはずだ。私たちは大概、喜んで税金を納め、納税はノルウェーの高福祉を支えるために当然必要と考える。この行為には、私たちが大切にしなくてはならない福祉国家に対する、大半の人たちからの信頼あふれる擁護が込められている。私たちのセーフティーネットは首相ではなくて国民によって築かれるものであり、日々の努力によってなしうるものだ。これらの福祉を支えているのは、私たち市民なのだ。社会保障を得るために闘ってきた人たちを称え、自分たちが手にしたものを守ろうとするのはいいが、感謝し過ぎるあまり、現在、優先事項とされているものに批判の目を向けるのを決して忘れてはならない。

これで物事が先に進むとは限らないが、参考に例を挙げよう。なぜ私たちは産休・育児休暇中の補助金を、賃金の120％支給するよう求めないのだろう？　どうして80％でよしとしているのだろう？　赤ん坊の世話は、誰も必要としていない香水のキャッチコピーを作る広告代理店の仕事より、価値がないと言うのだろうか？　子どもができると、経済的な負担が大きくなるのに、収入が減らされるのはどういう理由なのだろう？　家族政策には、私たちがどうしてこの方法を取っているのか問うことなく、受け入れてしまっている事柄がほかにもたくさんある。

社会である慣習が確立されると、たちまちその慣習は規範や権威と化す。人々が毎日、ほかの人と同じことをすることで、そうするのが当たり前になるのだ。するとそれに抵抗したり、批判の目を向けたりするのはほぼ不可能になる。私たちの時代では、フルタイムで働きながら、小さな子どもを育てるのは、理に適っていて自然なことと見なされる。一日7時間半、週に5日働くことの是非についても、私たちは滅多に考えない。子どもは生まれて1年たつと保育所に通い始めるが、この1年というのは、育児休暇期間とぴったり一致する。これは単なる偶然なのだろうか？

十分な額の年金を受け取るには、学校を卒業後ずっとフルタイムの仕事をし続けなくてはならないと私たちは承知している。失業手当と疾病手当を満額もらうには、労働者として雇用される必要がある。夜中の23時まで店が開いていることも、24時間営業のガソリンスタンドも、Facebookにアップされる家族休暇の写真も、ほんの数年前まで当たり前じゃなかったのに、今では何とも思わなくなってしまった。保育所に全ての子どもたちが入れることも、小中学校に学童が併設されていることも、当然と思ってしまっている。これらのことについて小規模な議論が行われることはあっても、政治の場で取り上げられ、体系的に対策が講じられることは滅多にない。
2010年に労働研究所の主任研究員ニーナ・アンブレは、フルタイムで働くのは大変過ぎると考える女性たちに、「仕事への考え方を改めるべきだ」と述べた。[35] 同年11月、「労働組合紙」にて、「子どもともっと一緒にいたいと思っているという印象を周りの人に与えてしまう」と、オスロ大学の女性・ジェンダー研究所の元所長で教授のハリエット・ベールム・ニールセンが述べたように、子どもに依存し過ぎた親の烙印を押されてしまう。[36]
職業人と母親という二重の役割をこなすのは当然とされている現代社会で、別の生活を少しでも望んだり、子どもが小さい時にフルタイムの仕事をしようと努力しなかったりしたなら、「赤ん坊を放そうとしないひどく女々しいタイプだ」とか、「覇気のない怠け者だ」とかいった批判のいずれか、または両方にさらされかねない。主婦業は大抵、何の社会的ステータスにもならない。政府による男女平等政策でも、主婦になるという選択は歓迎されない。

∴ 社会の子ども

仕事と家庭の両立についての議論は、2005年に再び火がついた。この議論を再燃させる時代の空気があったのかもしれない。小さな子を持つ母が働くのが最終的に一種の規範と化し、保育所制度もさらに充実し、家事・育児と外での仕事という二重労働の仕組みが、いわゆる社会実験のまっただ中にあった。この実験の成功のため、あれこれ手が尽くされた。しかし水面下では、不満を漏らす人がいたのではないか？

2005年11月、スウェーデンの新聞「ダーゲンス・ニーヘテル」紙で、同国のフェミニスト、ニーナ・ビョルクが書いた特集記事がスウェーデンで大きな議論を巻き起こした。彼女は、1998年に発表された『ピンクの毛布の下で』という本で若いフェミニストたちのオピニオン・リーダーとなっていたから、この議論はノルウェーにもたちまち飛び火した。

母となったビョルクは、「保育所とフルタイム労働が、現代女性の自由を保障するものである」という既存の共通理解に異を唱えた。これに対しフェミニストの多くが、烈火のごとく怒り出した。ビョルクはスウェーデンのメディアで、「改革反対者がついに現る」、「ジェンダーの冒涜者《ぼうとくしゃ》」、「負け犬フェミニスト、イデオロギーを翻す」などと様々に揶揄された。彼女の発言のどこに問題があったのだろう？　彼女はその特集記事の中で、フルタイム労働をまたとない理想として崇める社会について書いた。スウェーデンという国家にとって、労働市場と税収の方が、子どもたちの幸福より重要なのだ、と彼女は述べた。わずか1歳の子どもを保育所に入れることを批判する彼女のこの記事は、多くのフェミニストたちの「保育所に通うのが子どもにとって最善であり、女性は子どもの有無にかかわらず、生きたいように生きられるべきだ」という信条に反するものだった。ところがだ。ビョルクはさらに物事はそう単純でないとした。彼女は初心に立ち返り、一から仕切り直そうとも提案した。まず子どもがいること、子どもの世話をする時間が必要であるということを議論の起点に据えるべきだとし、感情を露わにこう綴《つづ》った。

「私たちは大きな自由を得ました。でも同時に、胸にほんの小さな痛みを覚えています。その痛みとは、私たちが初めて保育所に自分の小さな、小さな子どもを送った時、子どもが嫌がったり、泣きべそをかいたり、私たちの足にしがみついてきたりした時に感じた痛みです。でもこれでいい、憂えるべきことじゃないと、私たちは刷り込まれているのです[37]」

特に反感を買ったのは、最後のこの部分だ。

「私たちが品物やサービスを日々、生み出せるかは、私たちがある『音』をかき消せるかどうかにかかっています。その音とは、置いてきぼりにされた、子どもたちの声です」

スウェーデンでこの特集記事が発表された2週間後、ビョルクはノルウェーの「階級闘争」という新聞で、「女性が皆、フルタイムで働き、子どもが皆、保育所に入れるように闘うことをフェミニストたちは当然視してきたのだ」と説明している。彼女はそれが果たして正しい道だったのだろうかと、疑問を投じた。女性が男性と同じような生活を送るために血眼にならねばならないのだろうか、と。女性たちが男性と同じような生き方をしようとしたり、強いられたりしたら、子どもたちが置いてきぼりにされるのではないか？ 権力とお金に恵まれた男性の人生は、魅力的に思えたかもしれないが、考えを変えるべき時ではないか？[38] とビョルクは問いかけた。ビョルクは、小さな子を持つ親の残業禁止など、ラディカルな変革を望んだ。父、母両方が子どもともっと時間を過ごすべきであり、仕事でいつもくたくたで、テレビを一緒に観るので精一杯というのはどうだろう、と。実際、労働に全てのエネルギーを奪われてしまったではないか。フェミニストたちはこんなことのために闘ってきたのではない、とビョルクは書いた。

ビョルクのどの発言が、炎上の火種となったのだろう？　家族生活や労働生活について、新たな考えを提言したに過ぎないのではないか。それでも彼女がシスターたちを批判したことに変わりないのだろう。ビョルクの批判に対し、辛辣な反応が返ってきた。私たち女性にまた家庭に入れって言うんじゃないでしょうね？　冗談じゃない。私たちがぼろぼろになってまで闘ってきたからこそ、あなたは家の外で働き、お金を稼げるんじゃないか、と。様々な方面から、ビョルクは裏切り者だ、「向こう側」に行ってしまったといった非難の声が上がった。[39]

私が一昔前のこの議論を今さら持ち出したのは、ビョルクと彼女の発言に対する全ての反応から、フェミニストの同士でも、どうしたら幸せな家族生活が送れるか話し合うのは難しいということが分かるからだ。仕事と家庭の両立という概念に私たちが慣れてくると、途端に両立の難しさについての議論は笑い飛ばされるようになった。子どもを保育所に預けてフルタイムで働く以外にも、フェミニスト・ママでいる方法はあるという主張は、肝っ玉の小さな論者には相容れない表現に満ちた着火剤のようなものだ。「新しいものの考え方をしてみましょう」とビョルクは言う。彼女は、同一労働同一賃金、一日6時間労働、先述の通り小さな子を持つ親の残業の禁止などを提案した。それらは私たちが女性解放運動の中で繰り返し話し、議論できたはずのものだ。このような意見をもつのはビョルクだけではない。Aマガジンの綴じ込み雑誌『道の選択』に、2011年3月25日に送られてきた匿名の投稿で、以下の意見が出された。

「息子が起きている間に一緒にいられる時間は、週末をのぞくと少ししかありません。私は昼間の時間に息子といたいのです。ですが学校で身につけた専門知識を仕事で生かすことでつい頭が一杯になってしまいますし、私たち夫婦が今の暮らしを続けるには、共働きせざるをえません。ですが、だんだんと無理が出てきて……」

ビョルクをめぐる議論と同時期に、フリーランス・ジャーナリストで父でもあるシメン・トゥヴァイテライドは特集記事と1冊の本により、論争を巻き起こした。その本のタイトルは、『子どもはどうするんだ?』というやや挑発的なものだった。彼は知識人の多くを黙らせると同時に、世間の注目を浴びる書き方を心得ていた。保育所の門の前で母親を追いかけて泣く子どもや、時間の概念をまだ理解できていない子どもが過ごす、8時間もの永遠のように長い一日、かわいいわが子が初めて歩けるようになるのを見届けるよりも、会議室にいるのを望む母親たちについて書いた。豪華なシステム・キッチンやトスカーナ旅行を諦めさえすれば、パートタイム労働でも金銭的にやっていけるのに、と彼は書く。女性たちはキャリア・アップしなくてはと焦るあまり、人生で最も重要な子どもを優先できていない、とも。子どもが生まれてからのほんの2、3年だけなのに、と。また彼は、女性たちにとっては、仕事をし、男女平等の統計に貢献することの方が、子育てよりも大事なのだろう、とも書いた[40]。彼は女性たちを指してこう言う。「気を確かにもつべきなのは女性たちの方だ。そんなふうにしゃかりきに出世競争しなくてもいいじゃないか」と。この点において、私は彼に反対だ。女性の大半はしゃかりきになってなどいない。しゃかりきになっているのは、むしろ男性の方じゃないか。私たちはしばしば女性たちはキャリアと権力を追い求めることができるし、追い求めるべきだ。トップが女性なのはいかにもノルウェーらしいといった類いの話をしばしば耳にする。でも現実には、大半の女性は、男性よりも賃金の低いごくありふれた仕事に就き、おそらく子どもに配慮してか、労働時間も男性の半分だ。キャリアの道を歩むか、将来重要な役に就きたいと願う女性はごくわずかだ。

ところでシメンは粘り強かった。左派の社会党を痛烈に批判し、両親が子どもと過ごす時間を最低限に減らすことが、どうして階級闘争と呼ばれるようになったのか？ と問題提起した。

「なぜ左派の社会党のような政党が、消費社会を維持することを最重要と考えるのか？」

私もこの点は彼と同じく疑問視していて、本書全体にもこの疑念は漂っている。エコロジー社会主義者たちが仕事と保育所が何より理想的解決策だと主張するのを耳にするたび、私はいぶかしく思い、憤慨してきた。それ以外に選択可能な理想の生き方はないのだろうか？

子どもたちは主に男女平等と経済成長を促進するため、保育所に通わされているとした上で彼は、「これで人類は進歩したと言えるのだろうか?」と問いかける。彼の主張は実際のところ、私たちの多くが何年も食卓で、または友人たちとおしゃべりの中でしてきた話と大差ない。それでも彼の意見は多くの人に衝撃をもって受け止められた。彼は私たち女性のほとんどが加わろうとしない議論に、自ら身を投じたのだ。端から見ていて、彼が挑発的過ぎるほどの論調でわざわざした厄介な問いかけに、答えようとした人がわずかしかいなかったのは、実に残念だった。2012年に彼は私にこう教えてくれた。

「私がああいう問いかけをしたのは、保育所改革を子どもの立場から捉えるためでした。私はフェミニストを攻撃するつもりも、現代の子持ち家庭に道徳を振りかざすつもりもありません。なのにそう受け取られてしまったのです。『ダーグブラーデット』紙に載った、第一弾の記事で、2人の女性研究者のコメントが引用されました。それらのコメントは、私の論点はずれている、お話にならない、というものでした。私の言葉はまた現代社会のあちらこちらに蔓延する経済中心主義への批判でもありました。つまり私は反物質主義の立場を取ります。子どもと過ごす時間をもつことは、高級住宅街に住むよりも重要です。子育ての数年間に仕事で大きな成果を残すことよりも、親が子どものそばにいることの方が、社会にとって重要なのではないでしょうか?」

数年たつ今でも、彼の見解はほぼ変わらず、分かりきったことばかり言う。ただ一点だけ、考えを改めたようだ。

「私はこれまで、自分が出くわした反対意見――子どもたちを幸福にするためには、両親自身が幸福であることが大事という意見――を少しは理解できるようになったのかもしれない。家庭に入らざるを得なかった親は、仕事をしたいと思い、今に意識が向かわないのだから、そんな状況が子どもにとって最善であるはずがない」

だが、職場にいる人の方が、家にいる人より、重要な存在という主張は、非常にエゴイスティックだし、自分で自分を貶めているのではないか。私たち自身が消費を減らす選択をすることは、仕事と家庭を両立させるためのシメン流の解決策の一部だ。一見すると称賛に値する彼のプロジェクトは、私たちをがんじがらめにしている構造を見落としている。大半の人は、最低限の生活費を賄うのに四苦八苦している。消費の削減は、多くの人にとって可能である、するべきことではあるが、全ての人に可能なわけでは全くもってない。皆がフリーランスで、子どもの生活に合わせて、変則的な時間に働けるわけではない。実際にそうできる私と彼は、特別に恵まれているのだ。大抵の人が3交代制やシフト制や通勤地獄という拘束を受けている。大半はさらに借金を背負っている。例えば、住宅ローンをはじめとした借り入れの仕組みによって、社会経済は成り立っているのだから。

一方で私は彼の結論に同意する。自己実現をすると同時に、子どもの要求に応えるのは、現代家庭の大半で、未解決のジレンマだ。このことをフェミニストたちも理解できれば、事態は好転していたかもしれないのに。[41]

子どもが求めていることに重きを置くと、フェミニスト失格なのだろうか？　子どもと一緒にいて、子どもの成長を見届け、子どもたちと貴重な時間を過ごすと、なぜフェミニスト失格なのだろう？　私たちフェミニストはほかの社会活動家と同じく、あらゆる闘争において、私たちがどうやって自分たちの人生を生きるか、常に問い続ける必要があるのだ。

∴ 女性の健康と家でのケア部門

お隣スウェーデンのストックホルムにあるカロリンスカ研究所という有名な研究所が2009年、社会福祉や男女平等が充実した北欧女性も、必ずしも前途洋々なわけではないという二つの研究報告を発表した。子育てと仕事または学業を両立している女性は、子どものいないほかのシスターたちと比べ、著しく消耗している。

1960年から1979年生まれのおよそ6000人の女性が、これらの研究に参加した。女性の革命を起こした世代の子ども世代だ。彼女たちは1996年から2003年の期間について婚姻の有無、金銭状況、フルタイム勤務かパートタイム勤務かを尋ねられた。この調査により、子どもの数が多ければ多いほど、女性たちが疲弊し、健康に不調をきたしていることが分かった。

「アフテンポステン」紙は、２００９年９月５日の記事で、次のように結論づけている。

「女性たちは何もかもをこなさねばならず、おまけに弱音を漏らさないのが美徳とされる。しかし今、スウェーデンの研究者たちにより、ある禁句《タブー》の存在が明らかにされた。それは、母親業とフルタイムの仕事の両立は難しい、というものだ」

研究者は指摘する。日々、子育てとフルタイム業務をこなすスウェーデンの母親たちは混乱し、フラストレーションを抱えている。それにもかかわらず、子どもがいてもフルタイム勤務という社会モデルは、各方面から支持されている。

「女性は働いていても、子どもを持てると私たちは強く信じています。同時にそれがあまりうまくいっていないことに気付いています。それが今、数字によって初めて証明されたのです。ですがそう声高に言うのは、はばかられます。性別役割が後戻りしてしまうのではないかという強い危惧があるからです」

そうストックホルムのカロリンスカ研究所の教授、ビルギッタ・フロデルスは、新聞のインタビューで話している。

研究者は女性たちが口をつむぐもう一つの理由を、スウェーデンの若年層が、福祉国家により男性と女性に平等な機会を与えられてきたと信じているからではないか、とした。そのため、せっかくのチャンスを生かしきれない女性は、最終的に自分のことを責めてしまうのではないか、と。フロデリウスはこのことをテーマとして取り上げづらいと付け加える。というのも、女性でも願いさえすれば何事も成し遂げられるというイデオロギーに、この見解は反するからだ。

驚くことに、このストレスは子どもが大きくなろうと、軽減されることはない。研究者は、誰が家事をし、誰が家族に対する責任を負うのか、いまだ議論の余地があると言う。家庭での無償労働の担い手はいまだに女性だと研究者たちは言う。とりわけ子育ての責任は、女性の肩にのしかかってくる。母親は健康上の問題により、仕事と家庭の両立を自ら断念し、労働時間の短縮を強く望む。研究者は、特にシングル・マザーに対し、将来の病気の予防に向けた支援の拡充が必要だと言う。また母親は自身の健康管理を諦めていること、また同じ母親でもフルタイムとパートタイム勤務では健康状態に差があることも明らかになった。つまり、フルタイム勤務の女性の方が、疲労度が高かったのである。さらに研究者たちによると、母親たちの体調不良は研究結果に表れにくい。それは母親たちがよい母でいたいと願い、役割を全うできないことに罪悪感を覚えるからだという。

どちらの研究も今現在の母親の健康に注目しているが、研究者たちはより規模の大きな重度の健康問題が生じる可能性があると警鐘を鳴らしている。その背景には、スペインとオーストラリアの研究で同じ結果――フルタイムの母親の方がほかの母親たちよりも、健康問題を抱えているという結果――が出ているからだ。

研究者はさらに、親という役割と労働生活の両方を担うことで、多くの人たちは過剰な役割を背負い込むことになり、親という役割と職業人という役割の間で、またパートナー間でも複数の役割をめぐり、葛藤が生じると書いている。この葛藤は、女性の場合、職場や家庭で課せられた期待に応えられない時に生じる。この葛藤により、いつしか私たちは病に陥りかねない。研究者は結びの部分で、ジェンダー平等の福祉国家をつくりたいと願う他国へ課題を提示している。慎重に、と。女性が健康と幸福を損なうことなく、仕事と子どもを同時に持てることは当たり前のことであるべきだが、現状はそうなっていない、これを実現するのが今後の課題だとしている。

　これらの研究対象に男性は含まれないが、フロデリウス教授は男性も大変だということは否定していない。現代の男性もまた複数の役割を担っている。

　同紙でインタビューを受けた女性の一人、ドーテ・イストレングは次のように述べている。

「うまくこなせなくて疲弊しきった母親の話を聞いて、自分もああなりたいと思う人はいないでしょう。子どもを4人持つという選択をした人は、幸せだと強調することが重要なのです。私たちは多大な労力を注いできた仕事をうまくこなしたいと願っています。私は仕事で100%の成果を残さなくてはならないと分かっています。それに保育所のお迎えに間に合うようダッシュする時には、ストレスを感じます。突然ばたりと倒れないよう願うばかりです[42]」

「国民の健康が脅かされている」。アグダール大学の健康科学科の教授、ウッラ＝ブリット・

リッレオースは、スウェーデンの研究に集約されるこの状況を、このような強い言葉を用いて表現した。彼女も「アフテンポステン」紙と同じ記事でインタビューを受けている。リッレオースはこのような状況にあることは、男性と女性についての研究からすでに分かってきたことであって、私たちは自分たちが思うほど男女平等ではないと言う。家族の幸福に常に目を光らせているのは母親だ。子どもがいじめられれば、主に対処するのは母親。病気の祖母の世話をするのも母親。おまけに夫の仕事の状況にまで気を配らなくてはならない。どれも、仕事と家庭についての調査でも触れられないし、研究テーマに挙がりにくい。

リッレオースはこうした傾向が診断書には表れにくいストレスやはっきりしない症状や病気の引き金になりかねないと結論づけている。女性が仕事でさらに大きな責任を引き受ける現代社会で、子どもをたくさん産み、その子たちに活力に満ちた生活を送らせてやり、さらに自分も完璧な家族生活、職業生活、余暇を送るなんて、そうそううまくいかないのは当然だ。

オップランド地方の長期療養者への調査では、男性が仕事で病気になる一方、女性は私生活で病気になるという結果が出た[43]。女性が男性よりも病気による欠勤が多いのは、おそらく女性がいまだに家庭におけるケア労働の大半を担っていることが関係しているのだろう。彼女たちは子どもや夫だけでなく、自分の両親や義理の両親の世話までしなくてはならないのだ。過重労働からくる病気には労災が下りるが、私生活からくる負担で病気になった場合は労災が下りない。そのため病気で休みを取っても、問題は必ずしも解決しない。「病欠する女性たちの多くにとっては、仕事はなかば安息の地なのだから」と研究者の一人、カリ・ビャーケ・バット・ラウデンは雑誌『福祉』のインタビューで語っている。[44] 彼女はさらに、男性と女性に話を聞いたことで、女性と男性が全く異なる生活を送っていることが判明し、ちょっぴり驚いたと話している。

今日《こんにち》の社会モデルは図らずも女性への抑圧を生んでしまっているのだろうか？

研究者のハリエット・ホルターの「女性の抑圧、男性の抑圧、支配の手口」という文章は、1976年に書かれたものだが現代にも通じる。ここでは女性の抑圧とは何か、どのような形で行われるのかが書かれている。ホルターは1976年の女性の抑圧を、それ以前の時代の、夫が妻を殴るのが容認されていたことをはじめとする女性への残虐な扱いと比較している。現代の私たちは過去を振り返って、「それは女性の抑圧だ！」と言える。だが1976年当時にしてみれば、現代で言うところの女性の抑圧の定義はあいまいで、把握し、説明するのが難しい。闘うのが難しいのはそのためなのだとホルターは主張する。[45] 女性の抑圧は、様々な社会階級で様々に行われるので複雑化するという。ある社会に女性の抑圧が存在したとしても、全ての女性が抑圧されていると感じているわけではない。同じ社会に暮らしていても、女性一人ひとりで抑圧のされ方は異なる。また男性の全員が女性を抑圧しているわけではないし、抑圧に負けず社会でうまくやっている女性がいないわけでもない。抑圧の対象は女性であることが多いが、この社会で男性の多くが抑圧されていないというわけでもない。

この隠れた抑圧は、これまで家や地域で女性たちが担ってきたケア労働を、現在、公共の福祉施設が担っているところに見てとることができる。福祉分野の主な担い手はいまだに女性だし、ケア労働を行っているのも相変わらず女性なのだ。そしてケアワーカーの賃金や社会的地位は大抵、低い。[46]これにより訪れる結果は、家庭内の仕事が見落とされてしまうことだ。女性の努力は気付かれにくく、認められにくくなる。家庭は政治の重要事項ではない。[47]現実を定義し、社会がどうあるべきかを決める権力をもつのは、政府だ。これをホルターは「イデオロギーによる抑圧」と呼ぶ。人生で望むものを手にするには、強くなり、自分を信じ、自分の責任は自分で負わなくてはならない社会では、抑圧について話題にしにくい。そのような社会で抑圧されたい人はいないだろう。社会の犠牲者も同然だ。女性の抑圧についてもはや話されなくなってしまった。でも話すべきなのではないか？　女性の健康が二重労働によって脅かされているとすれば、これを現代の一種の抑圧と考えることができるのではないか。この考えは今日《こんにち》、癪《しゃく》に障ることと思われるかもしれないが。[48]

∴ノルウェーで闘うことで、他国の女性たちを助けられる

海の向こうの女性たちは、私たちノルウェー人女性のたった半分の権利を得られるだけでも幸せと感じるだろう。飛行機に2時間ほど乗り、たどり着いたイギリスで子育てする人たちと

話をするだけで、ひどく長い労働時間や、保育料の高さ、出産・育児休暇の悲惨さについて耳にすることになるだろう（私たちはよその国に比べれば恵まれている）。なのに、なぜ私たちはこの国でさらなる状況の改善のために、闘わなくてはならないのだろう？　それは当然の疑問だ。世界のほかのどの地域、どの場所でも、女性たちは常に私たちの国より、ドラマチックな闘いを繰り広げているのだから。

ここで2点。まず一つに、ノルウェーの労働市場、フェミニズム、経済の発展に目を向けるべきだ。そして自分たちが目をそむけたくなるような物事の傾向をしっかり見つめているかを自問自答する。二つ目に、仕事と家庭の板挟み問題に対する答えとして私が書き連ねてきた解決策自体にも社会批判が含まれる。これは、私がほかの国の人の生活状況の改善に役立ててほしいと願う策だ。例えば消費に歯止めをかけ、環境により配慮し、世界中の危機の原因となるような経済に歯止めをかけるなどして。

全ての人の労働時間が短縮されれば、市場経済は致命傷を負うだろう。でも私たちが今より働かなくなれば、もっと考えたり、勉強したり、周りの人を気遣ったり、ひょっとしたら世界の人たちにも配慮できる余裕ができるのではないか。そのような時間を念願叶ってとれるようになれば、地域にも地球にも寄与できるかもしれない。そう願っても罰は当たらないのではないか。20世紀の初めに、労働時間が10時間から8時間に削減されたのは、労働者には一息つく時間が必要だという議論があったからだ。今もまた、この方向で考えていくことはできやしないか。
労働時間を短縮することで、雇用を産むことができる。特に若者の失業率が著しく高い今こそ、基本労働時間を短くするべきなのではないか。新たな種類のシフトをつくり、1週間をどう労働に当てるか、新たな方法を考えることができるのではないか。ノルウェーではそのような考えを、労働市場に参入しようと苦闘する移民や難民、中でも女性たちと連帯して生み出すことができるのではないか。

楽園はファンタジーではない。何でもできるわけではない。貧困にあえぎ、抑圧されているように思える南や東の社会に注目する際には、基本的に見方を変えるべきだ。そのような地域にも、私たちが学び、感銘を受けるような文化や生き方があるからだ。偏見をまず捨てよう。それは北欧を幸福と福祉の国と捉えている、ほかの国の人たちにも言える。満ち足りた中にも、失われた価値観や、悲しい要素、よくない事例はあるのだから。例えば、もっともっと消費しなくてはという強迫観念や、売り上げ目標達成のプレッシャー、出世競争、孤独や忙しさ、環境破壊などだ。

先進国では、いわゆる新自由主義と呼ばれる経済体制が始まっている。新自由主義は、イデオロギーであるとともに、実践でもある。政治の世界では、これまで右派と結びつけられてきたが、現在では狡猾にも、社会民主主義の一部とされるようになった。

主な思想の変化は、公共財と私たちが認知している病院などに対し、より経営的な考え方をしてみようというところに表れた。労働党がこのイデオロギーの代表格と見なされていたので、この変化は特に議論のないまま起こった[49]。新自由主義の目標の一つは、公的支出の削減だった。現代の私たちは、病院から保育施設までもが民営化されることや、難民受け入れや町の公園の花壇整備までもが請負業者に委託されることを、当たり前に思うようになってしまっている。新自由主義の思想が、公共に波及したことで、福祉に対する疑念が見られるようになった。

「福祉にお金をかけ過ぎだ」

「不正流用だ」

「福祉が人を怠惰にするんだ」

ノルウェーのフェミニストは、このような考えを支持するのに躊躇するに違いない。なぜなら福祉が削減されれば、社会の中で最も弱い立場にある人が、打撃を受けるからだ。複雑な問題ではあるが、私たちはこう自問自答するべきだ。

自分たちにとってマイナスになる制度の下に成る男女平等を望む資格が、私たちフェミニストにあるのだろうか？

欧米の福祉制度の改善のために闘うことは、他所《よそ》の地域の女性たちのために闘うことでもあると私は考えている。自分たちの福祉国家を維持できずして、他国の女性たちは一体どうしたらやっていけるのだろう？　私たちは福祉国家をどう運営していくべきか、その中でどうやって優先順位をつけていけばよいか議論できるし、議論すべきだ。この議論は決して怠ってはならないものだ。これを避けては、最低限の暮らしすら保障されていない他国の女性たちが共倒れする羽目になる。

現状から以下の傾向が読み取れる。

●従業員間での賃金格差が増すと、労働環境は過酷になる。

●テクノロジーの革新で、労働者にさらなるスキルが求められるようになる

●効率化の努力が求められている

ノルウェーの企業は、利益を最重要視する世界の投資家によって一部運営されていると言える。仕事への最大限のコミットが求められる一方で、賃金は最低限に絞られる。このような傾向が私たちの日々の労働を不安定で多忙にしているのではないか。

子どもについても、いくつかの傾向を見いだせる。子どもたちの保育所登所時刻は早まり、退所時刻は遅くなる傾向にある。保育所は増設されるが、優秀な職員は不足している。24時間対応の保育所や学校が突如登場したが、これらの施策は、子どもに優しい社会の象徴なのだろうか？　それとも子どもに厳しい社会の象徴か？　こういった議論はするべきであり、肝心な質問をすることなく、変化をただ受け入れるべきではない。批判的に物事を捉えるのは、恩知らずなどではなく、絶対に必要なことなのだから。

ケアという概念は、個人主義の対極にある。ケアというのは他者からのニーズがあって初め

て成り立つものだ。昔も今も公私ともにケアの主な担い手は女性だ。そして現在の資本主義社会で、ケアが高い地位を得ることは決してないだろう。なぜなら他者のニーズに応えることで、地位やお金を得られたり、キャリアに繋がったりすることは滅多にないからだ。

こんなにも大勢の人がお金とキャリアばかりを追い求めるこの文化で、苦しい状況にある人たちに目がいくものだろうか？　助けを得ることは、恥だと思われていないだろうか？　ある人が自身の人生や抱える苦難について語ると、犠牲者ぶるのはやめろという答えが返ってくるのではないか。これはその人の苦しみに蓋をしていると言えないだろうか。不満を漏らしたり、日々の暮らしがままならないと言ったりしようものなら、助けの手でなく、疑いや懐疑の目を向けられ、全てあなた個人の問題とされてしまう。[50]

「私たちが生きるこの社会を理解する上で、一番の味方は、現実です」というのは、ノルウェー女性問題協会の会長で研究者、作家で元社会主義左翼政党の国会議員、トーリル・スカルドの弁だ。現実を知るには、まず一般の人たちが捉える現実に耳を傾けなくてはならない。これはお上の人たちの間で掲げられる輝かしい理想とはかけ離れたものかもしれない。

第二章

70年代の神話と社会変革の夢

∴ 70年代の神話と社会変革の夢

『70年代のフェミニストは、スエードの靴を履き、ノーブラで垂れた胸、すっぴんで血色の悪い顔、男性憎悪に満ちた目つきで、拳を強く握りしめ、夫も子どもも（いたかも疑わしいが）置き去りにしてきた』。作家で、70年代アクティビストのヴェンケ・ムーライセンが、特集記事の中でこのように70年代のフェミニストを代表して自虐的に述べた[1]」

70年代を生きた女性たちが今、こんな発言をするのは、周囲から自分たちが嘲笑されていると気付いているからだ。70年代のフェミニズムやそれを推し進めた女性たちについて、まことしやかに囁かれる言説は、数え切れないほどある。私を含めた大半の人が、ノルウェーの女性史のこの革命期について、ほとんど知らないのだから無理もない。70年代の女性解放運動について、記録は不十分だ。女性史を学んだことのある私でさえ、70年代のフェミニストの大半が男性を嫌悪し、化粧をせず、ケーキ一つ焼かず、主婦と台所をとにかく毛嫌いし、核家族を崩壊させようと躍起になっていた、怒りっぽい女たちだったという言説を危うく信じかけた[2]。90年代、女性史を学んだ私の記憶に、70年代の歴史が一切残ってないのはなぜだろう？　私が学んだ歴史の授業で、70年代の闘いがどの程度、扱われただろう？　答えはおよそ2ページ半（実際に確認したのだ！）。人物名や具体的なアクション、女性たちがどんなふうに活動したかには、まったく触れられていなかった。70年代のフェミニストたちは、何が真実かは関係なしに、とにかく誰かに文句をつけたい人たちの、格好の餌食となった。

私はこの本を執筆するにあたり、当時どんな議論が行われてきたのか調べなくてはならなかった。労働生活や保育所、母親や父親の役割に関する議論について特に。過去の地雷をわざわざ掘り起こす必要があるのか、初めは半信半疑だった。現在のフェミニズムが、70年代をルーツにしているという説があるのかどうかも不明だった。「女性解放」という概念が、この革命期に生まれたのは、確かだ。その概念こそが自分の日常に欠けていると感じていた私は、彼女たちは「女性解放」という言葉をどういう意味あいで使っていたのだろう、と首をひねった。その概念は、一体どこにいってしまったのだろう、とも。

70年代の女性解放運動を振り返りたい。当時、女性たちがどれほどの侮蔑や嘲笑、悪意にさらされてきたか、どれほど大きく革新的な変化がもたらされたか、どれほど多様で素晴らしい議論が繰り広げられたか、女性たちがどんなふうに連帯したのか、それぞれの変革により彼女たちが何を得たのか、それらの変革に彼女たちがどう貢献してきたのかを見ていこう。本来、これらの歴史を提供すべき図書館の棚がすかすかなのを見たら、呆然とせずにはいられないはずだ。[3] 今を知る上で、歴史の知識は欠かせない。先人がなぜ、どのように闘ってきたかを知ることなしに、今日《こんにち》のフェミニズムや女性の闘いを理解することは不可能だ。女性たちは社会的地位を得るため、自らを可視化するため、真剣に受け止めてもらうため、各々の時代に闘ってきた。それとまったく同じで、現在の女性たちも闘いの最中にいる。70年代の闘いがしっかり記録されないと、私たち自身の闘いが、歴史の流れのどこに位置するのか、把握しにくくなる。[4]

本章で言いたいのは、次のようなことだ。

他者から学ぶことができる。残念ながら失敗に終わった女性の解放の痕跡が、70年代のフェミニズムに見てとれる。私たちは猿まねするのでなくて、ルーツを探るべきだ。理想化するのでなく、好奇心をもつべきだ。そしてこれらのアイディアや思想の多くが、80年代に消えてしまった理由を把握すべきだ。ここで私たちはこの本のもう一つのメッセージに再び出会う。フェミニズムは市場という名の嵐に巻き込まれた。しかし嵐の猛威により、ほかにも何かが破壊されやしなかっただろうか？

ごく具体的に言うと、二重労働を担う現代の親のあり方が、70年代のフェミニズムの目的であり、そのためにフェミニストたちは闘ってきたのか、と私たちは問うべきだ。全ての男性と女性をフルタイム労働に駆り出し、子どもたちを一日、保育所に預けることで、彼女たちの後の世代が自由——彼女たちが感じていた以上の自由——を得ることができるのだろうか？

70年代の女性たちは、現代の女性と同じ言葉を投げかけられてきた。

「何に文句を言っている？」

「もう全てを手に入れたじゃないか！」

「これ以上、何を望むんだ。贅沢言うんじゃないよ」

でも70年代の女性たちは、私たちと同じく、次のような問題提起もしていた。

「私たちは本当に全てを手に入れたの？」

「私たちはいま自由なの？」

∴ 仕事と家庭の両立という目標

70年代は、本や雑誌の中で、仕事と家庭の両立についてオープンな議論がなされていたようだ。議題は、子どもや保育所の利用や、男女の生物学的差異、労働生活の過酷さについて。例えば労働時間の短縮など社会の急激な変化が起きないうちに、フルタイム労働が進むと、女性が仕事と家庭の両立で苦しむことになるだろうと、すでに多くの人が予見していた。年輩になった彼女たちといま会うと、決まってこう聞かれるのだ。

「社会を変えるためになぜ闘わずに、時間に追われ、自分や家族をみすみす生存の危機に立たせるのですか？」

同じことを私は自らに問い始めた。

過去の資料にあたるのは、まるで秘密の宝箱を開けるような感覚だ。過去の議論の多くは、今の時代に行われても大して話題にならないかもしれない。当時の女性たちは、現代の私たちよりも怒りを露わにし、はっきりと意見を表明していたが、母親としての役割や妊娠、出産、家族生活に関しては保守的だった。当時のノルウェーは、今とはまるで別の国だった。私たちが現在身を置いている、狂気に満ちた消費社会が訪れるのは、その10年先だ。当時はまだ、お金以外のものに価値を見出し、現在とは別のラディカルな社会を果敢に夢みることができたのだろう。

宝箱を永遠に開け続けることはもちろんできない。でも今、極めて多くの人たちがどのようにして苦境に陥るのか、理解するのに必要なパズルのピースを私は見つけた。今日《こんにち》の平等社会（平等といっても、実際のところは、多くのフェミニストたちが夢みてきた通りにはならなかったのだが）の制度の礎《いしずえ》が築かれたのは、70年代だ。

朝、目を覚まして、子どもたちを起こし、保育所や学校に送り出すと、夫婦それぞれが職場に向かう――そんな現代の家族生活は、70年代の女性解放運動と政治の賜物《たまもの》と言える。働く権利も、保育所全入も、母親の産前・産後休暇、父親の育児休暇、堕胎の自由も。現在は当然のものと捉えられているが、物事が成し遂げられた陰では、必ず誰かが汗を流しているものだ。ノルウェーの女性たちは闘いの末、40年前に西洋社会全域で大きく成長した、女性政策の波に乗れた。女性たちは組織や団体をつくり、デモに参加し、国際女性デーを祝い、議論し、様々なアクションを起こした。彼女たちはフェミニズムや女性運動について書くため、雑誌を次々と創刊し、スポーツや政治、労働市場で自分たちの居場所を求めた。女性たちの法的権利の大半を勝ち取ってきたのは、確かに70年代のフェミニストたちだ。彼女たちは伝統や不文律、課せられる役割や文化と闘った。家庭生活に小さな革命が起きたのは、主にその時代だった。多くの母親が仕事に出て、一部の子どもが保育所に通い、一部の父親が家事や育児に参加し始め、女性が避妊ピルを服用し、性生活を再定義し始め、離婚を選択する人が増えた結果、シングル・マザーや、共同親権をもつ父母の家を行ったり来たりする子どもたちも増えた。同時に男女平等の闘いは、ノルウェーの政治政策の一部と化した。堕胎法、男女平等法が採択され、子どもオンブズマンが1981年に誕生した。

社会の根幹を成す事柄について、オープンな議論が展開され世間の注目を集めた。現代の議論は当時に比べ、現実的で、詳細で、実践的と言えるだろうか？　しかし急進的な思想や夢が大いに求められる現代に、それらの夢が色あせ、ユートピアが笑い飛ばされるのは衝撃だ。絶えず成長し続けることに重きを置いた現代の社会モデルに、世界はもはや耐えられなくなってきており、私たちはみな、自らの存在を社会に認めてもらいたくて、この「現実」にしがみついている。この「私たち」には、フェミニストも多く含まれる。フェミニズムについて社会的ビジョンがもっと示されていたら、どんなによかっただろう！

70年代のファイティング・スピリッツや創造力、社会批判やユーモアは私たちを感化し、熱狂させる。私たちは「女性解放」という言葉を取り戻し、それが本来どういう意味で使われていたのか議論できるのだ。男女平等という概念を疑い、男女平等によって何を成し遂げたいのか自問することもできる。

　例えば、トーリル・スカルドからヒントを得られるだろう。スカルドは男女皆がフルタイム、つまり一日8時間働かなくてはならなくなると、家族団欒《かぞくだんらん》の時間も気力も失われると説いた。[6] 私たちが求めるべきなのは、労働時間の短縮と、シフト制の導入や通勤時間の短縮だ、と。私たちには他者と心の絆を結べるだけの心の余裕が必要だ。それに仲間と絆を築く時間について、皆で話し合えたらどんなにいいだろう！　この前提にあるのは、家でケアの責任を負わない男性を中心に据えた労働生活、男性の都合でつくられた社会だ。しかし主婦が絶滅していったことで、それまで主婦だった女性たちは、変化の必要性に迫られた。これは当時も単純には答えの出せない大きな問いだったようで、本や多数のフェミニズム雑誌で議論が繰り広げられた。[7] 彼女たちが提案した、仕事と家庭のジレンマに対する解決策は、今の私たちが見ても、創造的で多様だった。子どもを一日保育所に預けながら、自分たちの労働力を市場に売る際、生じる軋轢《あつれき》が広く問題提起された。私たち女性は一体何から解放されたかったのだろう？[8] 子どもから？　それとも、自分たちから？　はたまた一家の家計を大黒柱として支える責任から、男性たちを解放したかったのだろうか？　女性たちは家庭から解放されようとしたのか？　ここで問われるのは、自由がどこにあるのか、またその自由が誰のためにあるのかだ。これは決して問うのをやめてはならない。今を生きる私にとっての自由とは何かを、定義するのは誰だろう？　それは私が同意できるものなのだろうか？

『主婦の知恵袋』というフェミニズム雑誌で、当時のノルウェーの状況を読み解く鍵となりそうな論評を見つけた。

「子どもや障害者、高齢者といった生産性の低い弱い立場の人たちの居場所がない社会で、私たちはどんな自由を求めればいいのでしょう？　自由とは責任や共感、時間や思いやりをも伴うものではないのでしょうか？[9]」

「朝7時45分から午後5時まで保育所で過ごすことが、小さな子どもにとってよいとは思えません。子どもと触れ合う大半の時間を失う親にとっても。しかしこのような策を取らざるを得ない親が罪悪感を抱きかねないと、私たちはしばしばこの手の批判をためらいます。ところがこの躊躇よって私たちは、新しい解決策を考えるチャンスをも失ってしまうのです[10]」

「雇用者目線で見た理想の労働者とは、仕事が最大の関心事であり、欠勤が少なく、必要なら残業もシフト制の勤務も厭《いと》わない人だ。しかしこれでは子どもの世話をしたり、仕事先の人以外と親しい関係を築いたりするのは難しくなる[11]」

このような議論では、私と同世代の人の大半がこれまでしてきたよりもずっと真摯に意見が交わされ、労働生活や保育所、自由やフェミニズムの定義について広く社会に問われた。その問いとは、以下のようなものだ。

「今日《こんにち》の家族の形は、女性たちにとってよいものなのだろうか？」

「家庭は休息と癒やしの場か、それとも抑圧の場か？」

「核家族化の流れを止めるべきなのだろうか？」

「複数の家族が一つ屋根の下で集団生活を送るのがよいことなのだろうか？」

「家族は資本主義を支える機能を果たすのか、それとも資本主義からの避難所になるのか？」

世の中には本来、当然なことも、万人に認められることも、真実と見なされることも、ないはずだ。私たちは現代社会の真理はすでに発見済みであるという常識にとらわれているのではないか。私たちに足りないのは、70年代のような創造性と、今、目の前にある物事とは別の新たな解決策を信じることだ。では、70年代の、どんなところが特別だったのか？

70年代のフェミニストたちは、全ての点で意見が一致していたわけではない。彼女たちが反対意見をどう出したか、団体をどう組織したか、どんなふうに行動し、闘ったか、どんな手法で政治を動かしたかは、いまだ喧々囂々《けんけんごうごう》の議論の最中だ。急進的な女性運動については、1960年と70年のほかの大規模な社会運動と連動していた。政治思想は言うまでもなく左寄りで、社会批判の色合いはあまり濃くなく、男女平等や女性の権利のため、全面的に闘ってきたわけでもない大人しいフェミニストも、もちろんいた。ぼそぼそ声のフェミニストたちは個別の事案で急進派と協同することもあっても、全面的な体制批判には乗らなかった。いずれにしろ女性運動では、アメリカン・ドリームみたいに女性は望みさえすれば、誰でもトップに立つことができると信じられていると私には思える。ただしそれが夢で終わりがちなのは、残念なことだ。

70年代の女性運動は、社会が大きく変化したことで、徐々に分裂、解散に至った。消費社会は急速に、しかし確実に発展した。ヨーロッパでは、労働者が必要とされていた。既婚女性の社会進出がその時期、急速に進んだのも偶然ではない。[12]仕事をさせろという女性たちの要求は、意外なことに支持された。

同時期、農業が衰退し、都会への移住が一層、進んだ。女性の大学進学率が上がり、外で働く女性が増えても、相変わらず既婚女性の大半が家事を一手に担った。1975年、国連は向こう10年間、世界中の女性と男性の生活状況を平等なものにする施策を尽くすと決定した。これがいわゆる「国連女性の10年」だ。こうして女性運動は新たな隆盛期《ピーク》を迎えた。

当時は男女の機会が明らかに不均等だったのだから、今より女性解放運動を行いやすかったに違いないとする説が散見される。でも、実は現代の私たちは恵まれている。男女平等の現代では、集会も闘争も必要ない。50年代のフェミニストたちも、70年代のフェミニストたちも、現代のフェミニストと同じ経験をしたのだと覚えておいて損はないはずだ。フェミニストたちは本来、同志であるはずの女性と男性両方から否定されてきた。大半の人はフェミニストの闘いにいささかの好感も示さなかった。いや、むしろ世間の不安を大いにかき立てたとして、忌み嫌われもした。

既婚女性は労働市場に出るべきでないという思想に、世の中が支配されていた。今では女性が外で働くのが、ごく一般的だ。80年になる頃には、家事と子育てに専念する女性は、「ただの主婦」と言われるようになった。キャリア・ウーマンに向けられる目は、それとは違ったものだった。彼女たちはその頃には、社会的地位を得ていた。今でもそうだ。ノルウェーの女性である私たちは今、何に価値があり、何が称賛され、何が成功するのかを知っている。私たちはそれらの基準に従い、努力する。

フェミニズムに関するノルウェーの議論は、国連女性の10年が始まった頃には、アメリカの主義・主張に染まっていた。1970年に若きフェミニスト、シーリ・ニュランデル・マーランはアメリカにいた。ノルウェーに帰国した1970年の1月、「ダーグブラーエ」紙に、「新世代のフェミニストたち、団結せよ」という記事を寄せた。ノルウェーにフェミニズムの波を起こしたのは、この記事だという説もある。ニュランデル・マーランはこう書いた。

「男女問わず、多くの人たちが、両性のさらなるフレキシビリティ、さらなる選択肢の充実を実現するには、社会構造（段階的な改革や、急進的な革命どちらであろうと）の変革が絶対に必要だと考えている」

社会の構造を変えよう、制度を変えよう。女性解放を果たすには、それしか道はないと。

同じ年に、アメリカのフェミニスト、ジョー・フリーマンが、オスロ大学で講演を行った。講堂は満席だった。テーマは、女性たちがどうグループを組織し、行動を起こすかだった。その場にいた大勢が、新たな時代の始まりをひしひしと感じたことだろう。

作家のガルド・ブランツンバルクは、雑誌『クール』の2012年1月号で、70年代のフェミニズムを理解したければ、フェミニズムがイズムであると理解すべきと書いた。女性たちは例えば、男性たちがいかに社会を牛耳っているのか、旧来の女性観の破壊をシスターたちに意識させようとした。女性たちはまた原子力発電所の建設中止をも願った。女性解放とは、私生活の問題点に取り組めるよう、外側の制度を理解することだった。それは今も変わらないし、簡単に忘れられるし、時に理解するのが難しく思える。

ノルウェーでは、様々な女性団体が急ピッチで生まれた。アメリカのフェミニストたちからインスピレーションを得た新しいフェミニストが1970年に誕生した。そして1972年に「女性戦線」が、1975年に「レズビアン協会」が、1976年に「パンと薔薇」が結成された。これらの新しい動きは、その時期隆盛していた「ノルウェー女性問題協会」のような伝統のある団体とも結びついていた。1948年誕生の急進的女性団体である「ノルウェー女性協会」は長年の休止期間を経て、活動を再開した。[13]

抑圧と闘うのに、どのような種類の主張、どのような戦略が最適かについて、考えは様々だ。フェミニズムという概念に、どのように参加するかもスタンスは多様だった。この概念が名誉に映る環境もあれば、フェミニストが汚名とされる環境もある。当時のフェミニストたちは多種多様だったが、それでも司法、経済、社会、文化などの様々な分野で、女性の置かれる状況を改善したいという共通の願いを抱いていた。

70年代に明らかに求められていたのは、子どもの保育所全入と、父親の育児休暇取得だった。また堕胎の自己決定権やあらゆる職業、スポーツ種目への女性の参画権でもあった。パートタイムの職であっても、得られるあらゆる権利があった。同一労働同一賃金。[14] 青少年向けの質の高いレクリエーション施設。[15] フェミニズム団体では、多くの点で意見の不一致が見られたが、これらについてはおおよそ意見が一致していた。目標は、女性一人ひとりの選択肢が増え、多様になることだ。

そして活動は時に多岐にわたった。以下に一部の例を挙げる。

●1971年に数名の新しいフェミニストたちが、「誰が一番真っ白に洗った？」というCMが、主婦という性別役割分担の意識を植え付けるとして抗議し、オスロのカール・ヨハン通りに真っ白な洗濯物を干す運動を行った。これは環境団体と協力して行われた、環境汚染への初めての抗議運動でもあった。

●同年秋、オスロの「新しいフェミニストたち」が子どもや環境、交通安全、住環境、保育所の増設と質の改善について大学広場で2日間、展示を行った。
●多くの人々がトロンハイムのフェミニストたちによる保育所の増設、質の向上の要求を歓迎した。1971年の地方選挙の1日前、市長の事務所に子どもを連れていった。女性たちが町に出かけている間に、市長は子守りをした。[16]

地方選挙の前に、様々な女性団体が運動を行い、それによって、1971年にこれまでよりも多くの女性が地方議会の議員になった。新しいフェミニストたちが主導し、1973年、複数の女性団体と協力して中絶団体をつくった。同年に季刊誌『セイレーン』が発行され、1975年に季刊誌『主婦の知恵袋』が出された。「女性戦線」は最大の女性団体にまでたちまち成長したが、内部でも、ほかの外部団体とも激しい衝突が起き、苦しんでいた。新しい共産政権であるＡＫＰ（マルクス・レーニン派）と緊密に結びついていたため、多くの人から外の意見を受け止めない、オープンさに欠けた組織と見なされた。そこから離れた女性たちの一部が、1976年に「パンと薔薇」という団体をつくった。しかし団体が分裂しても、皆が賛同する目標への協力が妨げられることはなかった。保育所増設を求める闘いで、女性戦線は党派を超えた運動を指揮した。この運動は、市町村に保育所を設立しようと協力する、より小規模な団体が担った。

1972年に、刑法から379条のいわゆる同棲罪の記述が消えた。結婚せずに同棲することが禁止でなくなったことで、サンボ（事実婚）が増えた。

男性の家事参加を求める女性もさらに増えた。多くの女性が日常生活を滞りなく過ごせるよう、パートタイムの仕事に就いた。

急進的な思想、新たなパートナーシップの形、女性の生活について議論したにもかかわらず、家族という概念／単位は70年代になっても相変わらず、神聖な不可侵域と見なされた。家族は外部の人たちがほぼ介入できない集団だった。この中で、児童虐待、妻へのDV、暴力が、誰に口外されることも、尋ねられることもなく、振るわれた。女性向けの緊急支援センターの設立（78年）がいかにラディカルで、重要か理解する上で、この背景はおさえておきたい。

緊急支援センターの設立や、私生活で何が起きたのか話し始めることは、個人的な問題が政治で取り上げられたことを示す一つの証明だ。古い伝統が70年代には守られ、その伝統に疑問を覚えた女性たちは、限界に挑まねばならなかった。話をし、書き、行動することが、政治や文化の真の変革の第一歩になった。そしてそれは継続された。変革がひとりでに起きることは少ない。

∴ 新しい女性像の誕生

例えば『マッドメン』のような連続テレビ・ドラマをひどく古めかしいと思えて初めて、女性観が急速に変化したのを実感する。ほんの50年ほど前を舞台にしていていたそのドラマには、女性は家にいろという規範が蔓延していた。女性は結婚するまで働いていたとしても、せいぜい秘書止まりだった。ビジネス・ウーマンとして生きるには、セクハラと無視の両方に耐えなくてはならなかった。家の内でも外でも、権力を握っていたのは、男性だった。１９７０年に若者時代を過ごしたノルウェー人女性の日常は、女性アクティビストのルナ・ハウコーがインタビューで次のように形容する通りだった。

「公的な場で、彼女たちはまったく以て不可視だった」

大半の場面で、男性は一家の主《あるじ》だった。つまり玄関の表札に男性の名前が掲げられ、役所の書類に男性の名前だけが登記されたのだ。住まいも男性の名義。車も、借金も、銀行口座も、家財として登記しなくてはならないものは全て。結婚し、家を出た旧友の女性に電話するのも一苦労。電話帳には男性の名前しか載っていなかったので、夫の名前を忘れてしまうと、友人を再び見つけるのは不可能だった。このような不可視化に、女性たちは慣れっこだった。[17]

１９６０年、幼い子どもを持つ母親10人のうち9人は、主婦だった。保育所の増設や、幼い子どもを持つ親がより働きやすい労働環境は、女性たちが家の外で仕事をする機会を現実に得る上で重要だった。70年代の女性たちは、50年代の女性の子どもだった。70年代の女性の母親は、専業主婦が一般的だった。彼女たちは戦後、理想の女性とされていた。しかし70年代の女性たちの中には、母親のようにはなりたくないと思う人もいた（実際は母親と同じようになったのだが）。1974年から85年にかけて、保育所に入れたのは、ノルウェーの0歳から7歳の子ども全体の6％だけだった。[18] 当時のノルウェーは北欧で最も保育所入所率が低く、育児休暇期間も最も短かった。60年代から70年代にかけて、小さな子どもがいる人は、主婦になるのが最も割合が高かった。ところが次第に、主婦が理想とされたり、敬われたりすることは減っていった。50年代の母親たちにとって当たり前だったもので、今も続くものは一つもない。フェミニストたちはあからさまに不安をかき立てるとされ、みなに喜ばれたわけではなかった。

雑誌『セイレーン』1974年1月号で、ビョルグ・ヴィークは、主婦がいかに嫉妬と罪悪感の混ざった目で、働く女性を見つめていたかが書かれている。家の外で働くことへの嫉妬と、自分自身が家に「しか」いないことへの罪悪感。働く女性は女性で、自分たちと異なる価値観に基づき家事をし、子どもたちとより多くの時間を過ごす主婦たちに出会うと、不安と怒りを覚えた。女性たちは、主婦と働く女性両方がよりよい日々を送れるような政策を求めて協働し、闘うのではなく、分裂していった。両者が敗者となったのだ。医師のイレーネ・マティスは、1972年に『何に文句を言っている？』という本の中で、女性の選択にまつわる議論はどれもただのヒステリーだと書いた[19]。主婦と働く女性が互いに背を向けてしまったのは、奇妙なことだとし、主婦と働く女性に共通の関心事はないか探すため、むしろ社会階級に目を向けた方がよいのではないかとした。女性運動をさらに進めていくには、家と労働市場の両方をもっとよく観察するべきだとも指摘した。

1971年から72年に行われた、ノルウェー中央統計局の調査によると、日々の労働時間を合計すると、女性の労働時間の方が男性より多いことが分かった。大半の女性が、主婦か時短勤務者であったにもかかわらず。この調査は、労働時間に育児、家事、買い物、病人や老人の看護および介護を含めており、結果、1週間における女性の労働時間は、男性のそれよりも長かった。女性労働の4分の3は無賃労働であるのに対し、男性労働の4分の3は賃労働だった[20]。

多くのフェミニストたちにとって、6時間労働を求めるのは当然のことだった。女性たちは働きたかったが、同時に家にいたい、子どもと一緒にいたい、自分の関心のあることに時間を費やしたいとも訴えた。同じことを男性たちも求めているだろうと考えていた。最終的には多くの労働組合が、フェミニストの仲間に加わった。例えば1981年の労働総同盟会議で、労働組合の「ボードー商工会」は次のように主張した。

「皆が8時間も働く上、ケアの義務まで負うのは、過酷です。フルタイムの仕事とケア労働両方を行う女性は、二重の労働を背負っていると言えます。そして彼女たちは家事、育児に非常に大きな労力を費やす場合が多いのです。6時間労働によって、男性のケア労働への参加も促されるし、労働時間が短くなると、皆が——女性も——仕事や政治活動でより多くの利益とチャンスを得られ、それによって民主主義が現実に可能になるのです[21]」

この文をもう一度、見てほしい。

「皆が8時間も働く上、ケアの義務まで負うのは、過酷です」

今日《こんにち》の労働運動でも、この部分をもっと訴えてほしいものだ。労働時間が短くなれば、人々の社会参加を促すことができるかもしれないからだ。

ところが母親が社会進出しても、父親の労働時間の短縮や、働きづめの生活は改善されなかった。それでも80年代の間に、1・5、またはダブル・インカムの家族が、幼い子どもを持つ家族で最も一般的な家族形態になった。90年代になると、夫婦ともにフルタイムで働かざるを得なくなった。

アメリカの社会学者でフェミニストのフェスター・アイゼンシュタインは、70年代から女性の社会進出が進んだことが、同じ時期の経済成長と密接に結びついていると主張した[22]。彼女はまた経済とフェミニズムの密接な関係が、十分に研究され、真に理解されているとは言いがたいとした。現代のフェミニズムが予想外の形で、この経済成長を支えるようになったという。

つまり70年代のアクティビストの主張は、資本主義のそれとは真逆であったにもかかわらず、フェミニズムは大方、資本主義を前提に展開していった。[23] アイゼンシュタインのこの主張は、それ以来、私の頭の中をぐるぐる巡るようになった。働くことで、キャリアの道を歩む自由を求めて闘った先駆者たちにも、盲点がいくつかあったのでは？　その闘いは、予想外の結果をもたらしたのだろうか？

矛盾だらけの社会で、女性の役割に急激な変化が起きた。労働市場は女性の労働力を必要としたものの、労働市場を女性たちに合わせて変えることはしなかった。保育所不足だけでなく、病気の子どもや妊娠に伴う権利についてもだ。それでもフェミニストたちは立ち上がり、次々と要求した。職業をもつことや経済的自立が、男女が対等になる上で大事と考えられていたからだ。もはや女性は夫からお小遣いをもらう必要はなくなった。自分でお金を稼がなくてはならなかった。そうすることで、望むのであれば離婚し、一人で生きることが可能になるのだ。働けることとは、多くの女性アクティビストの間で勝利と見なされた。結果的には、多くの女性が、二重労働による過労という代償を支払う羽目になったのだが。

フェミニストのルナ・ハウコーは、インタビューで次のように述べた。

「私たちはいくら疲れても、文句を言うことはほぼ許されない。一度《ひとたび》文句を口に出そうものなら、どこかの誰かがつかつかとやって来て、こう言われてしまうのだから。『ああ、そう。そんなに働くのが大変なら、やめればいいじゃないか[24]』」

女性の労働参加率の上昇に伴い、労働者としての男女の扱いの差も明るみになった。労働市場でも大勢の女性たちが、同僚や上司になおも差別され、不当な扱いを受けていた。彼女たちには、不十分な法整備について不満を言ったり、労働市場における権利を要求したりするだけの十分な理由があったのだ。これにより、70年代の女性たちの新しい幕が開けた。労働市場への進出は果たした。次は新たな権利を得る番だ。子どもや夫と過ごす時間、家事をする時間、余暇の時間と、仕事をする時間とのバランスを取り、日々のささいな出来事と大きな出来事、両方に力を注ぐ心積もりをするまでだ。

∴ 女性解放か、それとも男女平等か？

現代を生きる私たちはフェミニズムや女性解放運動について言及したり、ジェンダーについて議論したりするのに近い物言いで、またしごく当然のことのように、男女平等について話す。男女平等は、私たちが夢に描く概念だが、昔から男女平等が理想とされてきたわけではない。70年代の女性アクティビストの多くにとって、女性運動は女性解放運動を指す場合が多く、女性運動は男女の機会均等以上のニュアンスを帯びた概念だった。

オーセ・バングが1972年の時点で言っていたような大きなビジョンが描かれていたのかもしれない。女性解放はとどのつまり、人間の解放、また今とは異なる社会の構築を意味する。[25]

男女平等運動はもちろん重要で価値があるけれど、フェミニズムの社会批判の急所は女性解放に隠れているのかもしれない。バングは、フレックス・タイム制や男女両方の時短勤務、幼い子がいる親が給与を引かれることのない時短勤務を提案した。彼女はこう書く。

「男性がストレスまみれの出世競争から解放されて初めて、家族を養っていない人は、自分に価値が低いと思わずに済む。子どもの世話をする時間ができて初めて、人間に優しい社会をつくることができるのだ」

女性にとってだけでなく、人間にとっての最善を目指し、フェミニズムを建設的な社会批判に用いるにはどうしたらよいのだろう？

バングの提案は、私たちが想定するものとは異なっており、同時に現在、女性問題に取り組んでいる女性たちと、過去に女性問題に取り組んできた女性たちの間に分断があると暗にほのめかしてはいないか。今のフェミニズムと70年代のフェミニズムは一本の線で繋がってはいるが、この線はところどころで途切れている。

ベリット・オースは２００８年に、男女平等は危うい概念だと述べた[26]。彼女は70年代の左派社会党の党首で、いまだにカリスマ性をもち続ける女性問題のアクティビストだ。しかし、男女平等に危うさを感じるとはどういうことなのだろう。男女平等は様々な集団に平等なチャンスを与えるもののはずだが、実際の世の中のほうは、組織力が高く、お金を多く持つ集団が一番チャンスをつかみやすいようにできていることを彼女は指摘する。

「女性たちは世の中から耳を傾けてもらえなかった」とオースは書いている。[27]

オースにとって、女性の文化においては、女性たちが男性と異なる価値と知識をもつことは重要だった。オースの思想は、今の私たちから見ると、異質に思えるかもしれないが、オースの言葉には新たな思考へ進むヒントが潜んでいるように思える。

女性の権利について研究したトーヴェ・スタング・ダールという教授もまた、男女平等は男らしさをよしとしているとした。[28]女性の生活は男性の生き方と強固に結びつけられ、伝統的な女性の生き方や価値の入り込む余地がなくなってしまっている。従来、社会を支配していた男性的規範を男女平等が強化してしまう、とスタング・ダールは指摘した。出世競争重視の男性中心の労働市場に適応できた女性が、収入と社会保障の両面で、最も得をするのではないか、と。

このような批判があるものの、男女平等政策は産前育児休暇やクオータ制といった、多くの女性にとって喜ばしい優遇措置を提供している。

男女平等自体に問題があるわけではなく、概念が変容してきてしまっているのが問題なのだ。当初は、女性たちに門戸を閉ざしていた職業に少数でも女性が就けるようにするのが課題だった。その後、1978年の男女平等法に関する議論で、性別に中立な法整備が課題となった。その後、クオータ制をはじめとした女性への特別措置、また男性への特別措置について議論されるようになった。今日《こんにち》の男女平等は、男性がもっと家にいて、女性がもっと外に出て行くことを主に論じている。労働市場で、男性も女性も平等な機会と賃金を得るべきだ、どちらも育児休暇を取る権利を得るべきだし、ケアの担い手として、価値を平等に認められるべきだというふうに。

ノルウェーにはステイト（国家）・フェミニズムがある。これは、民衆である女性アクティビストと政府が協働したもの、というふうに説明できるかもしれない。二者が出会うことで、具体的な行動と政治的決定が生まれる。最初にステイト・フェミニズムを具現化したのは、男女平等法と堕胎の自己決定権の法制化を主導した、労働党の党首で首相のトゥルグヴェ・ブラッテリだった。もう一人の重要な活動家は、カーリン・ストルテンベルグだった。彼女は1972年に、当時の消費・行政省の省長に任命され、大臣のインゲル・ルイーセから、ノルウェーの家族政策を考案するという任務を与えられた。ストルテンベルグは男女平等法、堕胎法、パートナーシップ法に精力的に取り組んだ[29]。政党から成る女性団体はしばしば、官僚の陰で糸を引いていた。

70年代、公的な男女平等政策のための機関設置や法整備が急速に進んだ。男女平等評議会、男女平等法、男女平等オンブズマンがつくられたのだ。さらに消費者・行政省は男女平等政策の問題対策のための独自部署を設けた。また新しい労働環境法により、出産育児休暇に際する女性たちの権利が拡張された。

左派のフェミニストたちは、これらを手放しに喜ぶことはできなかったようだ。というのも、男女平等法が施行される3年前の1975年、もとになった法案が出された際には「やっつけ仕事」、「スキャンダラスな革命」、「時代遅れで、どうかしている」といった辛辣な批判が寄せられたからだ。左派社会党と保守党がそれぞれ異なる理由から、この法案に集中砲火を浴びせた。また女性団体からも賛否両論あった。

特に左派社会党から、「女性たちは数百年にもわたって抑圧されてきたのだから、特別な処置を受けさせてあげていいんじゃないか」という声が上がった。一方で、法案についての議論の際には、「女性が男性よりも抑圧されていると考える必要性はもはやない」という批判もあった。

これらの批判は最終的に、前者がより支持された。この変革によって、一方の性に配慮した法律が生まれた。つまりは女性が公的に男性より優遇されるようになったのだ。

法律に問題がないわけではないとトーヴェ・スタング・ダールは言う。彼女は、この法律で賃労働の変革が男女平等の第一に掲げられたことが一因となり、男性中心である社会の方を変えることが男女平等の目標とされたとした。[30] 家庭生活の問題は依然として、個人による解決が求められた。これまで女性たちが独自の価値観で判断を下してきた家庭で、法律はまったく効力をもたないと彼女は批判した。1978年5月、男女平等法が労働党、左派政党、保守党の合意の上、採択された。

前述のようなクオータ制のほか、いくつか例外はあるものの、現在のノルウェーの家族政策はほぼ男女中立だ。性別を理由にした優遇政策は一筋縄ではいかない。侮辱と受け取る人も出てきかねない。私たちが男性よりも弱いとでも言うのか？　と。

現在では、出産育児休暇は3期に分割されている。そのうちの一つは母親が、一つは父親が取る。そして残りの一つは、どちらがとってもよいことになっている。しかし、父親半分、母親半分というラディカルな分割法を望む声も耳にするようになってきた。男女平等の観点から考えれば、公正に思えるかもしれない。しかし妊娠し、子どもを生み、授乳するのは、女性だけだ。出産後は、女性の多くが何か月も、何年も数々の苦難を味わう。出産育児休暇の2分割が強いられるのは、ただでさえ短かった安静期間が、さらに半分にされ、体が回復していないうちに職場復帰をしなくてはならないため、女性たちにとって極めて過酷なものになる。男女平等と同権にこだわり過ぎると、実質一方のみにハンデを負わせているようにとられかねない。男女の生物学的特徴を無視するようなものだ。妊娠、出産、授乳や、これらに関する苦しみが、ないものとされてしまう。男女平等が常に正義とは限らない。

女性の多くは、子どもを妊娠する以前のように、心身ともにしゃきっとし、職業生活や外の世界に参加する準備を万全に整えるよう期待される。母になった後、やっぱり無理でしたと言おうものなら、軟弱と見なされかねない。母親になることは、むしろ強みであり、新たな分野について知り、見識を身につけられるチャンスと、どうして私たちは考えられないのだろう？男性が父親になった時にも、もちろん同じことが言える。男女平等についての私たちの思想には、矛盾がある。今日《こんにち》では「みんな」が男女平等に賛成だ。大方の分野で、男性も女性も同じことが期待される。できることなら男女両方が賃労働に携わり、子育てと家事に貢献しようよ、と。ジェンダー平等はノルウェーの政治と社会の一部と化した原則だ。しかし、お金や権力の座、相続の面では、いまだに大きなジェンダー・ギャップが見受けられる。パートタイマーにも、ケア労働の担い手にも、女性が多いのは、言うまでもない。父親が育児休業期間中に家にいる場合、その父親が母親のやり方ではなく、自分流に家事・育児をするのが当然と思われている。男性と女性は平等と見なされているものの、時に違った行動が期待される。[31] こうした矛盾の中で私たちは毎日を生きている。

この矛盾は、金と権力というものの価値ばかりが尊ばれることにより生まれるのだろう。この金と権力は、現在の私たちの文化で、男性により大方握られている。女性的とされてきたものの価値が下に見られる危険性がここに潜んではいないだろうか? ルナ・ハウコーが1993年に出した『新しい女性、新しい男性』という本の中で、男女平等についての興味深いインタビューが、母親と父親両方に対し行われている。母親たちは夫がいかに頑張っているかを誇らしげに自慢した。夫は子どもを連れて出かけ、思い切り遊ばせてくれるのよ、と。一方、母親である自分は、子どもをただ抱っこしたり、大人しく遊ばせたりするだけだと。母親たちは自分たちのしてきたことを、男性たちがしたことほど素晴らしいこととは見なしていなかった。女の子のするようなおしとやかな遊びは、男の子のするようなやんちゃな遊びほど、尊くはないと彼女たちは考えた。女性たちは、今でもそんなふうに、自分たちのことを低く見ているのだろうか？　女性たちの一人は、同書の中で、次のように述べている。

「男性は、私にも備わっていたらと願ってしまうような、青少年にポジティブな影響を及ぼしうる特徴を備えている。男性は外交的で、好奇心旺盛で、積極的だ。（中略）私などは、意識して行動しても、つい女らしい行動をとってしまう」[32]

女らしい行動？　青と同じぐらい、ピンクもよい色では？　今では、保育所に人形もドールハウスもない。それは、どうして？　男女平等を求める良心的熱意について、何か盲点があるのだろうか？

ハウコーの本が出されたのは、1993年と、少し前のことだ。興味深いことに、当時の男性の90%が、男女平等に賛同の意を表していたにもかかわらず、これは実践に生かされなかった。父親が育児休暇中に子どもたちと散歩に出かけたり、家である程度仕事をしたりしたのに対し、母親たちは子どもの世話をしながら、家事をした。このことについて、ベーリット・ブラントとエーリン・クヴァンデは次のように書いている。

「母親は家事、育児の分野で概して、男性に過度な要求をしないようにと慎重になっている。父親は子どもの面倒をみてくれるだけで十分だと。母親は父親に家事をしてもらおうと懸命に働きかけるが、その努力は完全に実を結ぶわけじゃない。育児休暇中も父親は少ししか家事をしないのだが、育児休暇後は、それに輪をかけてしない。母親は父親への要求のレベルを下げるか、諦める。家庭内で、母親の言い分は通らない[33]」

「男女平等は男性よりも、女性にとっての一大プロジェクトとなった。女性たちは子どもを産むとすぐに家を出て、男たちの世界に飛び込み、大体において彼らの流儀に従わなくてはならなかった。一方男性は、それまでとほとんど同じような生活を続け、家ではほんのちょっぴり努力するのみ。しかも、こんな妥協案を悪びれず提示する。『洗濯も子どもの面倒も見てやるよ。ただし、俺の都合優先でな』」

70年代の男女平等のアイディアに対する左派のフェミニストたちが抱いていた疑念は、資本主義に対する疑念と密接に結びついていた。男女平等とは元々、ブルジョワジーの概念だったのだ。今日《こんにち》の男女平等熱狂者には、考えられないことかもしれないが。

男女平等のシステム（資本主義も然り）は、一部の弱者、敗者がいるからこそ成立するものだと、1972年に社会心理学と女性学の研究者であるハリエット・ホルターが書いている。女性たちが、出産時から育児中にわたり、敗者の役目を担っており、男女平等の実現を願うのならば、変えるべきなのはその前提だと彼女は説明している。男女平等を選択するのなら、出産と育児を市場経済の外に置き、完全に守られた領域とすべきと彼女は主張した。男性が子育ての一部を引き継ぎ、そのほかの女性たちが多く担う分の対価を受け取るべきだ。別の言葉で表現するならば、子どもが人々の待ち望む素晴らしいものであり、重荷などではないとされる社会をつくるべきなのだ。解決すべき問題の一つに、保育士の目も当てられないほどの低賃金が挙げられる。ホルターは「子どもたちへの責任を一日4時間から8時間引き受けてくれたのは社会ではなく、ほかの低賃金の女性たちだ」と書いた。研究者はこう考える。児童福祉の職に就く男女両方の賃金の引き上げが、男女平等の闘いでは不可避であり、看護師とソーシャル・ワーカーの賃金は最高水準にすべきだ、と。この点においては、ホルターの時代からある程度の進歩は見られるが、達成できていないのは周知の事実だ。

ホルターは男女平等を目指す中で、社会の労働生活、家族生活をまずはすっかり変える必要があると提言する。[34] 家族生活についての変革は、男性の育児休暇がかなり延長されたり、男性独自の権利が拡張されたりと、急速に進んだ。ところが労働生活については、フルタイム労働と週5日勤務という条件で止まっている。ホルターはほかにも、融通、利便性、嘱託(代理)職員の増員といった、さらなる条件を挙げている。ノルウェーは1970年の末頃に、男女平等思想を受け入れていった。この思想は、政党の垣根を超えて支持された。一方、女性解放は、社会全体と私たちの働き方、生き方にまで波及した。このことに興味をもつ人は少なかった。男女平等はまさか、社会民主主義者が女性に提示する妥協案か何かなのだろうか？　保守勢力も、労働市場での働き手の増加や、個人の自由という考えを好んだ。元は違っていた多くの人たちの意見が、男女平等という分野でようやく合意に至ったのだ。

男女平等政策の多くが、特に法制度において、ノルウェーの素晴らしい女性福祉に寄与してきたことは明らかだ。一方で、男女平等政策の考え方の一部が、女性と母親の歴史と知識の過小評価に繋がった可能性も否めない。闘いが加熱する中、女性たちの数世代にわたる知識への敬意が失われ、世間がよしとする女性像はたった一つしかなくなってしまった。それは、幼い子を持ちながら、外でも働く女性だ。

社会階級の観点ではどうか？　男女平等運動は、労働者階級の女性たちの日常、課題、知識、価値観を受け入れられなかったある種の中産階級のためのフェミニズムと化したのだろうか？男女平等を求めるフェミニズムは、あくまで働きたい女性たちが中心であって、働かざるを得ない女性たちはあまり視野に入れていないのではないか？

女性解放運動とはほとんど関係なく、男女平等がややおざなりにされているように思える分野がある。女性の兵役義務に関する闘いが、その例だ。70年代のフェミニストの多くは、平和問題に当然のごとく、取り組んできた。そんな彼女たちも、女性の兵役義務などは想像もしていなかったようだ。女性たちはむしろ男性が家にもっといるようになり、子どもともっと親しめば、人を殺すのをためらうようになるだろうと考えていたぐらいだ。他人を殺すことが解放だなんて、考えてもみなかった。私たちは、女性が兵役義務を負うことで、本当に男女平等が強化されるのか、自問すべきだ。男女平等が思わぬ方向に進んでしまってていやしないか？　このように男女を平等に扱うことが、実際は不平等になりえないのか？　子どもを授かり、産むという、何より大きな社会的任務を果たせるのが、女性である事実は変わらないのだ。その上、兵役の義務まで負わなくてはならないのか？　質問を変えよう。武器の扱い方を学ぶこと、殺し方を覚えることが、女性解放なのか？　防衛軍に女性が加わることで防衛軍が変わると信じられているようだが、本当か疑うべきだ。軍に女性が増えれば、軍人を社会に溶け込んだ、当然で好意的なものと受け止め、親しみを覚える人が多くなるのか？　どうやらより多くの市民を紛争解決と防衛に駆り出したいようだが、それなら平和軍がいる意味は？

男女平等と産業界についても、同じことが疑問に思える。母親が勝負勘を鍛え、利益を最大限にする新たな方法を見出すことで、企業の戦力となれるよう、週末に責任者会議に出ることが、女性の解放なのだろうか？　企業の利益の最大化は、男女の労働者の利益を最小化することを意味する。どうして女性が（またはこの問題については男性も）これに貢献するよう、促されなくてはならないのだろう？

私がしたいのは、男女平等のフェミニズムのほころびを見つけることではない。男女平等を目指すこと自体はいい。なんでもかんでも男女平等であれとするのは違うんじゃない？　と言っているのだ。私たちはもっと議論を深めることができるし、男女平等のフェミニズムと、より包摂的な男女平等の闘いの協働について考えることができる。

∴ 80年代という明るい時代とフェミニズムの転換期

70年代は、新しい社会への夢とビジョンに満ちていた。しかし完全には思い通りにならなかった。80年代がやって来ると、夢は砕け散った。女性解放運動と左派は長いあいだ停滞した。一方、男女平等は同じ10年間で進展した。何が男女平等を進展させ、女性解放を停滞させたのか？　80年代にどんな力が働いていたのか？

この10年の間で、「女性問題」や「女性解放」といった概念は、「男女平等」の名のもと、より中立的な「ジェンダー」や「ジェンダーの視点」といった言葉で置き換えられた。[35]「男性問題」も議題に上がるようになった。男女平等は大きく現実的な障壁にぶつかりながらも、国と国民の両方にその存在感を示し続けた。保育所の数は十分でなく、女性の閣僚や政治リーダーが生まれれば、ニュースになるような時代だった。市場原理が働き、個人主義的で、最大限の利益が得られ、政治的に見れば、右派にとって喜ばしい時代だった。左派と70年代からの一連の解放運動が、市場の力と個人の力で、10年後に解放できると信じるあまり、敗北に至ったその背景については、簡単には説明できない。時代の空気感とか、時代を支配していた価値観とかいった、曖昧模糊とした話になるからだ。しかしまた西洋諸国が新自由主義の経済システムに足を踏み入れたこと、それが原因で、どのようなイデオロギーが台頭するようになったかといった具体的な事柄についての話でもある。いや、その逆か。70年代の左派の一部が、全体主義的な支配体制に対し口をつぐみ、むしろ信用を失ったという話か。このことがまた同じ穴の狢《むじな》だった左派の動きをも封じたのだ。別の左派は、革命をむしろありがたがり、現在の体制を覆す理由はもはやないと考えた。労働組合の動きは依然、重要性と力をもち、会員の権利のために闘い続けたが、ノルウェーでも支持されたマーガレット・サッチャーやロナルド・レーガンといったリーダーたちのイデオロギーに対抗しなくてはならなかった。集団主義が影を潜め、個人主義の色合いがさらに濃くなっていった。こうして市場の論理に基づく経済政策と、これをかなり反映した価値観に基づくシステムが生まれたのだ。私たちはイデオロギーの面でも、経済の面でも、様々に停滞してしまっている。

70年代のフェミニストで作家のシェスティ・エリクソンは、季刊誌『クール』の2012年1月号でこう書いた。80年代の女性たちが政治のトップにようやく立つようになってきてはいても、女性政治家たちはいわゆる「自主規制」をし、権力の拡大を控えた。つまり、政治家の権力が一部失われ、以前より市場が社会の発展を左右するようになったということだ。女性が進出する分野は、勢いがなくなると言う人も多い。政治もそうだろうか？　答えはイエスでも、ノーでもある。国際的な大企業と自主規制の働く市場が、かつては政治が決めていた事柄の多くを代わりに決めるようになってきたという意味では、イエスだ。とはいえ、もちろん政治組織の決定により、いまだに多くの代償が支払われているという意味では、ノーとも言える。女性議員率の上昇が、行政に直接、非直接的な影響を与えたからだ。

同時に80年代には、国際女性デーのデモが縮小され、フェミニズム雑誌が廃刊を迎え、女性団体の会員数が減少した。女性解放と女性の抑圧について口にすると、いつの時代の話だよ、と笑われた。男女平等により、ガラスの天井は破られるものと思われていた。女性は飛躍し、前進するはずだった。女性たちの躍進に目を奪われるあまり、低賃金にあえぐ女性たちの存在を見落としてしまったことはありえないだろうか？　それは今でも続いているのではないか？

80年代は、女性個人を悩ませ、混乱に陥れた時代だった。女性はキャリアの道を進むように期待されたが、保育所も夫も子どもの世話を引き受ける準備ができていなかった。10年の間に、女性たちがしてきた多くの要求には、明らかな根拠があったものの、フェミニズムのステータスは低いままだった。男女平等は達成したという言説が既成事実となりつつあった。

80年代、ノルウェー人女性の数人が、権力の座に就き、キャリアの道を進んだ。一方で世界の国々の女性たちは、相変わらず苦境に立たされていた。女性同士は、性別が同じというだけで、重なる部分が多かった。国内の女性たちも、また他国とも、相違点は多くありつつも、互いに共通する問題に直面していた。相違点とはつまり、リプロダクティブ・ライツや家庭内暴力、仕事と妊娠、または小さな子どものいる生活の両立、法的権利の改善、政治権力、経済力の獲得などについてだ。

しかし現在のように、ごく一部の女性が権力を得たからといって、世界の女性たちの置かれる状況が全般的に改善されたと言えるのだろうか？　70年代には、女性の思いを代弁するかのような楽観主義が、世界で幅をきかせていた。だが1985年にナイロビで開かれた国連の女性会議は、参加者の大半を落胆させ、混乱させるものだった。1975年にメキシコシティで開かれた、女性たちの士気を高める革命的な会議を、10年後に総括したものとなるはずだったのだが。両会議に出席したトーリル・スカルドは、ナイロビの会議について次のように書いている。

「女性たちの置かれていた状況が改善されることはほとんどなく、むしろその逆です。80年代は、新自由主義、原料価格の下落、債務の増加、構造改革により、多くの発展途上国にとって『失われた10年』になりました。大規模な女性団体の状況は、さらに悪化しました[36]」

経済のグローバル化により、格差は拡大。南半球の国々や旧東欧圏の女性たちは特に、大きな痛手を負った、とスカルドは2012年の『権力をもった女性たち』という本に書いている。このような新しい形の貧困に加え、環境破壊やエイズ、女性への暴力がアジェンダに加わった。南半球の多くの国が、石油価格の高騰（これは国債の増大と同時に国民の収入の減少に直結する）などが理由で、金融危機に見舞われた。

世界銀行や国際通貨基金などの国際的な金融機関が、さらなる民営化、規制緩和、経済不均衡の是正のため、これらの国に、より開かれた経済を築き、競争を促進するよう求めた。西洋諸国により、いわゆる構造改革が貧しい国々で断行された。これにより、学校や保険、福祉といった公共・社会サービスに投じるお金を国が管理するようになった。労働組合の活動費も例外ではなかった。[37] 最も痛手を被ったのは誰だろう？　そう、医療や福祉が手薄になることで、ダメージを負いやすい女性や子どもたちだ。

80年代は全ての人たちにとって、幸福な時代ではなかった。私たちが自責の念に駆られず、自問すべき問いは、「ここ10年間の男女平等を求める闘いが、市場経済の健全化に役立ったのか？」だ。私たち西洋諸国の女性たちが、労働市場に出て、商業または政治の世界で出世する際、それらの女性たちの一部は、ほかの国の女性たちにとって、または家庭で二重労働を負う女性たちにとって、ちっともよくない経済を強化する片棒を担いでしまうことにはならないだろうか？

資本主義は人々を惹きつけるきらびやかなもので、個人へ膨大な利益をもたらすチャンスを与えてくれるものだ。その恩恵に与《あずか》りたいと望む人が、女性の中にいても、おかしくはない。しかし消費を拡大させ、限られた一部の人の権力を増大させるための男女平等は、多くの人たちの人生をよくしたいという大きなビジョンをもっていた女性解放の闘いとは異なる。

多くの人が男女平等の名のもと、二重労働と二重消費にさらされていると考えると、ある種の罠にはまってしまっているような気がしてくる。

これで得するのは、誰だろう？

損をするのは？

私が50年代にまで遡《さかのぼ》り読んだ資料には、徐々に増えていく女性の重荷をどう軽くするか書かれていた。さらなる成長と効率化が追求される労働市場で、私たちが皆フルタイムで働かなくてはならないとすれば、地域社会や自然や子ども、家族はどうなってしまうだろう？

私たちは生活が活気づいてきたと皆に感じてほしいと願う一方で、その変化があまりに唐突過ぎるのではないかというジレンマを感じている。今日《こんにち》、私たちが送る目まぐるしい日常生活と私たちがしごく当然のように身を投じる大量消費と、80年代の経済、イデオロギー勢力は繋がっているのではないかと思わずにはいられないのだ。

∴ 70年代以前のフェミニズム

女性解放運動の始まりはいつだろう？　90年代には、この本の議論の起点となる変革の多く（女性が働く権利、家族で過ごす時間をもつ権利）を求める闘いがすでに起きていたのだが、女性解放運動がそもそも始まったのはこの時代ではない。ここで少し時計の針を巻き戻し、70年代のフェミニズムを振り返ってみることにしよう。

左派と労働運動が、女性も外で働けるようにという思想を支えるために、常に闘ってきたと思っている人がいるなら、それは大間違いだ。19世紀の末、女性たちは家事と子育てをするために家にいる必要があるというのが、社会主義者だけでなく、一般の人たちの認識だった。

1841年まで、英語で言うところの〝housework〟という言葉は存在しなかった。当時は仕事場と家が分かれていることは珍しかったためだ[38]。しかし、工場が建てられ、職場と家は、外の仕事と家事を別個に行うための異なる領域になった。家事は、女性たちが責任をもって取り仕切る、過酷で骨の折れる仕事だった。電化製品など、現代的なテクノロジーの恩恵に与《あずか》れなかった当時、家事はフルタイムの仕事にも勝る重労働だった。それにもかかわらず、労働者階級の女性の多くは、賃労働まで担わなければならなかった。一部の工場主は、男性よりも賃金がはるかに低い女性を雇いたがった。こうして、男女の間に軋轢が生じた。女性の賃労働を禁じる声まで出てきたぐらいだ。

労働者階級はこの時代、中心街の工場の近くに住みたがった。一方で、中産階級は中心地から離れた地に移り住み、家と職場の区別がより明確になった。女性たちが郊外の家で家事に一日いそしむ間、男性たちは中心地に働きに出た。それができたのは、金銭的ゆとりのある家庭ぐらいのもの。主婦は当時、あこがれの的だった。

労働者階級の女性たちが生活するには、家の外で働くのが絶対的に必要だった。一部の労働運動では、全ての家庭が稼ぎ手一人の収入で生活できるようにすべきと主張された。同時に、女性たちが労働運動の蚊帳の外に置かれる羽目になった[39]。

この考えは広く支持されることはなかった。20世紀の間ずっと、労働運動でも社会主義陣営でも職場でも、労働階級の女性たちにとって重要な闘いが繰り広げられた。

女性運動はどの時代も、階級闘争だった。ブルジョワ階級の女性の要求と目標は、労働者階級の女性とは全く異なっていた。女性たちは息の詰まる家庭、飾り物の人形としての役割から逃げ出そうとした。一方、働く女性は女性で、二重労働に追われる日々でなく、余暇の時間と子どもと過ごす時間をよりもちたがった。

1930年代に、「家族政策」という概念が初めて登場した。この枠内で、第一次世界大戦と第二次大戦の戦間期、女性政策の二つの主要方針が打ち出された。一つは、子ども手当を直接母親に支払うなどすることで、母親と子どもがよりよい関係を築く助けとなることに重きを置いた「福祉フェミニズム」。二つ目は、賃金面での男女の対等な扱いを望むといった「男女同権のフェミニズム」だ。福祉フェミニズムは主に労働者階級に、男女同権のフェミニズムは主に中産階級の女性たちに支持された。前者を支持する人たちは、女性たちには特別な庇護が必要と考えた。後者の支持者は、それをあまり重視しなかった。今日《こんにち》のフェミニズムの議論でも、同じ分断が見られる。1950年代、女性活動家たちから「もう闘うことはない」という言葉を耳にするのも珍しくなかった。すでに多くの法的権利を勝ち取り、理論上は多くの門戸が開かれていた。それでも、まだまだ勝ち取るべきものがあると考える人もいた。その一人が、児童心理学者のオーセ・グルーダ・スカルドだった。スカルドは何より父母の平等な育児分担を重んじた。男性が家事と育児の両方で一定の役割を担うのは、スカルドにとってしごく当然のことだった。しかし大半の男性にとっては、当然でなかった。

スカルドは産前・育児休暇の延長や、幼い子を持つ父母がパートタイムで働けるようにすること、保育所の5歳～7歳以上クラスの定員増加、食事作りと家事を代行する有能な家政婦の育成といった、女性の負担を軽減する策を提唱した。一般女性の暮らしを変える施策の実行と、議会や職場に女性が進出することを望んだ。フルタイムで働きつつ家事と育児を担うことについて、彼女はこう書いた。

「子どもが両親に対して抱く心理的欲求を満足させられる時間をもちたい人たちが、二重労働を担うのは難しい[40]」

スカルドは、同胞である女性たちを批判しないよう気を付けた。外で働くことよりも家事や育児に大きな喜びを見出す人にも、外で働くことほど主婦業に喜びを見出さない多くの女性と同じくらいの理解を示した。同時に彼女は、主婦の社会的地位を高めることが重要と考えた。

∴ 主婦賛美と主婦嫌悪

主婦というのは、難儀な言葉になった。多くのフェミニストにとって、主婦はあまりに時代遅れで、男性依存で、従属的過ぎる。それなのに主婦は、1950年代のノルウェー社会で特別な地位にあったし、現代の私たちが女性問題について議論する際にもついてまわった。

現在、ノルウェーには専業主婦はほとんどいないが、女性の役割を考える上で、一種の恐怖、また警告として、主婦は生き続けている。

昔からそうだったわけではない。1950年代、ノルウェーは、働く女性も専業主婦になる金銭的余裕をもてるよう方針を変えた。家庭内での彼女たちの役目は替えがきかず、亭主とそのキャリアも妻次第だとされていた。家庭は亭主の心が安らぐ憩いの場でなくてはならない、ともされた。[41]同じ頃、女性の新たな雇用機会の創出が進んだ。だが、多くの女性たちは選択肢がないと感じていた。どんな生活様式がよいかという主たる規範は、社会によって決められているということを、現代の私たちも目の当たりにしている。理論上は選択肢があるはずが、なぜ誰も彼も、似たりよったりな生活を送っているのだろう？

1950年代は、隠れた矛盾をはらむ時代でもあった。主婦の社会的地位が高かった主な原因は、社会が短期間で変化したことにあった。発展の途上にあった生活様式で、多くの人が育った。大家族は減っていき、家庭と職場が切り離された。男性が賃労働に注力できるよう、女性がケアと家事の責任をもつべきだと盛んに謳《うた》われた。[42]一人の収入で家族を養えるようにすることが、労働党の経済政策の一部となり、主婦は特別な権利を獲得した。[43]主婦が数時間の「余暇」を過ごせるよう、子ども公園［主に2～4歳の子どもが、春と夏は4時間、秋と冬は3時間、係員に見守られながら遊べる屋外の遊び場。地方自治体の助成で運営される。一般の公園とは別個のもの。保育所に全ての子どもたちが入所できるようになると、子ども公園の数は削減され、最終的にほぼ全てが閉鎖された］が作られ、病気になればヘルパーに来てもらえ、主婦休暇まで取れた。

戦後、ノルウェーにベビー・ブームが起こった。グロー・ハーゲマン教授は、労働党の主婦政策はノルウェー女性を包摂的にケアするものだった、と言う。[44] 女性の自由とは、賃労働をせずに済むことだった。[45]

しかし労働運動や労働党の一部は、これに完全には同意しなかった。そしてこんな議論が繰り広げられた。外で働くことは、重要な民主主義の原則だったのではないか？　女性が労働市場に参加せずに、どうやって社会に参加できるのか？[46]

そのため過去の家族政策の内情には矛盾が見られた。それらは、女性が働けるよう導くと同時に、専業主婦に利益をもたらすものだった。同じような矛盾が例えば子ども手当の現金支給についての議論や、子どもたちが毎日、保育所でどれぐらい過ごすべきかといった議論にも当てはまる。私たち個人についても、福祉政策についても、二つのことが一度に望まれる。

ここで統計を確認しておこう。１９５０年に賃労働者と登記されたのは、既婚女性の５％だった。この数字は１９６０年に倍になった。[47] 多くの女性は家で行うケアと、家事の延長上にある老人ホームや病院やそのほかのケア施設で仕事を得た。ただ、他国に比べるとたかが知れていて、１９７０年のノルウェーは、ヨーロッパの中で女性の労働参加率が最も低い国の一つだった。

戦後、女性の大半は主婦という役割に誇りを感じていた。19世紀末以降、主婦学校がノルウェーで創設されたことで、家事は女性たちの監督のもと公式な知識に変わった。社会における家事の意味を、公的な場で可視化し、評価を上げる必要があったためだ。50年代の主婦は家事の価値が認められ、恩恵を受けた。[48] ノルウェー主婦連合は、家事労働が外での仕事と同列に扱われるよう闘い、多くの会員を擁した。

主婦の労働時間は長かった。

「一番先に起き、一番後で寝る」というのも、あながち誇張ではなかった。この時期、書かれた女性誌や本の多くは、家事を日々こなさなくてはならなかった女性の助けになるよう出されたものだった。極めて人気の高かったテーマは、「忙しい主婦が人生を楽しむスキマ時間をどうしたら持てるか?」というものだった。[49]

女性たちはバラエティ番組で馬鹿扱いされたり、隣の奥様と競争させられたりして、道化のように扱われたこともあったが、主婦はその時代の理想でもあった。

形勢が逆転したのは、60年代だった。フェミニストたちが攻撃を始めたのだ。

1963年、アメリカのフェミニスト、ベディー・フリーダンが、『女性の神話』を発表した〔邦訳『新しい女性の創造』、三浦富美子訳、大和書房、1965年刊〕。この著作は、西洋諸国で大反響を呼び、主婦たちが「ただの主婦」と呼ばれるようになった。

フリーダンは問いかけた。

「主婦というのは、夢破れて仕方なく家庭に入らざるを得なかった不幸な人たちなのではないか?」

彼女は「夫と子どもと家庭だけじゃ満足できない」[50]という自分たち女性の心の声を、「これ以上、黙殺させない」とも言った。かくして彼女は、多くの女性たちが心に抱きはしても、声に出すのははばかられることを言葉にしたのだ。その後、階級闘争という観点から過去を振り返ると、フリーダンの言う「仕方なく主婦になった女性たちのための闘いは、主婦になる金銭的余裕があったアメリカの中産階級女性のための闘いだったと言えるのではないか。なりたいものになることを、今の私たちは「自己実現」と呼ぶ。「本当は働きたかった」中流階級の女性たちを対象とするフェミニズムの礎《いしずえ》を築いたのは、フリーダン、その人だったのではないか？

職場の労働環境や子どもの病気に伴う権利や保育を受ける権利について、労働階級の女性たちの多くは、全く別の問題を抱えていたのではなかろうか？　フリーダン自身、女性運動の手法を変化させていった。１９４０年代には、労働組合の活動家として、労働階級の女性の困難を闘争の対象にしたが、その後、中流階級の女性に関心をもつようになった。

中流階級の女性たちが労働市場に進出するための闘いは、労働階級の女性たちがよりよい労働環境を求める闘いよりも、様々な点で容易だった。中流階級の女性たちは、構造的な変革を全くもって必要としておらず、ただ単に既存の社会に出て行きたいだけだった。反対に、労働階級の女性たちは以前からずっと社会に出ていたので、それが容易いことではないと知っていた。彼女たちの解放運動とは、労働市場と私生活の両方における、より大規模で複数にわたる社会変革だった。それは茨《いばら》の道だった。中流階級の女性の理想の前には、労働市場の構造や伝統的な性別役割分業という壁が立ちはだかった。

∴ 誰も話題にしたがらない家事

家事は1970年代の重要な論点となった。働く女性たちは、外で仕事するだけでなく、家事の大半も担わなくてはならなかったため、家事がどれほど大変な仕事か重々承知していた。しかしこの家事というテーマについて、どれほどのユーモアが用いられようと、いくら分析されようと、また疲れ切った女性たちを男性たちが助けるべきだとどれだけたくさんの人たちが叫ぼうと、男性たちはなかなか家に帰らず、責任を果たそうとしなかった。彼たちは退屈な家事をしたがらず、また家事について議論しようともしなかった。この件についてさらに知りたい人には、パト・マイナルディの『何に文句を言っている?』（1972年）の、「家事と戦略」という章をお勧めしたい。家庭での家事労働について真剣かつユーモラスな議論が展開されている。男性たちは言う。「家事を分担することに反対はしない。だがこれだけは、はっきりさせておきたい。お前の都合のよいタイミングで家事をさせようとするなよ」

マイナルディは、つまり男性たちはこう言っているのだ、と解説する。「俺は受動的な抵抗をする。家で何かしなくてはならないとしても、俺のちょうどいいタイミングでしかやりたくない。（中略）文句があるなら、自分でやれ。あなたが家事をしないからなんて、言うんじゃないぞ」[51]

マイナルディが家事について政治的、分析的な文章を書いていると、夫が書斎をのぞき、何をしているのかと聞いてきたらしい。マイナルディは答えた。

「家事についての記事を書いているのよ」

するとと夫は言った。

「なんてことだ。そんなこととして何になる？」[52]

無賃労働の価値と主婦が市民社会の一員であることを認めさせるのが、１９５０年代の主婦政策の目標だったのは確かだ。つまり、家事と女性が家庭内でしていたこと全てが、実際には政治的議論とアジェンダの一部だったということだ。

ところが１９６０年代、これらの論点は次第に影を潜め、男女平等と女性の社会参加や公共福祉が注目されるようになっていった。[53] 既婚女性が働きたいと望むのと同時に、労働力不足が叫ばれるようになり、主婦という役割は形骸化していった。こうして政治の議論からも、家事というトピックが消えたが、家事そのものがなくなったわけではなかった。

家事はいまだに「非公式の経済活動」に分類され、現在の資本主義でいかようにも解釈可能なあいまいな役目を担う。家事は非経済活動と定義されてはいるものの、経済活動とされるものと同等に生産性および福祉に影響を与えることは、議論するまでもない事実だ。

このことについて、２００３年12月26日の「モルゲンブラーデ」紙のインタビューで、歴史教授のグロー・ハーゲマンは、家事がなくなりはしなかったこと、１９５０年から現在までに大した変化は起きていないということが忘れられてしまっているようだと述べている。当時、主婦の多くは一定期間、パートタイムで働いた。現在の働く女性の大部分も、時短労働をしている。家事の時間もつくらなくてはならなかった。当時と今の状況は、何も変わらない。

同じインタビューでハーゲマンは、仕事と家庭の両立という難問の解決策が働き方改革であることは明らかだと言っている。1950年代にすでに言われてきたことだと彼女は言うが、この問題はいまだに真剣に受け止められていない。労働時間の短縮などの働き方改革には、経済制度の根本的な変革が必要なのに、私たちがなかなか着手しようとしないからではないか？

女性の最善のために世の中を変えたいと熱望するあまり、誰かが忘れられてはいないか？70年代の女性の多くは、フェミニストではなかった。主婦という役割を批判されるのが好きでなかったためか、またはフェミニストを煙たい左寄りの政治思想の一つと捉えていたためか。はたまた政治に全く興味がなかったからか。フェミニスト団体は、医療従事者や主婦ら伝統的な仕事に就く人たちをあまり多くメンバーに引き入れることができなかった。彼らは労働運動と協働するか、団結を求めノルウェー主婦連合にするか、いずれかの道を取った。

70年代の女性たちの言説には、現在ではほとんど耳にすることがないものもある。1975年秋、「VG」紙とノルウェー国営放送の間で、いわゆる「主婦論争」が展開された。テーマは、女性解放運動の活動家が、現状に満足している主婦たちをどこまで強制的に労働市場に引っ張り出せるか、だった。多くの人たちは、主婦と働く女性たちの間で議論が深まることを期待した[54]。しかし、ほとんど対話は生まれなかった。

多くの主婦にとって、70年代のフェミニストたちは友ではなく敵だった。主婦たちは、抑圧されている者扱いされるのを嫌がった。彼女たちは自分たちがした選択の結果だと主張した。主婦たちは自分たちの母親の慣習に従い、家や子ども、夫、親戚のケアを行った。彼女たちは日常生活の組み立てや家の雰囲気づくりといった面で責任を負った。主婦に侮蔑の念を示したフェミニストたちは明らかに孤立し、不快をもたらした。[55]

一般女性との距離をフェミニストたちはどうしても縮めることができなかった。その距離は今でも開いたままだ。例えば女性役員が増えることで、自分たちの日常生活が変わる女性は一体どれだけいるだろう？　私は大臣のトーラ・オースランドが、「出産・育児休暇が女性のキャリアの妨げになる」と話しているのを聞いたことがある。このような発言をする人は、社会のどの階層に属しているのだろう、と私はやや不思議に思った。出世コースを歩む女性はわずかで、大半は退屈なルーティン・ワークを担っている。

1978年に、ラグンヒル・グレネス編『主婦がいなければ』が出版された。主婦は女性団体の大多数を占めるにもかかわらず、女性研究者やアクティビストの分析対象にされづらい。だからこそグレネスは彼女たちの意見にスポットライトを当てた。グレネスは子どもを保育所に入れて働くことが、子どもや大人の解放に繋がるのか？　と疑問を呈した。親たちがせっかくダブル・インカムになっても、時間不足によって消費が停滞するのではないかとも。グレネスは季刊誌『主婦の知恵袋』にこう書く。「女性たちは家に留まるべきと言いたいわけではない。

その主張は『女性が賃労働を担うことで自由になり自己実現できる』と言うのと変わらないぐらい、独断的な絵空事に思える。子どもを2人持つことができ、その上、家事の負担が軽減されたからといって、人生が満たされるとも限らないのと同じように、賃労働をして解放されるとも限らない[56]」

賃労働は女性たちを解放させない？　経済的自立は、当時の女性解放運動の命題であり、今もそうだ。グレネスの主張が一部のフェミニストたちをいらだたせたとしても不思議はない。実際、女性学研究者のハンネ・ホーヴィンは、『主婦の知恵袋』誌上で批判した[57]。しかし一部の女性が、経済的自立を諦める選択をしてきたのであれば、私たちは彼女たちが何に重きを置いているのか、どうして諦める選択をしたのか理解しなくてはならない。

70年代のフェミニストと主婦の相容れなさから、様々な疑問が生まれた。フェミニストたちは主婦たちの迷いや考え、ジレンマにもっと耳を傾け、仕事と家事の両立を断念するのは何が欠けているためか尋ねるべきだったのではないか？　主婦たちは家庭に留まることで、自分たちがどれだけの社会保障を逸しているか十分に理解していたのだろうか？　夫が仕事できるよう生活環境を整え、子どもの世話をする主婦たちも、社会保障を受ける権利を得るべきではないだろうか？

一般女性は今も相変わらず、蚊帳の外に置かれてやしないか？　仕事と家庭のジレンマに苦しみ、女性解放運動の掲げるキャリアや自己実現が日常とはあまり関係ないと思っている女性たちのニーズや思想に耳を傾けてこなかったのではないだろうか？

政治家とフェミニストが、一般の人たちの声を聞かないと、今以上にエリート中心の社会になり、人々の問題を見誤り、てんで的外れな解決策を見つけてしまいかねない。

∴ 雑誌刊行ラッシュ ――個人的なことが政治的なことになった時

70年代、女性たちの要求が公的な場では叶ったものの、職場と家庭では差別が続いていたと女性たちが感じていたことに疑いようはない。過去数十年と違っていたのは、女性たちが口を開き始めた点だ。非公式の団体に参加する人もいれば、政治組織に加わる人もいた。他方で、女性向けの新しい雑誌や季刊誌が注目され始めた。

「個人的なことは政治的なこと」というスローガンは、アメリカのフェミニスト、キャロル・ハニッシュが「女性の意識を高める団体」を擁護した記事を書いた際に生まれたものだ。このような団体では、家事や母親としての役割、セクシャルハラスメントといった個人的な体験を共有する必要があった。個人的な問題は、女性たちが団結することで解決されるべきだとハニッシュは考えた。同時に、男性の役割を一新させる必要性を訴えた。男性も家庭に責任をもつべきで、子どもをケアし、自分の食べるものぐらいは自分で用意できるようになるべきだ、と。

70年代、女性同士の対話を促そうとフェミニスト雑誌がたくさん創刊された。例えば、賛否を幾度となく巻き起こし、一部の好奇心の強い女性たちが、家庭の平和に配慮して購読を避けなければならなかった『セイレーン［ギリシャ神話に出てくる神。強い女性のたとえとしてこの言葉は使われている］』などだ。フェミニストたちは、それらの雑誌を重要な集いの場とした。『セイレーン』が創刊されたのは1973年。編集後記には、次のように綴られている。「私たちは（中略）私たちについての雑誌を――私たちの日々の暮らしをどう変えることができるのかが書かれた雑誌を――作ります。私たちの興味が新しい髪の色やワンピースやレシピにある、と週刊誌に書かれているのを読むたび、私たちは悲しくなります。（中略）これまでの活動を通し、ノルウェー中の女性たちと出会ったことで、現代の女性の望みや夢、問題を取り上げた女性自身による雑誌が必要という実感が増していったのです」

シュネヴエ・スカーシュビュ・リンドネルが、73年〜83年に刊行されていた『セイレーン』について、ベルゲン大学の博士課程の論文で取り上げている。彼女は、70年代のフェミニストの多くが主婦をなかば嫌悪していたという解釈は、当たらずとも遠からずとした。『セイレーン』には、「女性たちが皆、抑圧されていると感じているわけではないが、私たちは実際に抑圧されていることを知っている」と書かれている。主婦の生活は、大半の女性たちの追い求めるべきものと正反対とされた。主婦にとっては、ケア労働を可視化し、きちんとした仕事として社会に認めさせる必要があった。それでも主婦は女性たちが距離を置くべきもの、また支持すべきでないものの代表格とされた、とリンドネルは説明する。[58]『セイレーン』でいち早く声を上げたのは、中産階級の女性たちだったと彼女は言う。

同時期に女性戦線が発行した『女性戦線』では、主婦はより多義的に扱われた。[59]『主婦の知恵袋』でもそうだ。[60]この雑誌で活動家の大半は、女性問題に対しよりマルクス主義的なアプローチをした。マルクス主義という言葉は、ここでは男性の代わりに資本主義を一番の敵と見なす、という意味で使っている。労働階級の男女がともに立ち向かうべきなのは資本主義だった。この議論は今もフェミニストたちの間で続いている。女性たちは男性に抑圧されているのだろうか？　それとも男女の両方が制度によって抑圧されているのだろうか？

リンドネルによると、70年代に出された女性誌によっても、また同じ『セイレーン』内でも、答えはまちまちだったようだ。しかし、マルクス主義的なモデルはアメリカ的な議論よりも、ノルウェーのフェミニストたちから高く評価された。70年代のフェミニスト雑誌は、政治的な問題と思われる事柄を広めることを共通目標としていた。女性たちを疲弊させる日々の仕事、家事、育児、そのほかのルーティンや、自分たちが理想の女性像とはかけ離れた敗者であるという思い、家庭内での女性の地位が低い現状を取り上げた。

『セイレーン』１９７４年1月号に、以下のような投稿があった。

「『セイレーン』を初めて買った私は、カフェに直行した。５分間ぱらぱら目を通した後カフェを出なくてはなりませんでした。この雑誌に対し、なぜ自分が強い反応を示したか、説明することができませんでした。何かに憑かれたみたいに心臓が高鳴り、今にも泣き出しそうになりました。自分しか考えていないだろうと思っていた事柄が文字になっていた恐怖と、ようやくこの時がきたのだという感慨からこみ上げてくる涙。うん、うん、ずっと私もそう思ってきたのよ……！　と」

『セイレーン』は、女性解放運動の活動家とそのほかの女性たちの架け橋になることを目標としていたため、政治的なメッセージを週刊誌報道のような明快なフォーマットに落とし込んだ。発刊当時は大ヒットと言える成功を収めたものの、人気はそう長くは続かなかった。リンドネルは、この雑誌が次第にマニアックで、親しみにくくなっていったのではないかと分析している。70年代、政治に関心をもっていたわけではないほかの集団の人たちとフェミニストたちの間に、仲間意識や共感が生まれたわけではなかった。この傾向は現在、さらに強まってきている。70年代のフェミニストたちの間では、体験をシェアすることの重要性が訴えられた。自分たちが怠惰で、不平不満をすぐ口にし、感謝の心が足りない人間なわけではないこと、また彼女たちの個人的体験が、彼女たちが生きていた特定の制度によりもたらされた結果であることを周囲に理解させることを目指した。本書も同じ立場を取っている。個人的なことは今でも政治的なことであり、私たちは自分たちの感情について遠慮なく話していい。

1983年、『セイレーン』は廃刊。編集者たちは、ノルウェーの政治において、フェミニズムのあり方をオープンに議論する場がなくなった、と主張した。編集者のイダ＝ロウ・ラーセンやギャルド・コルビュールによると、廃刊の背景には、女性解放運動が権威主義化したこと、雑誌と一般女性の距離がそれまでにないほど空いてしまったことなどがあるという。[61]

∴ 女性たちは勝利したと同時に敗北したのか？

1970年以降のノルウェー社会の変化には、目を見張るものがあった。ここ数十年の社会の変化が、女性たちの日常や伝統に、大きな変化をもたらしたことはほぼ間違いない。女性たちは多くを失ったどころか、何もかもを失ったのではないだろうか？　非営利の女性団体は、身近な人が集まって結成されるケースが多かったようだが、今では大半が解散してしまっている。[62] スヌーヴェ・スカーシュビュ・リンドネルはこう言った。

「70年代、人々はヴァージニア・ウルフの『全ての女性が自分一人の部屋を持つべき』という主張に夢中になりました。当時、女性たちの部屋は、家庭外にあるはずだと考えられていました。しかし今は、女性と男性は、労働市場と公共の両方に居場所を求め、闘うべきだと考えます」

労働市場に出始めた70年代の女性たちの多くは、ケア部門で働いた。今でもこの部門には女性が多い。これらの仕事の大半は現在と同じく、低賃金で社会的ステータスも低かった。女性研究者のハリエット・ホルターは1976年、公的なケア労働の優先度の低さを「隠れた女性の抑圧」と呼んだ[63]。そう彼女は指摘しているものの、これらの発展により女性たちの新たなチャンスと女性運動の新しいジレンマが生まれたことには触れていない。

ホルターは一方で、ケア労働の価値が低く見られることの根底にある、「いらないもの扱いされる」というキーワードを挙げている。彼女は高速化、合理化、人件費の削減、大規模化を目指す労働市場の発展がある種の集団の生活の質を下げうると書いた。成長の妨げになるのは年寄りと子どもで、女性たちの足かせとなるのは家事労働だと。こうして制度は私たちが認識する間もなく、いつの間にやら私たちを抑圧するのだ。

ホルターは自らが生きてきた70年代について書いているが、私はこの解釈が、現代の社会ではそれほど重要でないのではないか、と考えている。70年代、社会にはまだ消費や資本主義、市場や個人の利益というものは、存在しなかった。しかし、それでも集団的な解決策を見出すことはできた。人々が求めたのは、あらゆる社会集団の自由だった。「アフテンポステン」紙のコメンテーター、インガー・アンネ・オルセンは2009年、女性解放の夢について、次のように書いている。

「私たちは一人ひとりが性別に縛られず行動し、窮屈な役割モデルから解放され、もっている能力を生かせる社会を希求しました。この夢は、男性と女性の両方のものです」[64]

70年代、フェミニズムは一つではなかった。現在のフェミニストたちが多様で、異なる夢を抱いているのと同じように。本章で私は、解放を求める70年代フェミニストたちの可視化を試みた。異なる社会を夢見て、雑誌や本、運動、集会を通しそれを実現しようとした女性たちだ。議論の中で私は、保育所や労働生活、社会秩序、家事労働といった、今日《こんにち》では当然と思われている事柄について、根本的な問いを立てた。私は気付きを得る上で、不可欠な思想と出会った。今の規範とは異なるフェミニズムが存在すること。出世競争や効率化を求められることや、長い保育時間に批判的であるからといってフェミニストの風上にも置けないという話にはならないこと。人々が快適な日常を過ごせているか話し合うことも、フェミニズムの闘いの一部だ。今日《こんにち》では、仕事とケアの間で引き裂かれそうなどと弱音を吐こうものなら、何を言っているんだ、と咎《とが》められるだろう。

年輩のフェミニストたちの多くは、現在の女性解放運動は、過去数十年の運動より複雑で把握するのが難しいと言う。今の女性は明らかに、また法的に抑圧されているわけじゃないし、子どもとキャリアの両方を楽しみ、幸福で順風満帆な日々を送る女性はたくさんいる。うまくいっていない人たちが、自分の弱さ以外に失敗の原因を見つけるのは難しい。男女平等のフェミニズムは、この点を完全には掌握しきれていない。私が70年代の男女解放運動から学べる点があるとすれば、ここだろう。この章で過去を振り返ったのは、そういう理由からだ。

前述の通り、70年代のフェミニストについて囁かれる言説はあまたあるが、その大半は「神話」だ。闘争全体やどんな抵抗にあってきたかは記録されていない。70年代のフェミニズムは、

80年代のそれよりも、市場の力に屈してしまった理由が分からない。今、親である私たちは、70年代のフェミニストたちにだまされたわけではない。彼女たちの多くは、女性が男性と同じ労働市場に出ることで、仕事と家庭の間で苦しみ、家族に負担をかける結果に陥るだろうと予想していた。男性の多くには妻がいたが、女性の多くには家にいてくれる妻はいなかった。だからフェミニストたちは政治勢力と連携することで、産前・育児休暇や妊娠、出産に関わる職場での権利や、待機児童問題の解消、男女平等法などのよい変化を継続的かつ着々ともたらした。これらを実現に導いたステイト・フェミニズムには大いに感謝すべきだ。

同時に私たちは、より大規模で徹底した社会変革をもたらすことができず、多くのフェミニズム団体からの根本的な求めにすら応じることができなかった。一日6時間労働も、時短労働者のフルタイム労働者と同等の権利の獲得も、時短労働を選ぶ男性を増やすことも、私たちには実現できなかった。資本主義に対する批判と平和運動への注目は、80年代には立ち消えた。

現在、フェミニズムは、こうした批判を再開するべきではないだろうか？　環境危機や金融危機の両方に見舞われる現在、フェミニズムはより一層必要なのかもしれない。フェミニズムだけが世界平和の責任を負うべきではないが、女性に関係する闘争において、またほかの分野でも原動力となりうるのではないか。

男女平等のために闘うのは当然のことだが、前述の通り限界があるように思える。男女平等のフェミニズムが、市場経済と密接に結びつくのを私は目の当たりにしてきた。この意味で男女平等のフェミニズムは、他国の女性たちとも、我が国の「負け組」女性たちとも連帯できていない。

私たちはなぜ男女平等と男女解放を同時並行で考えられないのだろう?


『何に文句を言っている?』の前書きに、こう書かれている。

「資本主義社会によりモノのように扱われ、利用価値、市場価値を基準に値踏みされる時、私たちは文句を言うべきじゃないのか?」

70年代のフェミニストは、女は主婦であれという当時の理想と闘った。私たちは今、二重労働の夫婦(またはシングル・ファーザー、シングル・マザー)という理想に対し、クリティカル・シンキングを試みてはどうだろう。現代のフェミニズムには、議論に参加しない、存在が見えない、またはキャリアの道を進まない女性たちの居場所はあるのだろうか? 私たちは彼女たちの望みや日々の困難に耳を貸そうとしているのだろうか?

女性運動と階級闘争は切っても切り離せないというのが、70年代に叫ばれたことだった。私たちはこれを忘れるべきではない。あなたの職場の掃除をしてくれている彼女も、保育所であなたの子どもを世話してくれている彼女も、子どもともっと家にいることを一番の夢としている彼女も、女性解放運動の当事者なのだ。男女解放運動は、このような闘いを包摂しきれていない。

∴ ノルウェーの1970年代のフェミニズム年表 ∵

1970年

・「新しいフェミニスト」を名乗る最初の女性団体が創設される

1972年

・「欧州諸共同体への女性のアクション」設立

・結婚せずに男女が一緒に住むことが法律上、許される

・「女性戦線」設立

・「男女平等評議会」設立

1973年

・政府が全ての省庁と公的機関に男女の数を均等にするよう要請

・国際女性デーが、ノルウェーで初めて重要な影響力をもつ

・新しい女性運動誌『セイレーン』が大ヒット

1974年

- 出生児の5%が婚外子に
- 「堕胎の自由化を求める国民運動」に61万件の署名集まる
- エヴァ・コルスタッドが左派政党の党首に。これによりノルウェー初の女性党首が誕生
- 男女に同等の相続権が認められる

1975年

- アーニャ・ブライエン監督が主婦たちのドタバタ劇を描いた映画『妻たち』が上映
- ホルメンコーレン・クロスカントリー・スキー大会に女性が参加可能に
- 「レズビアン協会」がノルウェーで設立
- 女性政治雑誌『主婦の知恵袋』創刊
- 既婚女性の44%が賃労働に従事
- 違法中絶への罰則廃止

1976年

- ビルケバイナー・クロスカントリー・スキー大会に女性の参加が可能に
- ノルウェー・サッカー協会で女子サッカー・リーグが創設される

・女性団体「パンと薔薇」設立

1977年

・18週間の有給産前産後休暇制度の導入

・ペッサリー［避妊具の一つ。細いピアノ線をコイル状に巻いたものを円の形の軸にし、そこに薄いゴムの膜を張ったものを膣に装着することで、精子が子宮内に入るのを喰い止める］の利用者数が実質ゼロに

・25歳以上の全員に不妊手術を受ける権利が認められる

1978年

・堕胎の自己決定権が認められる

・性的暴力を受けた女性向けの緊急支援センターが初めて開設される

・子どもが病気になった際に、親が有給休暇を取得する権利が認められる

1979年

・男女平等法、男女平等オンブズマンが設立される

・性差別的な広告が禁止される

・国会議員のウェンケ・ローゾウが同性愛者であることをカミングアウト[65]

第三章

仕事をすれば自由を得られる？

「自分たちの労働環境について決断を下す人が、アーロンチェアから腰を上げ、エプロンや制服、ダスター・コートを着なくてはならないとしたら、どうだろう?」

イェニー・ラングボルグの詩、「労働者のみすぼらしい生活」より[1]

女性が仕事と収入を得ることは、フェミニストたちの数十年越しの願いだった。1970年代、闘いをペースダウンさせつつも、確実に勝利を収めた。自由に使えるお金があることがいかに重要かは、誰でも想像がつく。新しいものが必要になるたび、夫にお小遣いをせがまなくてはならないのは、ハッピーなことではなかっただろう。職をもたなければ、夫婦関係に終止符を打つのも難しかった。望み通りの人生を生きるためには、まずは自力でお金を稼がなくてはならないのだ。女性の闘いでは、賃労働が重視された。

同時に女性は、いわゆる労働生活でも多くを求められた。その経験から多くの人は、外での仕事と家庭での責任、どちらも担うのは不可能だと学んだ。一日は24時間、一か月はおよそ30

日と限られている。多くの人が職場でうまくやっていて、同僚と毎日、顔を合わせるのを楽しみにしている。一方で、病気になったり、差別を受けたり、劣悪な労働条件を強いられたり、疲弊したりしてしまう人もいる。仕事中心のライフスタイルは、解放の場であると同時に、不自由を味わう場でもある。労働について議論する際、この二面性を意識することが重要だ。

というのは、現代の労働生活には、批判するべきある傾向が見られるからだ。それは、効率や組織改革が求められることである。また、海外の企業主がもっと利益を上げろと要求してくることや、職種によって社会的地位の高さが異なることだ。

家庭と仕事の両立と労働について議論する際、少なくとも三つの事柄に触れる必要があるだろう。第一に、自分の仕事と収入を持つのが重要なこと。第二に、職場から求められることと、家庭でのケア労働の両立が困難である場合が多いこと。第三に、家庭と仕事の両立の苦労を軽減したいのであれば、大規模かつ重大な変革が不可欠であること。労働についての議論では、人々が何を「望み」、何を「選択する」のかが、ごく当然のことのように語られる。女性が時短勤務を「選択した」のかとか、フルタイム勤務を「望む」人が多いのかとか。ところが大抵の人にとって、生活は棚の一番上にある。労働市場に無限の選択肢が用意されているわけではない。女性であろうと男性であろうと、実際に何をしなくてはならないかが問題だ。大抵の人は、自由や自己実現など考える余裕もない。人々は大抵、働く必要があって働いている。ローンを返済し、食べるものや着るものを買うために、家の近くで仕事を見つける。彼らは保育や介護、病院といったケア施設や、工場、オフィスで、ルーティン・ワークをこなすごく普通の労働者だ。多くは上司と同僚に恵まれているが、まともな給与を受け取りたければ、雇用主や安定した労働組合、労働環境法に従わなくてはならない。今の人たちは、雇用主に献身的だ。また、働くことを道徳的な責務と感じている。かつては男性の収入頼みだった女性も、今は労働市場に頼っている、と言えるのではないか。

今の時代、子どもや病人、老人のケアや家事は仕事と見なされない。労働という言葉は、家庭外で行われる賃労働を指す。それが社会にどう役に立つか、私たちは改めて考えはしない。多くの人が、広告業やコンサルティング業、エンタメ業界、仮想通貨の送金といった厳密には社会に必要のない仕事に携わっている。奇妙なことに、彼らの大半は、清掃業や看護、在宅介護、保育、道路工事、公共交通、漁業、研究、建築、教育、食品製造、農業といった社会のインフラを担う人よりはるかに高い収入を得ている。

現代社会ではあるあるだ。あなたの価値を決めるのは、堅牢な労働市場なのだ。ノルウェーには幸い、最低賃金を保証する団体協約があるが、賃金の最大化を保証する制度はない。

労働とは、より消費するためにより稼ぐことなのか。多くの企業が人々にお金をたくさん使わせようとしているのではないか。こう疑問に思うだけの理由が、私たちにはあるのではないか。自由を勝ち取ったのと同時に、失いもしたのではないか。女性解放運動と労働生活が大きく繋がっていると考えるフェミニストにとっては必要な考え方だ。利益よりも環境を、戦争よりも平和を重んじ、万人に均等な機会を求め、社会への高い意識をもつフェミニズムを望むのであれば、どのような職場を発展させ、つくるのか、批判的な目で見る必要もあるだろう。言い換えるなら、労働の理由と目的を、批判的な目で捉え直すのだ。考えていたほど答えは単純ではないかもしれない。

消費と労働生活の関係について議論することが重要だ。社会は、もっともっと消費しろと絶えず求める。電化製品の耐用年数は短いのが常だし、流行りが廃れれば不満を感じるよう仕組まれている。私たちはいつも必要以上に、体験や品物を買う羽目になるのだ。

キャリア・アップをするよう女性をせき立てることが、進んだフェミニズムとあなたが信じてやまないのであれば、前述のことについて考えてみてはどうだろう。本書に蜘蛛の糸のように張り巡らされる問題に、再び出会うことになるのだから。仲間である女性や男性、子どもの味方をするフェミニズムの思想は図らずも、地球に害をもたらす市場経済の片棒を担いではいないか？

家庭生活と労働を両方担う大変さを理解するには、労働の実態を知る必要がある。労働の現場には、ストレスの少ない生活を送る鍵が隠れている。ここでは、男女で著しい差異が生じる。労働者間の階層・階級格差も顕著になる。職業によって社会的ステータスは異なる。今日《こんにち》のノルウェー社会では、主婦は無職同様、社会の底辺に位置づけられている。それでは、働けない、あるいは職に就けない女性は、立つ瀬がないではないか。労働生活が最も重視されるフェミニズムにおいて、どのようにしたら外で仕事をしていない女性たちをのけものにせずに済むだろう?

∴ 二重役割のジレンマと不平等な労働生活

仕事と育児の両立は、以前から女性にとって必然的課題とされてきた。当初それは、労働の現場で母親に特別な配慮をすることを意味していた。しばらくして父親の育児休暇の議論が起き、父親の仕事と育児の両立も課題とされるようになった。家事を労働として認めさせようという動きも時折現れた。

今は出産・育児休暇制度や保育制度が整い、仕事と育児の両立という目標は達成されたと世間は見なしている。大半の親もそう感じているに違いない。私は、この分野における理論や政治上のレトリックが、国民が直面する現実を必ずしも表現していないのではないかと感じている。この兆候は、女性の病欠の多さや時短労働で働く女性の多さ、家事代行サービスやオペア利用者の増加、そして家事と仕事の両立を巡る様々な議論からも読み取れる。

1950年に出された『今の女性』という本の中で、共著者は働きながら母親業もこなす女性を巡る課題について取り上げている。ここで女性解放運動の活動家で作家のマルグレーテ・ボンネーヴィは次のように綴っている。

「母親である女性に、夫や子どものいない女性と同じ時間、働くよう求めるのは、危険で不自然です[2]」

ボンネーヴィは、女性が半日労働で働くという選択肢をもてることを望むとともに、男性も家事に参加する義務があり、そうすることは彼ら自身のためにもなると言い足した。[3] 特に後半の言葉は、当時としては斬新で、物議を醸すものだった。活動家は言うまでもなく、時代からジェンダーや育児に対する見方に影響を受ける。でもそれは、私たちだって同じだ。1950年代と同じく現代でも、明らかなことはある。それは、フルタイムの仕事と家庭での責任の両方を負うのは、極めて困難な所業だということだ。

出産後、どんな仕事を選ぶべきかについて、女性たちは一体どれだけ話し合ってきただろう？　国家や地方自治体の公務員になれば、必要に応じて時短勤務が許され、2人目、3人目の妊娠も歓迎され、十分な権利を得られる。労働組合を通して要求することができ、労働環境法がきちんと守られている。小さな子を持つ母親が出世競争の激しい民間労働市場でやっていくのは、仕事をしていない祖母やオペアや時短勤務の配偶者の手を借りないかぎり難しい。しかし、これらは全て限られた人しか選ぶことのできない解決策だ。

二重の役割で疲弊する人を多く救済できたであろう解決策は、例えば一日6時間とか週30時間勤務といった労働時間の短縮がある。先に触れたように、70年代や80年代に掲げられてきた要求の一つではあるが、今では現実離れしているように思える。[4]

元男女平等オンブズマンのクリスティン・ミーレは、２００５年に次のように述べている。

「家庭はワン・インカムからダブル・インカムへとシフトしていったのに私たちは相変わらず主婦の妻がいる前提で働いています。今こそ、仕事と家庭にどう時間を振り分けるか、考え直す時です[5]」

現在の労働条件が、被雇用者が介護や育児の義務を果たさないことが前提の古い男性中心の規範に基づいているのは間違いない。子どもや病人、高齢の家族を世話し、家事をこなし、日常的な家事をこなす専業主婦が家庭にいるのが好ましいとされている。トップの地位にいる大抵の男性もそうだ。彼らは内助の功に頼り切りだ。

「妻が仕事をしていたなら、私は今の職には就けなかったことでしょう」（ノルウェーのソーラーパネルの会社ＲＥＣ社ＣＥＯ、エリック・トーセン、２００７年7月17日、「ダーゲンス・ネーリングスリーヴ」紙）

「妻は私のヒーローです」（どうしてたくさん働けるのか、外務大臣ヨーナス＝ガール・ストーレがノルウェー国営放送局のトーク番組『スカーヴラン』２０１０年1月15日放送回で語った）

家庭を切り盛りしてくれる誰かがいないかぎりは、彼らの過酷な責務を果たすのは実際のところ不可能だ。女性も望みさえすれば、トップに上がれると言われる。全てはあなた次第だ、と。しかし、そうではない。女性も職場で成果を上げるには、支えてくれる「主婦」が必要だが、家のことをやってくれる主夫はまずいない。大半の女性は平均的な仕事をこなすのも困難と感じている。これまでより地位も賃金も高いが、これまで以上に忙しい管理職の仕事をするよう勧められると、その相手と自分の人生に気が遠くなるほどの隔たりを感じてしまう。大きな責任や地位をオファーされた女性は、引き受けるよう期待される。誘いを断ることで、自由と安心を得る女性もいるのに。

∴ 時短勤務の罠か、不可能なフルタイム勤務か？

ノルウェーが男女平等に成功した国と謳われているのは、女性がバリバリ働きながら、子どもをたくさん産んでいるからだ。一方で、ノルウェーは、時短勤務で働く女性の割合がヨーロッパで最も高く、16歳以下の子どもを持つノルウェー人男性は、かつてないほどよく働いている。[6]

ノルウェーの女性のおよそ40％が時短で働いている。中には、やむを得ず保育や介護の職に就いている人もいる。彼女たちが望み通りの安定したフルタイムの職に就けるようにと、労働組合が闘っている。そもそも介護職や公務員の求人に応募が殺到するのは、時短勤務がしやすいからだ。

社会学者のイングリッド・ヴェルゲランは、「時短の罠」という小冊子で、ノルウェーの女性の問題点は、子どもや職場を自分が裏切っていると感じている点だとした。時短勤務を選び、このジレンマの責任を個人が背負い込んでいるが、実際に裏切っているのは制度なんだ、とヴェルゲランは言う。[7] 女性たちはその選択により、経済的な損失を被り、社会保障の額も減ってしまう。彼女たちを咎《とが》めるべきではない。これほどまでに多くの女性が、時短勤務を選んでいるのは、現在の労働生活が機能不全を起こしているためだと彼は考える。女性をフルタイムで働かせたいのなら、それを実行するのを可能にするべきだ、とも。

ノルウェーには、いまだ女性のリーダーは少なく、大半の女性が中間管理職に留まっている。[8] スタヴァンゲル大学の経済学の教授、マーリ・レーゲは、女性は同僚との競争を好まないなどの理由から、管理職を選ばないと指摘する。[9] キャリアの道を進むのであれば、競争と賃金交渉は避けて通れない。女性たちは、同僚を押しのけることが唯一の出世の道であるような仕事を望んでいないのでは？　むしろ連帯感を生み、同僚との協働や助け合いにより、成功するような仕事を望んでいるのではないか、とレーゲは推測する。

時短労働の女性が多いこと、またトップの地位に就く女性が少ないという事実に、労働生活での男女格差が現れている。男性は依然として妻よりたくさん働き、高い賃金を稼いでいる。男性は子どもや配偶者と過ごす時間は少ないし、家事と育児はあまりしない。行政が継続的に改善策を講じているにもかかわらず、女性は以前にも増して、家事や育児を多く担い、家族との時間を確保できてはいるものの、賃金や社会保障や将来の年金額は目減りしてしまっている。政府により任命された男女平等委員は、２０１２年９月、労働市場における男女間格差は、父親の育児休暇期間の延長や保育施設の増設が進んでもなお、縮まっていないと報告した。同委員会を主導したヘーゲ・シェイーエ教授は、今なお残る男女格差に愕然としたという。[10]

現代のノルウェーで、女性の賃金は男性の賃金のおよそ66%だ。[11]ノルウェー中央統計局によると、母親が家事に費やす時間は、1971年から激減しているにも拘わらず、父親よりもはるかに多くの時間を家事と育児の両方に割いている。[12]時短で働く男性はいまだ珍しい。

年金の受給額は職業期間と賃金から算出されるが、現在の女性の老齢年金の平均支給額は、男性よりも低い。女性の年金受給者のうち約半数が最低水準の金額を受け取っている。一方、男性で最低額しかもらっていない人は10人に1人のみ。言い方を変えるなら、最低額受給者の10人中9人は女性である。[13]

普段、家事や育児中心の生活を送っている女性は、疾病手当などの社会保障も逸している。女性の大半が病人や高齢の家族を世話しているとすれば、国家財政は多額の節約になっている。自身の健康に配慮して時短勤務をしている女性もいる。フルタイムで働けば体を壊してしまうと知っているのだ。政府は女性が時短勤務をしているおかげで、疾病手当を節約しているのではないだろうか？　長距離通勤や3交代制、シフト制の仕事をフルタイムでしながら、家庭での義務をも果たすのは超人的だ。

家庭での無償労働に献身する女性にも、社会保障を全額支給するべきだ。社会保障費が、賃労働で稼いだ額をもとに算出されるのは公平と言えないのではないか？「与えよ、さらば与えられん」と言うが、与えるという言葉には家庭でのケアや労働は含まれないのである。

男女平等委員会は2012年9月の報告書「男女平等政策」で、女性が時短勤務しているのは、女性のせいではなく労働市場の構造が原因になっているのではないか？　と考察した。フルタイム就労を困難にしているのは女性が無能なわけだからではない。政治の場でさらに議論を深めることが望まれる、優れた見解だ。時短労働をするかどうかは、階級と性差によって決まる部分がある。時短で働くのは、男性ではなく女性であって、高等教育を受けた女性より、中等教育を受けた女性に多い傾向にある。男女平等委員会は、次のように述べている。

「女性の多い職種は、男性の多い職種に比べ、概してスケジュールの管理が難しい傾向にある。時間の融通がきかないことは、雇用者がパートタイムへの切り替えを促す言い訳に使われやすい」[14]。これは、女性がフルタイム労働を避け、パートタイム労働を選択しがちな背景となっている。

時短勤務を選ぶ人が女性に多い事実は、ケア労働の家庭内での分担が、労働環境に大いに左右されることを示している。労働環境とはつまり、3交代制か、長距離通勤か、給与の額はいくらか、シフト制か、夜勤があるかないか、雇用主に期待される時間にきちんと会社にいるか、突然の呼び出しがあるかなどを指す。職種によっては、夫婦の一方が家事と育児の責任を引き受けざるを得ない場合もあるだろう。家族という一つの集団はともに日々の暮らしをどう送っていくかを考えなくてはならない。そして、大半の家庭で、女性が時短勤務を選択することを解決策としている。

女性が家庭で従事する労働は軽んじられている。女性が家の外でするケア労働についても同様だ。２０１０年にノルウェーのリサーチ会社「回答分析」が行った労働市場調査によると、企業トップの半数近くが、「自ら低賃金の職種を選んだ女性は、賃金の低さに不満を漏らすべきではない」と答えている。[15] 高給取りの経営者に聞いてみたい。「女性が皆、高収入の仕事を選択したら、誰があなた方の子どもの世話をし、誰が高齢になったあなたの親を介護し、誰があなたが家に帰った後の職場の掃除をするんですか？」と。同調査によると、特に若い男性に、男は多く働いている分、多く稼ぐべきだという意見が見られた。男性が長時間働く裏で、誰が子どもを保育所にお迎えに行き、夕食の買い物をしているかは、この調査で一切言及されていない。

同じ調査によると、質問を受けた人の過半数が、幼い子を抱える両親がフルタイムで働くのは困難とした。[16] また、10人中6人のノルウェー人女性が、自宅で子どもと一緒に過ごしたいと願っており、35歳未満の女性は、養ってもらえるのであればキャリア・アップを諦めてもよいと考えていると答えた。2人以上子どもを持つ女性のうち、65％が扶養してくれる夫を持つ女性を羨ましいと思っていることも分かった。

これらの調査結果は、様々な解釈が可能ではあるが、多くの人たちが十分にもてていないもの――子どもとの時間や一人の時間――を切望していると私は解釈した。社会全体の問題の解決策として提案し、そのようなニーズを後押ししなくてはフェミニストの名が廃る。調査を特集した国営放送のドキュメンタリー番組で、医療分野で時短勤務するマイ・イレーネ・メッセルは、キャリアを先送りにしたことにさして不満はないと語った。過労で体を壊すのが怖かったし、キャリアと子育ての両立のために奔走するあまりストレスを抱える女性を羨ましいとも思わないそうだ。[17] フェミニストである私が、そのように考える女性を支え、理解することは可能なのだろうか？　それともノルウェー労働総同盟（ＬＯ）のノルウェー市民労働組合（ＮＴＬ）組合長を12年勤め、２０１０年に引退したトゥーリド・リレーハイのように、女性の時短労働の選択について、こう答えるべきなのだろうか？

「今の女性を見ていると、私は不思議になります。彼女たちは男女平等国家ノルウェーで育ちました。女性の方が大学進学率はずっと高い。なのに驚く程多くの女性が時短勤務を選んでいる」[18]

さらにリレーハイは、男女平等は経済的な自立や離婚など、選択の自由をもつことだとした。労働研究所（ＡＦＩ）の研究員、ニーナ・アンブレが２０１０年8月2日の「ダーグブラーデット」紙で述べているように、「時短勤務は全くもって悲惨」と考える人もいる。アンブレは、女性に時短勤務を選ばせるのではなく、仕事と家族の両立がしやすい労働環境をつくるべきだとした。キャリア・アップを諦め家族を優先させる選択をすることで、女性はあらゆる点で孤立するとアンブレは言い、さらにこう付け足す。「彼女たちは離婚をしようものなら、少ない年金受給額で暮らさねばならず、キャリアの道にも戻れずと散々だ」。アンブレは時短労働者をやや怠惰であると見なすほかの論客に同意した上で、疲れることはそこまで危険なことではないと女性たちは理解すべきだと補足した。

なぜアンブレは、女性が疲労に怯えていると思ったのだろう？　同じ疲労でも許容されるものと、そうでないものがあるのだろうか？　過酷な知的労働を終え、精神的に疲労し、家事代行の女性が掃除した家に帰宅することの方が、重大な疲労と見なされる。でも、子どもがまとわりついて離れない中、忍耐強く自分で家を掃除することで味わう疲労も、同じだけ尊ばれるべきではないか？　女性の中には、労働重視の男女平等のフェミニズムが、マイペースに物事を進める機会や、自分で育児や家事をこなすことへの誇りや、自分で育児や家事をするための実行に移すチャンスを奪っているのではないかと考える人もいる。

女性は自力で稼ぐことの価値をよく知っている。離婚して独り身になった後のお金が心配になるのは当然だ。この合理的な思考は、忙しく、厳然とした日常生活に反する。このように、家庭と仕事の両立の難しさは、家族内での男女平等を脅かしている。疲弊した人々は少しでも物事をスムーズに進めたくて、伝統的手法を選ぶ。そうなると、ほかの解決策を見出すのが女性運動の重要な課題なのではないか？

時短勤務をする女性は、少なくとも二つの思いを募らせていると言えよう。

「離婚したら、すぐにでもフルタイムで働き始め、今よりも稼ぐことができる」

「子どもが大きくなったらフルタイムで働ける」

「時短の罠にかかった」と一生思い続ける労働者はほとんどいない。

自ら時短勤務を選んだ女性は、選択肢をどう捉えているのだろう？　自分の健康、子どもの幸福、家族にとっての最善を蔑《ないがし》ろにする？　どうしてそんなことをしなくてはならないのだろう？　女性運動のため？　男女平等のため？　「常にストレスと疲労を抱えて駆け回っていなくてはならない」と、女性運動と男女平等への単なる嫌悪で終わってしまう。誰もが称賛する素晴らしき男女平等はこれで正しいのかどうか自問すべき時だろう。「私はいま自由なの？」と。

２００９年1月22日に開催されたノルウェー女性問題協会主催の会議で、社会学教授トーネ・スコウ・ヴェッテレセンは、二つのノルウェーの一般家庭像を描いた。一つは母親がフルタイムの半分、もしくはそれより短い時間、働いており、家庭内では男女平等が欠けているが、その分、時間にゆとりのある家族。もう一つは、両親ともにフルタイムで働き、男女平等ではあるものの、時間が足りていない家族。男女平等を犠牲にするか、それとも時間を犠牲にするか。労働者がケア労働をする余裕を与えるべきだとヴェッテレセンは主張し、そのためには一日せいぜい7、8時間労働が限度だと述べている。

現代の労働生活に、育児や介護を担う人たちの居場所はあるだろうか？　介護施設に年老いた祖母を訪ねたり、子どもの成長を見届けたり、ご近所さんから「渋滞にはまったので子どもを保育所に迎えに行ってほしい」と頼まれて快く応えられるような労働生活が用意されているのだろうか？　それとも、現代の労働生活とは、いつでも従順で融通がきく部下だと雇用主にアピールするために、ケアの責任を負っていることをひた隠しにしなければならないようなものなのだろうか？　社会学者で、研究者のマルグン・ビョーンホルトは、2012年3月27日の「階級闘争」紙にこう書いている。

「現代のノルウェーは勤務時間を短縮させ、育児や介護をする時間とゆとりを与えるのではなく、ケア労働をどれだけ担うかは関係なく、全ての人にフルタイム就労を強いているようなものです。時短労働が可能と言っても、その分給料は減るではありませんか」

今は男女どちらも家事と仕事に参加しているものの、家庭生活を円滑に進める責任を主に負うのは相変わらず女性だ。二重の役割は、今も主に女性が負っている。

∴ 誰かの自由は、ほかの誰かにとっての不自由

かつて労働者階級は、母親と父親の両方が生計を立てるために働くのが常とされた。それは農業従事者にも当てはまることで、夫婦どちらも暮らしを維持するのに全力を捧げるのが当然とされた。

これは願望などではなく、必要に迫られてのことだった。20世紀の初めから、労働組合は日々の負担の軽減、休暇や余暇時間、一日または一週間の勤務時間の短縮を求め、闘ってきた。

これまで見てきたように、主婦の役割についても議論が行われた。主婦である女性を支えるべきか、それとも彼女たちの社会進出を促すべきか。

戦後、主婦が家をしっかりと守ることで、男性が外でしっかり働けると考えられるようになり、主婦は崇められるようになった。1人分の賃金で家族全員を扶養できるよう、「家族手当」という名の扶養手当制度を導入する企業も出てきた。自動車メーカーのフォードは、ヘンリー・フォードの主導の下、1914年には、既婚の男性従業員に扶養手当を支給することにした。こうして安定した労働者は安定した労働力となり、当時離職の多さが取り沙汰されていた自動車業界で、フォードはそれを防いだ。しかし扶養手当はアメリカのフェミニストから完全には支持されなかった。ワン・インカムで家族を養えるようにしようという考えが定着した70年代初期、新世代のフェミニストは女性の働く権利と自分で生活できるだけの収入を求めた。ノルウェーでも同じことが起きた。

この10年間にわたるフェミニズムの波は、専業主婦を労働市場に誘導しようとした。自分でお金を稼ぐことが、女性解放への道だったのだ。それをどういう前提の下、達成させるかについては、完全に意見が分かれた。フェミニストの中には、女性も男性と競い合うべきと考える人もいた。クオータ制も、特定の性別の人に対する配慮も一切するべきではない。本人の競争本能と能力で、仕事を得られるようにするべきだ、と。一方で、熱心な労働組合員やラディカル・フェミニストたちは、女性労働者が被雇用者であるだけでなく、母親や妻の役割も負っているため、特別な形の保護を必要とすると断言した。労働生活が概して女性と男性の両方を搾取していると考え、全ての国民にとってのよりよい労働生活の実現を闘いの目的とした。一日6時間労働、もしくは時短労働の権利獲得がその一つだった。

40年前、労働生活におけるフェミニストの意見が一致しなかったのは、多くの点で階級の問題だった。この問題は、今も続いている。多くの女性が、男性と対等にキャリアを築き、労働に参加したいと考えている。特別待遇など望んでいない。このような申し出は、特に法律、医学、建築、実業界または学問の世界で働く女性の間で聞かれる。またほとんどの場合、保守派フェミニストから発せられる。彼女たちに共通するのは、特別待遇を必要としないことだ。高学歴で、自信があり、地位の高い職業に就き、十分な収入を得て職場で権限を握っているのだから。

しかし出世の階段の一番下にいる労働階級の女性は、同僚や上司とは違って、特別なスキルで采配を振るえる程の権力を手にしたことは一度もない。自らを売り込み、よい契約を主張することも、ほぼ不可能なのだ。妊娠中あるいは幼い子どもを持つ女性が、普遍的な法律や権利という形での保障を必要としているのは明らかだ。歴史的に見れば、労働階級の女性は仕事に加え、家や家族に対し数々の責任を背負ってきた。もし彼女たちが、現代の女性が手にする保障のいくつかを失えば、社会のさらなる弱者になるか、差別されることになるだろう。その上、世間一般にいわれる「どうでもいい」仕事をしている、賃金が低いと感じさせられるような「間違った」仕事を選んでしまったという話を、あちこちで耳にする。これらは自尊心や仕事への誇りとどう関係しているのだろう？　どうでもいい仕事などこの世には一つもないのに、そう表現せざるを得ない程の労働条件や賃金の仕事が、残念ながら存在するのだ。労働組合や多くの政党が、このような状況に置かれた女性の権利獲得のため、絶えず懸命に努力している。

今日《こんにち》の労働生活について、私たちは一体、何を知っているのだろう？　例えば、世界の大半の人が都会に暮らし、長距離通勤するようになっていることは知っている。大企業が同種の中小企業を買収することで成長し、グローバル化を遂げていることも。オスロにあるグローバル企業の事務所で仕事をしている人が、取締役と直接顔を合わせることはないだろう。その代わり、組織の上役に対し忠誠心をもつ多数の中間管理職と繋がりはある。私たちは異なる会社に雇用される人々が、同じ職場で働いていることを知っている。例えば、あなたの職場を清掃する女性は、あなたとは異なる会社の従業員なのだろう。警備員の男性も、社員食堂で働く人々も。あなたの会社の広告を製作する人は、会社と契約を交わすフリーランスだろうか？　どの労働者も物理的には同じ職場で働いているはずが、労働条件は完全に異なる。

私たちは今の社会で、全ての職に全ての人が就けるわけではないと知っている。市場中心の経済では、叶えるのが難しい夢もある。いつか小さな家族経営の独立店を構えるという夢に賭けてみたいと思っても、現在の市場モデルでは容易に叶えられないことが分かる。賃貸料や商品価格で、チェーン店や大企業と競わなくてはならないのだ。農場経営の夢については、言うまでもない。肥沃な土地が消えてなくなるという警告が出ている現在では、賢明なことに夢のままで踏み留まっている人がほとんどだ。2010年に実施された全国農業調査によると、1999年におよそ7万700件だった農場数が、2009年には4万6600件まで減少した。34%マイナスだ。こんなにも大勢の人が、農業以外の仕事を完全な自由意志で選んだからではない。どんな職が得られるかを判断するのは、市場だ。私たちが暮らす土地を耕す以外に、人々に不必要なものを売ることで利益を生むことが可能という判断を下しているのも市場なのだ。

ほかの時代がそうだったように、私たちも手の届く仕事に就かざるを得ない。異なるのは、必死になればつかむことのできる素晴らしい選択肢に恵まれていると常に聞かされている点だ。そのため、賃金の高い魅力的な仕事には就けないと気付くと、自分のせいだと感じてしまう。

地球規模で見ると、就労の意味は、ノルウェーのそれとはずいぶんかけ離れている。貧しい地域に住む女性は、権利や労働組合、保障の一切ない裏社会や非合法な市場で働いている。彼女たちにとって、労働はリスクを伴い、予断を許さない。女性解放と選択はほぼ存在していない。就労の意味は人によって異なる。多くの女性にとっては、豊かに暮らせる機会を与えるものので、ほかの女性にとっては、抑圧と酷使と不自由を意味する。

北欧のフェミニストたちが、労働生活で解放される見込みについて議論する際、世界の労働環境についても、絶えず鋭く見極める必要がある。それにはノルウェーの労働環境も含まれる。

∴ いつだって準備万端！

ノルウェーの被雇用者には、数々の権利がある。労働組合による運動の努力や、経営者連合会との交渉を通して得られた権利だ。私たちは特に家庭内でのケアの責任について、様々な要求をする権利を有しているはずだが、実際、それはうまく機能しているのだろうか？　新しい研究によると、仕事の要請が増えることで、このような権利と矛盾が生じることが分かっている。つまり、形式上の規定は定められているものの、それは上司が求める非公式なものなのだ。

知識産業の労働者たちは、新たな種類のストレスを感じている。かつては職場にいる「時間」が重視された。今は「結果」が重視される。人によっては、ほかの従業員以上に責任を抱え込み、職場からの期待と家庭の両立で、さらなるストレスが生まれる可能性もある。[19]果たして、いつ十分な結果が出せるのだろう？　仕事を早退できる日はあっても、自宅で病気の子どもの面倒を見たり、夜間に仕事をしたりして、報告書を提出しなくてはいけない。仕事と余暇の境界線があいまいになっていく。

肉体労働に従事する者の大半は、仕事から家に帰ると、腕や足に疲労を感じる。保育・介護職の従業員は、余暇の間も患者への心配が頭を離れない。知識産業に携わる人の多くは、仕事は楽しいな！　と思ってはいても、頭の隅では常に何かが引っかかり、不満がくすぶっている。未返答のメール、書き終わらない報告書、準備に取りかかれない会議……。

オフィス環境は変貌を遂げた。開かれた空間デザインが尊ばれ、専門性だけでなく、社交性や積極性も求められる。私は、2009年9月5日の「ダーグブラーデット」紙の付録に掲載されたルポタージュを思い出す。そこでは自閉症協会元事務局長のオーセ・ゴルデルが、加速度的に過酷化する労働環境は、個々の被雇用者の参加を導けないと指摘した。このような労働環境は、アスペルガー症候群の人たちにとっては過酷であって、以前と変わらず任務を果たせる人たちは、オフィスにでんと座っていればよかった。こうして多くの人は障害者年金に行き着く。しかし、開かれたオフィス・デザインが原因であるという診断を受けるには至らない。常に意欲に満ちたイエスマンにならなくてはいけない場所を、苦痛に感じる人もいる。[20]

疲労が表には出ずとも、頭は悲鳴を上げているかもしれない。午後に子どもとの時間を持ち、メールをチェックせざるを得ない時などだ。スマートフォンを四六時中、手放せなかったり、いつも仕事のことを考えなくてはならなかったりして、怒りっぽくなったり、注意力が散漫になったりするだろう。[21] 柔軟であるというのは、今の労働市場においては褒め言葉だが、よい方にも悪い方にも転びうる。

社会学者のリチャード・センネットは、『それでも新資本主義についていくか』（斎藤秀征・訳、ダイヤモンド社、1999年）の中で、この柔軟性が雇用主にどれほど大きな利益をもたらし、仕事とプライベートの境界線がいかにあいまいになっていくか述べている。急速な変化は、ますます現代人の暮らしの一部になると言う。となると、まだ少し疲労を理解することができる。ノルウェー社会研究所所長のアンネ・リーセ・エリングセーテルは1998年の時点で次のように述べている。

「在宅ワークをする人が増え、仕事に柔軟に対応できるようになることで、仕事と家庭生活やプライベートの境があいまいになっていくのです。これは女性と男性に様々な影響を与えます[22]」

常に速度を上げ、少人数で以前と同じ量の業務をこなすことで、さらなる経費削減をもたらす。これら全てを測定可能にするのが、現代の労働生活の論理だ。大ブームになっているのは、石油大手スタトイル（現エクイノール）やメディアグループのアラーが行っているような従業員へのポイントやスコア制だ。効率性のほか、社会性も測られる。どんな任務を果たしているかだけでなく、人として得点を付けられる。あなたがイエス・マンであれば、点数は加算される。プライベートのない人材が理想であるという価値観が確たるものになってしまう。

仕事によるストレスが原因で病気になる人が増加していると2013年2月3日の「アフテンポステン」紙は明らかにした。睡眠導入剤や抗うつ剤の処方率の上昇が、労働生産性の向上を期待されることと関連しているのだと労働調査研究所（AFI）の主任研究員アスビョルン・グリムスモは言う。ノルウェー人は他国よりも勤務時間が短いが、同時に最も効率性が高くもあるのだ。とにかく何でも素早くやらなくてはならない。知識産業で、自らを道具のように酷使するようになると、批判やミスに一層傷つきやすくなる。その上、今後、測定や点数性はさらに進むらしい。

労働生活は、仕事に最大限貢献できる人たちだけのものになりやしないか？　つまり、十分に貢献できない人が追い出されていないだろうか？　「福祉国家のため」という団体のリーダーを務めるアスビョルン・ヴァールは2009年の『福祉国家の成長――はたまた失墜か？』で、フルタイムの仕事が不可能な人たちが、労働生活でなく自分に問題がある、と感じてしまっている、と書いている。彼は2007年にFAFOという研究機関が発表した報告書の内容にも触れている。内容はこうだ。

「フルタイムの仕事に皆が皆、適しているわけではない。これを埋め合わせるために、あなたが取れる主な戦略は、個人が価値ある労働者になれるよう、個人を矯正することです[23]」。単刀直入に言えば、お金のためだ。変わらなければならないのは、個人であって、労働生活の方ではない。ノルウェー労働福祉局もこれについて懸念を示している[24]。

サービス業では、自分を売り込まなくてはならない。決して気分を表に出してはならない。私たちはホテルや飛行機やカフェで、快く歓迎されていると実感するだろう。サービスを提供する人たちには、誠実そうな偽りない笑顔が大事だ。雇用主は従業員がお客さんのコーヒーカップや料理を運んで回るほかに、元気を提供することに対しても賃金を支払う。

民間企業では、常に仕事に対応できるようにしておかなくてはならないのが、圧力と感じられる。皆が皆、働く必要はないが、キャリア・アップややりがい、お金に惹かれて働く人もいる。だが、二重の役割を担う女性を守る法律と矛盾した職業文化にしばしば遭遇するのも、仕事でなくプライベートでだ。産業界は、何を効率的とするか見本を提示することがよくある。産業界で起きる事柄は公的機関にも広がりうる。

労働環境研究所の研究員、シグノータ・ハールリュンヨーによると、民間企業でのキャリア・アップには、膨大な時間を仕事に費やすこと、従順さ、また仕事に資する学習にエネルギーを注ぐことが求められる。[25] ケアの責任を負う女性は、出世競争から身を引き、男性はそのまま走り続けることになる。ノルウェーの労働者のための優れた福祉制度は、エリート職におけるキャリア論理の形成と真逆だ、とハールリュンヨーはオスロ大学の博士論文で述べている。

例えば、従業員が自分の代わりはいないと認識し、いつでも準備万端で動ける状態でいることが、民間企業の原動力となっている。だがこれらは、育児や休暇取得の権利、家事や家庭の時間とは矛盾する。キャリアを放棄し、家庭内でのケアにあたるのは大抵の場合、女性なのだ。女性が時短労働をしたいなら、しばらく出世は諦め私企業に留まるか、公的機関で働くかのどちらかになる。女性がキャリアの道から退き、家庭内でより大きな責任を負うことで、男性は出世の道をさらに突き進める。

これは柔軟性をもつ労働者にも当てはまる話で、よい方向にも悪い方向にも転びうる。それでもなお、柔軟性を尊ぶ人はたくさんいる。柔軟性をもつ人は、与えられた枠組みの中で期待に応え、責務を果たすよう求められる一方で、柔軟に対応できない人には無関心なのだ。病気の子どもを自宅で看病していても、翌朝には当初の予定通り報告書を提出しなければならない時のように。大半の親が、柔軟性はあっても、職場でも家庭でも自分たちの力不足を感じる、とハールリュンヨーは説明している。

ハールリュンヨーの研究は、2012年に実施されたアンケート調査「労働生活を示す指標」にも反映されている。[26] 今なお大勢の人たちが、病気を患っても仕事を引き継いでくれる人が足りず、回復して戻ってきた際に仕事で後れをとる、と語っている。高等教育を受けた全従業員の71%がこう訴えており、行政に勤める公務員の47%が同じように報告している。労働研究所所長のアーリル・ステーンは、2012年11月11日の「アフテンポステン」紙で、これは仕事の「達成度」に関係していると述べた。現に仕事に取りかかっているのであれば、病気であろうがなかろうが、必要に応じてこなせばよいだけのことで、さほど大変なことでもない。ステーンは雇用主と被雇用者の両者が事態の進展を軽視していると懸念しており、回復後の復帰は多くの人にとって困難であると認識している。

シグノータ・ハールリュンヨーは、いわゆるハイ・ステータスな職種について研究したが、多くの人はそうではない職場で、この損失に気付いている。病気の子どものお迎えや、授乳休暇中で、しばらくの間、早朝会議に出られないことが歓迎されることはほとんどない。やりがいのある仕事や昇進、上司からの高評価を得たければ、労働環境法に定められた権利以外に、重要な事柄がある――それは、生活をし、家族のケアを行い、仕事から離れて、十分な休養を取る権利だ。[27]

2011年秋、アップル社の創設者であるスティーブ・ジョブズが亡くなった後、取り沙汰されたのは、まさに彼の柔軟性だった――ジョブズが収めた成功のおかげで、私たちは絶えず柔軟でいられる。ジョブズはプライベートと区別のない仕事の創出に手を貸した。だてにジョブズ（Jobs）を名乗っていない！　ジョブズが収めた最大の成功は、知識産業で働く労働者の柔軟性と可動性を高めたことだった。[28] 仕事とプライベートの境界線が消えようとしている今、この自由には裏の面もある。絶えずインターネットに接続し、友人や家族と連絡を取り合うことはできるが、その一方で職場も常にあなたと連絡が取れる。家族と海水浴に行っても、同僚が自分の企画についてどう思うか確認せずにはいられない。誰もあなたの境界線を定めてはくれない。[29] オーフス大学教育学科の准教授、シャスティン・マリーエ・ボーヴビエルグは、次のように述べている。

「皆、柔軟性は高ければ高いほどいいと思い込んでいるのです。それがウィン・ウィンな状況だと。ですが、必ずしもそうとはかぎりません。労働が私生活をも巻き込むような場合、結果として柔軟性が失われてしまう可能性もあります[30]」

信頼できる福祉制度と強力な権利は、母親と父親の両方が、仕事よりも家庭を安心して優先できるようにするためにある。従ってハールリュンヨーが自らの研究で発見したような、上司による思いつきの要請がこれまで勝ち取ってきた法律や権利よりも優位に立つのは、恐ろしいことだ。

現代ノルウェーの労働生活について書くのは多くの人にとって困難である、と聞くと、私は複雑な気持ちになる。ノルウェーの労働生活は、世界基準で見れば、あらゆる点で快適だからだ。大勢の人が仕事に成功し、たくさんの友人を得て経験を積み、旅行をしていることを、私たちの誰もが知っているからだ。保障や十分な賃金をもらい、立派なオフィスで適度な高さのアーロンチェアに腰かける人たち。自分が教育を受けてきたこと、夢みてきたことを叶えるために、精神面でも、肉体面でも献身する人たち。自分の仕事や課題、同僚、社内のクリスマスパーティーを愛する人たち。社会の重要な事柄に取り組む人たち。日常生活のヒーローたち。

しかし、疎外されている人や時短勤務している人が数え切れないほどいて、研究者が家族を持つ人が達成できないような要請を暗にし、ストレスや苦痛が、日々の職業生活を送る上でごく自然なものとされる時、労働生活に疑念を抱く理由はまだまだある。やはり何かが歪んでいるのだろうか？

∴ ワークフェアでバランスを取る

二重の役割に疲弊し、文句をこぼすとすぐに、じゃあ別の選択をすればよかったのに、という言葉が飛んでくることだろう。田舎に移り住んだり、時短の仕事に就いたり、一定期間、専業主婦でいることも可能だ。なのになぜそうしないのか？　一生、フルタイムで働き続ける義務なんてないのに！

でも、実際は働き続けなくてはならないのだ。ノルウェーでは、それが当然とされている。事故が起きた時や、定年退職した時に、社会保障の全額給付に頼りたければ。これは私たちが、「ワークフェア」（社会保障給付を支給する際、その代わりに受給者に就労を義務付ける政府の方針。ワーク（労働）とウェルフェア（福祉）を組み合わせた語）と呼ぶ制度だ。私たちは失業手当や、病気になった一日目からもらえる疾病手当、子どもが病気になった時自宅で看病しながらもらえる手当、出産・育児手当、年金、有給休暇をもらう基準を満たせるようバランスを保たなければならない。別の言い方をするなら、政府と雇用主から諸々の権利を受けるには、フルタイムで働かなくてはならないということだ。私は皆さんにこう言っておきたい。政府の方針を満たせないあなたが（例えばフリーランスでこの本を書いている私も、全てを満たすことはできない）、社会保障を必要とするようになった時、現実が忍び寄る、と。専業主婦や時短就労者、個人事業主も然りだ。

フルタイムの仕事に就いていない場合に、減額されるのは国からの手当だけではない。保険の特約も仕事とともに消えてしまう。携帯電話も、新聞購読料も、産業保険サービスも、車も、制服も、パソコンも、福利厚生としての社員向け医療サービスも、支給が打ち切られる。

政治家がワークフェアを必要とした判断の陰には、「何かしらの社会保障を受けたければその分働け」という彼らの本音が隠されているのだ。社会保障給付金は最小限に抑える必要があるもので、受けることは直接的にも（金銭的な余裕がない）、間接的にも（働いていないことを少し恥ずかしく思う）好ましくないと知っておくべきだ。ワークフェアは、賃労働の価値を高めるという点でイデオロギーであり、私たちが現在享受する社会福祉を成り立たせているという意味で実践なのだ。このことを国民は承知しているから、子どもを保育所に長時間預け、職場で長時間過ごすことを、苦痛を覚えながらも選択しているのだ。家計を安定させ、事故に遭ったり障害や病気を抱えたりという、まさかの事態に陥った際のリスク軽減にベストを尽くしている。

「児童保護」という言葉は、多義的だ。経済的な安定を図ることもまた、子どもを守ることに繋がる。だからこそ、日々の多忙さや子どもを保育所に長時間預けることについて不安を漏らした途端、浴びせられる「今だけ専業主婦になればいいじゃない」という言葉は、一層、女性たちの骨身に染みるのだ。かといって、専業主婦または時短労働を選んだら社会保障が減り、それはそれで無責任と見なされる。

フルタイムの仕事以外を選択するには、並々ならぬ冷静さや、十分な貯蓄が必要で、目玉が飛び出しそうな程高額な保険に個人で複数入らなくてはならない。もしくは、正規のフルタイム労働をやめて、社会福祉を失うことからは目をそむけ、今を楽しんでアーティスト生活、主婦生活、カフェ経営といった夢を叶えるか。または、健康と目の前の幸福を得られるし、幼い子どもがあなたを必要としているのは今なのだから、これでいいのだと全て気にしないか。何を選択するかは、個人の状況と外的条件によって変わる。ある選択があなたにできても、隣人に同じ選択が可能とは限らない。

どの社会にも大抵は、様々な事情から自立できない人のための政策がある。ノルウェーでは1900年代、病気や失業、老後の経済的支援を提供する社会保障制度が設けられた。戦後には、公的な権利をわずかにしかもたなかった主婦のため、主婦代行制度もできた。主婦が病気になった際に代行主婦が一定期間、援助してくれるのだ。

それでも、主婦であることはリスクを伴うものだった。夫に先立たれることは、収入を失うことを意味し、人生がひっくり返るようなことだった。1992年までは、ケアという無賃労働を担う人たちには、国民保険制度の最低年金額以上の受給資格は与えられなかった。私たちの祖母は今、ケア労働に一生を捧げたのに最低額の年金しかもらえず、疲弊しきっている。主婦は国民保険を払っていなかったため、最低額の社会保障しか受けられなかった。当時はこれがワークフェアだったのだ。主婦は地域社会に貢献し、子どもや病気の家族の世話をしていたのに、評価されなかったのだ[31]。主婦たちの支えがあってこそ亭主が働けたという事実も、見て見ぬふりをされたのである。

　1967年に国民皆保険制度が開始、1971年には疾病保険や失業保険、労災についての規定がつくられた。根底にあったのは、「ノルウェー人は自活するべきで、社会保障はあくまで再び自活できるようになるまでの補助」という思想だった。[32]ところが様々な事情から働けない人々は、制度からある程度、排除される。専業主婦になるのは、常に勇気のいる選択だった。働く女性が増えることは、政府にとって好都合だった。財政が潤うのだから。しかし、働く女性が増えることで、失業保険やそのほかの社会保障を受ける権利を得られる女性も当然増える。[33]フルタイムで働く女性が増えると、政府に入るお金だけでなく、出て行くお金も増えてしまうのだ。

　専業主夫の男性も、主婦と同じ事態に直面するため、社会保障は男女平等と言えるかもしれない。しかし、女性の伝統的役割は、経済的支援を受け取るだけの価値があるものとは見なされてこなかった。例外的に、両親手当と子ども手当を何年かはもらえるが。家事や育児は、社会進出とワークフェアの妨げになる。主婦が経済的に国家に寄与することや、女性の地位の向上をあまり望まない国もある。

　経済学修士のシャロッテ・コーレンは、2012年に出版された『ノルウェー経済における女性の役割』の中で、家事や育児が、いかに外での仕事の邪魔になると認識されているかについて述べている。近年の社会保障は主に家族が対象とされている、とコーレンは言う。大人が働けるようにするには、家庭内のケア労働に国家が介入するべきと考えられるようになったのだ。例えば、疾病手当が自宅で病気の子どもを看病する場合にも適用されるようになったり、家庭内介護にも介護報酬の点数が加算されるようになったり。これらの社会保障は、専業主婦（夫）に与えられる権利ではなく、外で働く人たちが一定期間、家事や育児に専念する際に支払われる補償だ、とコーエンは書いている。

今日《こんにち》では、家庭内で商品が生産されることは極めて稀だ。家庭以外の場所で商品やサービスを作り出すことで収入を得て、またほかの人から商品やサービスを買うようになったからだ。家族で果たすべき義務や家族生活が、家庭外での生産活動の妨げになるのは自然の成り行きと言える。多くの家庭生活は、ダブル・インカムを基本としているので、片方の親が働けなくなったり、欠けたりすれば窮地に陥る。ノルウェーのような社会で、生活費は高くつく。住宅価格は市場に支配され、共働き家庭を念頭に決められている。

全ての国民が働ける環境を定めるワークフェア制度は、厳格なものだ。仕事と家庭を両立させる苦労を軽減するためのあなたがした個人的な選択はどれも、あなたを経済的な窮地に追い込み、受けられる社会保障の選択肢が狭まるという大きなリスクを背負わせる。たとえ時短勤務や専業主婦になれる金銭的余裕があっても、それらの選択はできなくなる。日々の暮らしをもう少し楽なものにするには、ワークフェアが求める条件をもう少し緩和する必要があるのではないか。例えば、賃労働を行っていようがいまいが、全国民に適用される普遍的社会保障制度やベーシックインカムを取り入れてはどうだろう。

∴ ワークフェアはどのように生まれたのか？

ワークフェアを理解することで、私たちの社会をかなり理解できる。例えば、かつては労働における権利と義務が重視されていたのが、ワークフェアには主に義務について書かれている。あなたに仕事をあてがうのは政府の責務ではなく、政府が失敗したとしても制度の欠陥によるものではない。全てはあなたの責任だ。だが、昔からそうだったわけではない。

戦後、労働能力を有する全ての人に働く権利と義務を与えることについて、党派を超えた同意がなされた。この義務は、「能力に応じて働き、必要に応じて対価を受け取る社会」というビジョンを反映したものだった。この権利は、仕事を見つけられなかった人が社会から何らかの補償を受ける必要性を視野に入れたものだった。この労働権は、労働運動が政治の中で力をもつにつれ保障されるようになってきたもので、起源はフランス革命まで遡《さかのぼ》る。

私たちは今、市場に支配される社会、言い換えるなら、需要と供給に支配される社会で生きている。これは、私たちが労働市場の歯車の一つになることを意味する。今のあなたを市場が必要としないのであれば、市場に求められる新しいあなたにならなくてはならない。それは義務なのだ。

世にはびこる自由主義経済という思想は、主にアメリカのロナルド・レーガンや、イギリスのマーガレット・サッチャーの政策によって、80年代に世界に広まった。市場の自由化や公共民営化、規制緩和により、公共サービスが民間企業の手に移った。公共機関が担ってきた事業を引き継いだ民間企業のほとんどが、金稼ぎに没頭した。そうこうしている間に、収益を邪魔するものが現れた。社会保障、労働組合、安定した長期の仕事などだ。厄介者を締め出すために、福祉国家へのネガティブ・キャンペーンが始まった。そのキャンペーンはほぼ成功したと言えるだろう。だから私たちはこんな言説を、頻繁に耳にするようになったのだ——「福祉国家は我々を堕落させる」「あまりに多くの人たちが、福祉を悪用している」「私たちには、福祉国家を維持する余裕などない」「手厚い福祉により、国民の積極性が失われる」「定年年齢を引き上げるべき」うんぬん。

時代はどう変わってきたか、ここで振り返ってみることにしよう。

70年代の女性が求めたのは、働く権利だった。女性に鞭《むち》を打ってまで労働を強制しようとは誰も言い出さないだろう、と当時の人は考えたのかもしれない。ところが市場が潤っていた80年代に、批判の声が静かに上がった。「福祉を求める人が多過ぎ、義務を果たす人が少な過ぎる」

労働党のルーネ・ゲルハーセンは、1991年に出した『Snillisme《ナイシズム》［判断を誤ったり、誰かの機嫌を損ねたりするのを恐れるあまり、配慮し過ぎたり、親切にし過ぎたりする、誤った優しさのこと］』という本の中で、福祉国家を熱狂的に擁護する人たちは世間知らずにも程がある、ということを表明している。1991〜92年の職場復帰給付金についての報告書と、1994〜95年の福祉報告書で、福祉国家は優れた制度を提供するだけでなく、労働を活性化するべきだと強調された[34]。同時期にヨーロッパ全体で、労働参加率の向上や脱福祉を目指した様々な施策が導入された。

注目すべきは、福祉国家が以前よりも経済利益という観点から測られるようになり、福祉国家を擁護するべき倫理的理由が薄れた点だった。経済が好調な時は、福祉を擁護しやすいが、不況の時には、福祉を擁護する説得力ある論を見出すのは至難の業だ[35]。福祉もほかの物事と同様、採算が合わなければならない。社会政策は、経済政策と労働(市場)政策と化した。本来は福祉とは距離を取るべきとされてきた市場が、福祉に介入するようになった。この動きを政治家はあえて止めようとはしなかった。

研究者のマルグン・ビョーンホルトは、2012年6月23日の「階級闘争」紙の記事「仕事を減らして、もっと生きよう」で次のように述べている。

「私たちは極端な新道徳主義と、障害者や病人へのヘイトを目の当たりにしている。経済学者にばかり解釈が委ねられ、病欠、障害、失業などトピックが何であろうと同じ答えが出される。その答えとは、『手当てが厚過ぎる。働くだけではこの手当てに見合わない』。フルタイムの賃労働以外はどれも間違っていると見なされ、公的機関からの給付はどれも社会への出費と見なされるのです」

家庭と仕事の両立、そして誰しもがフルタイム労働を選択すべきとしつこく言われ続けることを考える時、社会の水面下に思考を向けることが重要だ。そこには、専業主婦や時短勤務の男性は怠けているだけで、フルタイムで働く人を利用している、という不信感があるのではないか。実はこのことを私たちはよく知っている。だからこそ私たちは日々をどう生きるかを決める時、他人にどう思われるかを考える。怠け者だとか、他人を利用しているとか、思われたくはない。仕事が見つからなければ、働く意欲が足りないとすぐに見なされてしまう。[36]

ヒル＝マルタ・ソールベリは職場復帰給付金に関する報告書で、「働くことを第一の選択肢とするべきだ」と述べた。[37]ここから「働いたら見返りがなくてはならない」という滑稽なモットーが生まれた。なぜ滑稽なのかと言えば、これまでの歴史上、外で働いていない人たちが見返りを得たことなどなかったからだ。全くもって不幸なことに、病気や障害を抱えた人や、失業者になった人たちを味方する社会大臣などいなかった。２００７年10月10日の「アフテンポステン」紙で言及された、労働・社会包摂省元大臣のビャーネ・ホーコン・ハンセンについての記述を見てみよう。

「財源があったのに、ハンセン大臣は公的扶助を増額しようとしなかった」

無職の人には早起きの練習が必要と言ったのも彼だ。労働党員による発言だったのだから、余計に冷や汗ものだ。[38]現ノルウェー首相のエルナ・ソルベルグもまた、国民は毎日働きに出るか、一日70クローネで生活するべきと発言した。[39] とどのつまりは、経済を鞭として使っているのだ。そんなことをしてもうまくいかないことは、ありとあらゆる事柄により示されているのに。[40]

2012年にカール・エヴァング賞を受賞した、労働医学のスペシャリストで医師のエバ・ヴェルゲランはワークフェアについて、福祉制度に〈恥〉の概念が再び組み込まれるようになったとし、次のように言う。「新たな教訓は、補助金を打ち切るぞと脅されれば人々はたちまち働くのだから、働こうと思えば働けるんだろ、というものだ。この社会政策は、労働市場における雇用機会でなく、個人の意思を改善すべきという思想に基づいている」[41]

もちろん、社会保障の改善策や税金の使い道を決める際、何を優先すべきかについての議論は常に必要だが、福祉国家が市場経済の観点から割に合うかどうか議論するのはやめた方がいい。福祉というのは、市場の論理で片付けられるようなものではない。道徳とか連帯、倫理や良識の問題であり、数字には換算できないものなのだ。

ワークフェアへの移行は、ほぼ議論されぬまま実行された。障害者団体、ノルウェー情報保護局、弁護士会から反対の声が上がった。これらの組織は、法の規定とプライバシーに不備があり、労働市場からの需要ばかりを配慮した偏った改革であり、市場から必要とされない人間を虐げていると指摘した。しかし、多くのフェミニストはワークフェアを支持している。ワークフェアは当たり前のものとなり過ぎて、さらっと耳にすると極めて論理的で公平であるように聞こえるのだ。私たちは、社会保障を受ける上で就労義務を果たすべきだという論理を積極的に支持する、いわば「ワークフェア・フェミニズム」を確立させたのだ。幼い子どもがいようといまいと女性が労働の義務を負うことが、突如としてフェミニズムになりかわった。これは労働を権利とする70年代の思想から大幅に逸脱している。ワークフェアは今日《こんにち》の女性の役割に、ある特定の意識を生んでしまった。それは、女性は一生涯フルタイムで働くべきというものだ。

ジェンダー、労働、家族について研究する人の中には、女性の二重の役割を問題視する人がいるし、労働運動に参加するフェミニストにも、大勢の女性が苦労していると知る人はいる。しかし、そのような意見は残念なことに、政治上のレトリックや施策にさして変化をもたらしていない。政策は、私たちの人生観や他者への認識を左右する。病気で欠勤している同僚は本当に病気なのか、あるいは時短就労者はちょっぴり怠け者なんじゃないかと疑ったことのない人などいるのだろうか？

２００９年、公衆衛生医学教授のイーヴァル・ソーンボ・クリスチャンセンと環境医学（公衆衛生医学と環境医学はとても近い学問だ）教授のペール・フッゲリーとの間で起きた、多様な人生観についての議論で、それは明確に示された。議論の発端は、２００９年９月27日の「アフテンポステン」紙に掲載された、ソーンボ・クリスチャンセンの「人間は本来、怠惰な生きものである」という主張だった。この発言に激怒したフッゲリーは、「義務感と礼儀、さらには働くことが健康と価値をもたらすという考えから、人は働こうとするのだろう」と人間の性善を信じる考えを表明した。[42] フッゲリーは「病人や障害者に対する行政の管理体制」にひどく懐疑的だった。一方、ソーンボ・クリスチャンセンは「ノルウェーは勤務時間の短縮、労働環境の改善、健康と生活水準の総合的な向上を達成させたのだから、病欠は減るはずだ」と指摘した。これに対しフッゲリーは、「個人への要求の度合いがますます増し、達成不可能なほど高い目標や要請、期待が掲げられた社会で私たちは暮らしている」とした。目標や要請、期待とは、労働生活、夫婦の共同生活、子育て、見た目や生活様式についてだ。

ワークフェアは実際のところ、私たちには働く義務があるということを表している。働かない人は働く意欲が足りないからだ、というイデオロギーでもある。人は本質的に怠惰であり、それゆえ鞭が必要だという人間観を前提としている。

仕事がもたらす自由や価値に関心をもつ私やほかのフェミニストたちには、やはり慎重さが必要だ。解放されなければ、経験にも値しない仕事もある。様々な事情で働けない女性、フルタイムで働けない女性がいる。彼女たちにも女性運動の居場所があるべきだし、自由は、多くの人たちが言うように賃労働とキャリア以外によって定義されるべきだ。

∴ 労働生活の非人道化

行政が労働参加率の上昇を願う一方で、民間企業と公共団体は労働生活の近代化と合理化を図る。効率がよくなると、従業員は首を切られ、残された従業員の仕事が増えるのは、周知の通りだ。構造改革は、より少ない人数で、より多くの仕事を負うことを意味する。能力が低い人にとっては、フルタイムでの労働参加は以前より困難になるだろう。医師のスタイナル・ヴェスティーンは、２００６年８月12日付「階級闘争」紙のインタビューに、「体調を崩している人や仕事があまりできない人は、解雇と合理化が進めばやがて窓際に追いやられる」と答えた。

アスビョルン・ヴァールが率いる団体「福祉国家のため」の活動は、ノルウェー社会に「労働生活の非人道化」という概念を取り入れたことで称賛を得た。この概念は労働者の多くが、労働生活でストレスが増したこと、自身の労働状況を自力で変えられなくなったことを表している。実際のところ、労働生活は非人道化したのだろうか？　この概念には何が隠されているのだろう？　現代は歴史上、最も労働時間が短いという説をしょっちゅう耳にしている私たちには、ちょっと大げさに思える。

フレックス・タイム制や在宅勤務などによって、多くの労働者は仕事と家庭を両立しやすくなった。同時に労働者たちは、頻繁な解雇、激しい競争、効率化、経費削減に直面し、給与や労働条件について個人レベルで対応しなければならなくなった。彼らの大半は、日々努力し、業績を上げるよう求められていると感じている。[43]　ノルウェーの労働生活に隠された真実とは、一体何だろう。

私のかかりつけの女性医師は、「医師として働いてきた15年で、労働のみが求められることが増え、特に女性は以前にも増して大変な思いをして働いている」と言っていた。不妊に悩む女性が増えているのもそのせいではないか、とも。働き過ぎとストレスによって流産した女性もいるそうだ。私は耳を疑った。私が見聞きしてきたことと全く話が違うじゃないか。こうも考えた。昔は労働生活が過酷だったが、今、私たちはうまくやれているのだろうか？　ジャーナリストである私は、この業界では状況が真逆であるとよく知っていた。新聞業界では、職の安定や知的好奇心をくすぐる取材旅行、一つの問題を深掘りしてゆっくり調べられる時間のゆとりや潤沢な予算といったものは、昔話だ。それでも今は、昔よりよくなったのだろうか？　何かよくなったところはないのだろうか？

労働環境研究所による2008年の調査と、ノルウェー統計局による2007年の調査により、1か月の間に首や肩、背中に痛みを感じたことがある人が5人に2人いることが分かった。そのうち6割以上が、痛みは仕事によるものと答えた。3人に1人は、週に一度は激しい肉体疲労を感じると回答。さらに3人に1人は、労働条件に不平を漏らして上司からひんしゅくを買ったことがあると答えている。[44]ノルウェーの職場は、喜びや至福だけに満ちているわけではない。

スウェーデンの研究を見ると、スウェーデンではノルウェー以上に多くの人がストレスによる病で欠勤していることが分かる。[45]作業スピードや効率性の向上が求められる社会では、時間不足が正真正銘の病と化してしまう。[46]体力の消耗、過労、疲弊が続くことで、長期欠勤という結果を招きかねない。1、2年の療養が必要になることも珍しくない。

過労という診断結果は、特定の業界では奇妙なことに働き者の象徴とされている。企業の社長が過労で倒れる場合も然りだ。ここまでが限界と線を引かず、倒れるまで全力を尽くす。仕事に命を捧げる。それでも私たちは彼らを称賛するのだろうか？　裏には、こんな思想が隠れている。悪いのは職場ではなく、断らなかった本人だ——。清掃員として何年も勤労にいそしんだ上、定年前に働けなくなってしまった女性にも同じ称賛の言葉が向けられるだろうか？　ピカピカになるまで会社の床を磨き上げ、1室残らず掃除し終えるまで帰宅せず、全てを捧げた女性に。結果、過労で倒れ、働けなくなり、くたびれ果てた女性に。[47]

この清掃員の女性も、トップのリーダーたちと同じで、職場環境や働き方が問題視されず、忍耐力のない女性自身が悪いのだと話が片付けられる。社会のトップと一般の小市民とでは、同じ過労でも世間からの見方が異なる。肉体労働に従事する女性が労働生活を終わらせる道は、障害年金の受給である。勤務時間や労働条件の不備が指摘されることは滅多にない。後ろ指を指されるのは彼女たち、もしくは障害年金の受け取りを可能にしている制度だ。年金をそんなに簡単に受け取れていいのか、と私たちは思ってはいないだろうか？

職場で誰かが過重労働に苦しんでいる時、改善を図るのは、職場ではなく、疲れ切っている本人とされることは珍しくない。公衆衛生研究所は、労働者向けにストレス対処法のセミナーを開くが、これは労働環境の外で行われるものだ。これでは、問題が実際に起こっている職場環境の改善には繋がらない。[48]

過重労働を訴える労働者は増加している。大勢の人がメリーゴーラウンドから振り落とされないようしがみつき、必死で耐えている。この状況は、労働組合の粘り強い活動によって多くの人たちの労働環境が徐々に改善されていった戦後のプロセスとはかけ離れている。労働組合が引き出した優れた政策は、市場勢力からの圧力を抑止する役割を果たしてきた。今、私たちには、市場の要求が労働生活に無批判に組み入れられていないか、見直す理由がある。例えば、臨時雇用契約や短期雇用契約の増加、外国人労働者を利用した、ソーシャルダンピングの受け入れ問題はどうだろう。私たちは市場の要求を、侵すことのできない自然の法則でもあるかのように受け入れていやしないか。政府の自立支援と市場メカニズムは密接に関係しており、両者は効率よく収益を上げられる人材を取り込もうとする。

ヨーロッパ全体で実施された調査により、効率性の要求が大半の人に多忙な日常生活を強いていることが分かった。欧州生活・労働条件改善団体の元局長、レイモン・ピエール・ボダンは次のように述べている。

「ヨーロッパの労働環境が悪化しているのは、競争の激化と労働条件の変化が原因だ。これは由々しき事態である」[49]

ボダンの声明は、2001年にEU加盟国を対象に実施された、職場における健康問題に関する調査を踏まえたものだ。金融危機が起きる以前の話である。[50] 過酷な労働条件は自然と生まれるものではなく（そう思わされがちだが）、労働と密接に結びつく経済に連動（これは当たり前のことのようで、しばしば忘れられがちだ）していることが、この調査から分かった。リーダーは必ずしも非道徳的なわけではなく、年々激しくなる競争社会の中で企業を営むには、コンスタントに成長し収益を増やす厳しい目標を掲げざるを得ないのである。

これは、個々の職場環境に絶えず影響を及ぼす。同時に、私たち一人ひとりも市場の原理に影響される。収益の早急な確保と、個人の利益の追求は、私たちの思考に変化をもたらす。一生あくせく働かなくても簡単にお金を手に入れる人を目にし、自分たちもそうしたいと思わないわけがない。

現代における労働生活は、よく言えば逆説めいていて、悪く言えば偽善的である。私たちは共同社会の中でかつてないほど労働生活を称賛している。労働生活を送りたいと切望し、自己実現するとまたさらに成長し続けたいと願い、キャリア・アップするのが当然とされている。実際、多くの人がそれでうまくやれている。一方で、ほかの側面も明らかになってきている。行き過ぎた効率の追求やストレス、上司からの過度な要求——。苦しんでいる人たちの背景にどんな社会の変化があるかも考える必要がある。

一般的な仕事に従事する人たちから本来批判されるべきワークフェアを、私たちは受け入れた。職を失い、周りの冷ややかな視線にしばしば耐えなければならない人たちが、私たちと同じ普通の人であり、隣人、友人、そして家族であるということは忘れられがちだ。[51]

∴ 社会問題大臣はどこへ消えた？

「女性は仕事で自由を得る」と断言されるなら、働けない女性はどうなってしまうのだろう？彼女たちの問題を誰が議論しているのだろう？　ノルウェーは、社会問題が根絶していないのに、社会大臣も社会省も社会局もなくなってしまった。[52]いくら優れたキャリアを送っていても、人生のどこかの時点で働けなくなる。危機を迎えた時、ひどい痛手を受けるのは、決まって女性と子どもである。社会省の解体は、まぎれもなく女性にとって問題なのだ。

２００６年の元旦に実施された省庁統廃合で、社会問題に取り組む省がなくなり、代わりに労働・社会包摂省が誕生した。以来、様々な理由から、社会の底辺にいる人の援助よりも、失業した人の社会復帰に主眼が置かれるようになった。普通の人たちがだらけているとか怠惰であるという疑念が生じれば、大臣がそこにメスを入れ、保護という名の指導に乗り出す。数字を示し、事実を証明し、批評家の空虚な巧言を突き付ける。大臣は、こうも言う。「ノルウェーでは現実に、国民の大多数が労働市場に参加している」。労働市場に参加する国民の割合は、１９７０年代から２０００年代にかけて上昇し続けた。労働に参加しない人の割合が増え続けたという事実はなく、むしろ減ったのだ。[53]ノルウェーは、就業者の割合が最も高い国のトップ３に入っている、と。

社会学者のシェーティル・ヴァン・ダー・ヴェルは、2012年9月の博士論文で、福祉国家は国民を怠惰にするという主張に反論した。福祉国家は国民に長期間、働く意欲を起こさせると結論づけた。[54] ノルウェーには、26カ国の中で最も優れた社会保障制度があると同時に、病人と低学歴の労働者の割合が最も高い国の一つだった。「労働運動〝フリー〟」という労働と労働運動についてのネット新聞のインタビューで、オスロ＆アーケシュフース・ユニバーシティカレッジ（現オスロ・メトロポリタン大学）付属の研究者であるシェーティルは、次のように述べている。

「ノルウェーでは、失業手当や疾病手当の受給者の多さが問題視されている。体調が悪いことイコール職務怠慢だという観念が、世間に定着してしまっているのです」

彼の研究でも、ノルウェーは社会保障制度に乏しい他国と比べて、病を抱える人や低学歴の労働者の割合が高いことが明らかになった。これらの調査結果は、普段の私たちの思想や言説と真逆であるため、意外に感じる人も多いだろうと、彼は「労働運動〝フリー〟」のインタビューで述べている。もはや、ノルウェー人の労働意欲の低さを裏付けるものは一つもない。労働意欲が最も高いのは、社会保障が最も整っている国であるということが、同氏の主張である。

福祉国家を機能させるには、互いのことをできるかぎり信じる必要がある。男女平等と女性解放を実現するには、国民の信頼を育まなくてはならない。男女平等と女性解放のどちらにとっても、福祉が重要だからだ。信頼関係がうまく機能している例に、マンダールという自治体が挙げられる。この自治体では、365日いつでも病気を自己申告できる制度が導入されている。本人による病気の申告を信用した結果、2012年、病欠の割合は5・5%にまで減少した。これは同自治体で過去最も低い数字だった。信頼を高めること、思考様式を変えること、そして迅速なフォローアップが、成功の秘訣だと同自治体は結論づけた[55]。ラディカルな政策の陰には、マンダールがそれまでの10年間で障害者と患者の数が最多を記録したという忌まわしい過去もある。

信頼は、ほかの方面——経営者が従業員に隠し事をしたり、何か企んだりすることなく、平等なパートナーでいることなど——にも作用する。生物学者や進化論に詳しい識者にも支持されている[56]。それでもなお、社会保障を最低限まで削りたいと望む政治家や企業、そのほかの利害関係者たちは、完全にやり遂げられない人たちに疑いの目を向け続ける。彼らの疑念は妥当ではないし、彼らが正しいわけではない。

∴ 家事や育児も仕事

女性の病欠は男性よりも多い。これはノルウェーの福祉が手厚過ぎて、少なからず国民のモチベーションの妨げになっているという言説とともに、メディアでよく取り上げられている。女性が男性より怠けているのでは、という先入観があるのではないだろうか？　オスロ市の介護施設で准介護士として勤務するハルディス・ラーセンは、なぜ女性の傷病休暇の取得率が男性より高いのかについて、明確な意見がある。

「女性は子どもや家族がいれば、職場から家に帰っても家での仕事が待っています。男女の役割は、私たちが期待するほどモダンではないのです[57]」

元労働大臣のアンニケン・ヴィットフェルトは2012年秋にメディアに登場した際、なぜ時短勤務の従業員の疾病休暇取得日数が、フルタイムの従業員と変わらないのか、疑問を投げかけた。その言い回しには女性への批判が滲《にじ》んでいた。

ヴィットフェルトは、女性の疾病休暇の取得率が男性より6割も高いことを取り上げた。特に高いのは、時短勤務者が大半である医療業界だった。この結果には女性の仕事に対する姿勢が関係している、とほのめかした。ヴィットフェルトと同じ見解を示す人もいる。「VG」紙の評論家、エリザベット・スカールビュ・モーエンなどは、なんと時短勤務の女性を無責任呼ばわりしたのだ[58]。

しかし、時短で働く女性を槍玉に上げ、女性は男性より働いていないじゃないかと言うのは、果たしてフェアなのだろうか？

男性が経済を回す間に、大半の女性はカフェでお茶しているだろうか？　女性の健康や労働生活について研究する学者の中には、ヴィットフェルトやスカールビュ・モーエンとは異なる観点からこれらの問題を捉える人が多い。

2012年11月8日の「ダーグブラーデット」紙で、アグダー大学ジェンダー学部の客員研究員マリアンネ・イネズ・リエンと、男女平等学部の教授ウッラ＝ブリット・リッレオースは、ヴィットフェルトにこう答えた。

「家族の健康を守る主な責任を負うのは、今でも女性なのです」

女性の疾病休暇が不可解であるかのような物言いの元労働大臣に対して、少々諦め気味にこう続けている。

「第一に、この議論は時代遅れです。大臣が交代し、病気休暇の措置が図られるたび、毎回、話し合われてきたことです。第二に、研究者たちは気付いていないとヴィットフェルトは言いますが、私たち研究者は気付いています。家族の誰かが病気になった時、女性が疾病休暇を取ってくれていることで、政府は財政を節約できているということに」

保健福祉省によると、女性が家族のケアに使う時間は、専門医療や福祉分野のフルタイム勤務者の労働時間と変わらない[59]。女性は自宅で介護任務全般を担っており、それにより病気になって働けなくなってしまう人もいるのだ。長期にわたるケアは、女性たちを疲弊させる。誰かが声を上げさえすれば、女性が今まで以上に我慢し続けることは避けられるだろう、とリッレオースは2009年9月22日の「アフテンポステンス」紙で語った。リッレオースはむしろ女性たちが耐え続けているから、長期の休職率が増加しているのだと考えた。今の労働生活には、疲労から回復する時間や機会などなく、女性はいまだ家庭における責任を全面的に引き受け、最終的に慢性疾患に陥るのだという。

問題なのはおそらく、女性の賃労働に対する考え方でなく、ケア労働を担う人たちに対する世間の目だろう。リッレオースとリエンは記事の中で、労働環境研究所が障害をもつ若い従業員を対象に実施した際の「今こうして働けているあなたにとって、一番大切な人は誰ですか?」という質問に言及している。皆、「母親」と答えたのだ。子どもたちが社会のレールから外れぬよう、母親たちは休暇を取得する。時短勤務の女性が、早く家に帰って何をしているか、分かっていないのではないか? 女性が男性よりも疾病率が高いという事実にどんな複雑な背景があるか、十分に理解されていないのではないか? 時短勤務や疾病休暇が女性に多いのは、彼女たちが家庭内の主な責任を——洗濯といった家事労働だけでなく、甲斐甲斐しい家族へのケアも含めた責任を——負う事実と関係していると言えるのではないか?

政治家や一部のフェミニストたちは、女性たちが家庭にどれだけ身を捧げているか見逃しがちだ。しかし、多くの研究者や一部の労働組合は、目の前の状況に対し、全く別の見解を示している。女性の疲労、家庭と仕事の両立問題、疾病休暇への答えのいくつかは、誰かに気付かれることも、時間を計られて報酬を支払われることもない、見えないケア労働に隠されているのかもしれない、と。

ノルウェー統計局によると、過去20年間で、女性の雇用率は60%から70%に上昇した。こうして、仕事と家庭を両立する人の割合が増えてきた。ノルウェー労働福祉局が1989年から

2008年までの長期疾病休暇取得率の推移を調べ、女性がフルタイムの仕事をしながら家庭でもかつてと変わらぬ重い責任を担っていることが、疲労と病気を招く原因だという結論に達した。[60] 2007年5月に「ダーグブラーデット」紙に掲載された、市場調査会社MMIの調査からも、女性の4人に1人が毎週のように体力の限界を感じていることが分かった。[61] 子どもや家族からの期待が、男性よりも、女性の方が大きいことも原因となっていた。

高齢者介護は福祉国家が大部分を担っているものの、多くの金がかかるので、依然として女性が縁の下の力持ちになっている、と経済学修士のシャロッテ・コーエンは言う。[62] 女性は正式な介護士ではないのに、在宅介護や医療援助、親の弁護士あるいは管理人の役割を担わなくてはならない。介護サービスの形が変わる中、今でも女性が介護に関する仕事全般を担っている。

いわゆる頭脳労働で燃え尽きてしまった私の知人で、母はでもある彼女は、こう言っていた。

「私たちの身を始終すり減らすのは、仕事そのものじゃなくて、仕事のほかにしなくてはいけない家事と育児なのよ」

子どもと過ごすわずかな時間は、和やかで、楽しく、素敵なだけでは終わらないと皆、心の奥底で思ってはいないだろうか。洗濯や買い物や片付け、宿題を巡る親子喧嘩やクラブへの送迎、泣く子を慰めることや、子ども同士の喧嘩の仲裁に忙殺されてしまう。私は戦後の主婦について書かれた古い本を読み、仕事で疲れた夫がくつろげるような、静かで、お風呂上がりの子どもがいる環境を整えなくてはならなかった当時の暮らしに思いをはせる。夫のために癒やしの空間を用意し、疲れをとってあげるのも主婦の仕事だった。きれいに掃除された部屋に食事を運ぶ。現代の私たちは、仕事を終えて夫婦で顔を合わせる時には、お互い同じぐらい疲れ、子どもが幼い間は家に休息や癒やしなどほとんどない。

平日、家に帰ってからもやることは山積み。週末もくつろいでいる暇はない。家の掃除、買い物、修理、リフォーム、洗濯、片付け、ベッドシーツの交換、親子喧嘩にきょうだい喧嘩、なかなか寝ない子や病気の子の寝かしつけ、友達の家やスポーツクラブの送迎。その上、隣人の手伝いや祖母の家の掃除、窓拭きにトイレ掃除。宿題をしたがらない子どもを手伝い、日曜の朝6時に目を覚ました子どもの遊び相手をし、赤ん坊のベビーカーを押して散歩した後、今度は祖母の車椅子を押して散歩に出て、果てしない品数の夕食やお弁当、日曜の昼食を、魔法使いみたいに生み出す。これらをする間に、夜中に病気で嘔吐する子どもの世話をし、保育所へ急なお迎えに行き、片方に穴が開いた長靴に水が入るといけないので、新しく買いに行く。これらは仕事ではないのだろうか?

仕事と認識されなければ、家事や育児に疲れたと声に出して言うのは難しい。そもそも子どもや週末、余暇の時間にうんざりしているなんて言っていいのだろうか? きっと他人によい印象を与えないだろう。仕事と呼ばれないかぎり、政治の場でも日常会話の中でも、公共の場で見て見ぬふりをされてしまう。当時の多くの家族、特に女性は、夫が外で働いて自分が専業主婦をする旧来のモデルに、やや不満を感じていたのは明らかだ。でも、夫婦共働きという新しいモデルも同じく、人々の願いと一致していないのではないか？　伝統的に女性しか知らなくていいとされていた知識は、ほぼなくなった。歴史上、女性が担い続けてきたあらゆる仕事は図らずしも、軽視されてはいないだろうか？　自分や家族の洋服を縫い、ピクルスからソーセージ、ミートボールに至るまで一から料理を作り、編みものをし、掃除で清潔を保ち、整理整頓し、お祝いの計画や準備をし、クリスマスクッキーを焼き、年老いた家族の世話をし、一族の伝統を守り、子どもを日々の活動に参加させる仕事だ。女性は昔から、来客があるかや子どもがいるかは関係なく、家庭の雰囲気を和やかにする責を負ってきた。それは仕事とは見なされず、誰も一緒に家庭を守ろうとはしてくれない。女性の文化とは何なのか。あるいは賃労働が第一とされる文化で、女性の文化に何が起きているのか。重要な議論ではあるが、ここで掘り下げるには壮大過ぎる。それでもなお私たちが家事労働について、または家事労働がどのように論じられているかを考える際に、これらの問いを心に留め、少し悩んでみてもよいのではないか。

私たちの文化では、缶詰や粉末のスープの販売戦略を立てるのに数日を費やすことが本当の仕事と認識され、トマト・スープを手作りする方法を次世代に伝える行為は時代遅れと見なされる。インドで過酷な労働環境のもと女性が作る刺繍を販売しているだけの企業で、洗練されたオフィスのデスクに座り、コミュニケーション戦略を売り込む業務をすることは立派とされるが、自分や子どもの服を縫い、靴下の穴を繕うことは仕事と見なされない。これにはよい面と悪い面があるのだろうが、ともあれ現状はこうなのである。現代の生活は、実践においても、イデオロギーにおいても、仕事と家庭を完全に分離している。

家庭の仕事の両立に苦しむ男女は今、家ではくつろぐようにと忠告を繰り返し受けている。埃が舞っても放置し、窓がベトベトに汚れていてもそのままにし、バスルームがピカピカでなくても、食器を数日洗っていなくても、気にしてはいけない。完璧主義者になってはダメ。手作りの誕生日ケーキは諦めて店で買えばいい。マクドナルドで子どもの誕生日を祝えば、煩わしい家事をしなくて済む。教育ママになるものじゃない。ニッセ［北欧のクリスマスの妖精］の飾りなんて自分で作らなくても、スーパーで安く買える。家事代行を雇おう。棚を組み立ててくれる大工を探そう。

これらは、環境に悪く、不誠実で、持続可能《サステイナブル》ではない。それでも私たちは、このようなアドバイスをありがたく受け入れろと言われる。家に費やすエネルギーが減るほど、家の外の仕事に多くのエネルギーと時間を割くようになるのが道理というわけだ。

仕事とは何か。家での自由な時間とは何なのか。説明するのは難しい。洗濯機を回しながら4歳の子どもと歌っている時、あなたは休んでいるのだろうか？　テレビの前にようやく腰を下ろし、子どもと一緒に番組を観る時も、意識はいつ目を覚ますか分からない赤ん坊に向いているのでは？　父親が趣味でしていた日曜大工も、家族からあれを直して、これを直してとうるさくせがまれるようになれば、仕事に変わってしまうのでは？　家事というのは雑多なもので、ほかの作業に紛れ込んだり、同化したりする。シャロッテ・コーエンは、「第三者の基準」という概念を用いる。他人があなたのためにしてくれることは、仕事だ。あなたにできることは余暇を過ごすことだけ。ほかの誰かに家の垣根を剪定してもらえるが、庭での日向ぼっこは誰かに代わってもらうことはできない。しかし、これもまた混沌としている。庭仕事が安らぎだと感じる人もいれば、重荷と感じる人もいる。ある人にとってクリスマスの飾りつけが楽しくても、ほかの人にとっては義務なのだ。

70年代の女性は家事にまつわる数々の事柄について書き、議論したが、これまで見てきたようにそれらは嘲笑され、ないものとされた。どうしてそんな下らないことに無駄な時間を使うのか、と。自分で責任を負わない人は簡単にそう言える。部屋の隅にちょっとくらい埃が溜まっていても2秒もすれば気にならなくなるのだから。家事なんて簡単だと言うのは、片付けや拭き掃除を休まず頑張っていて、それらがいかに大変か身に染みて分かっている人に失礼だ。研究者でフェミニストのハンネ・ホーヴィンは30年前、こう記している。

「家事のレベルや段取りを批判する人は大抵、家事をしてもらっている人、家事がどんなふうに切り盛りされているのか知らない人たちです。批評家気取りの男たちは自分が外で業績を上げられるかどうかを判断基準に議論をしばしば行うのです[63]」

80年代のホーヴィンの研究により、専業主婦の母親は、足に子どもがまとわりつく中で家事をこなしていたことが分かった。外で働いている母親はようやく訪れた子どもとの時間を大切にするため、子どもが寝た後の深夜に家事をしていた。今は男性も女性も大半が同じ状況にある。

∴ 家事の大安売り

ノルウェー統計局は、家事は社会にとって貴重なものであり、お金に換算できるということを教えてくれる。2010年の無償家事労働をお金に換算したところ、6458億クローネになった。女性が男性よりも家事を多く担うことに変わりはなかったものの、男性も以前に比べれば、家事への貢献度は上がっていた。無償の家事労働をする男性の割合は44%で、2000年から2010年の間に5%上昇した。[64] 男性の家事参加は増えたが、相変わらず男女ともに時間に追い立てられている。経済的余裕のある人の間では、家事代行の利用が一般的になりつつある。家事代行は女性解放に寄与していると一般には考えられている。[65] 忙しい人が家事代行に頼るのは無理もないが、行き過ぎると、ご主人様と召し使いのいた社会に戻る恐れはないだろうか？　格差がさらに広がりやしないか？　あなたの家を掃除してくれる家事代行業者の家は、誰が掃除するのだろう？　民間の清掃業者が、あらゆる業界の中で最も規制が緩いことを忘れてはならない。[66]

ノルウェーでは2000年から2008年にかけて、オペアの数が6倍になった。ヨーロッパでは劇的な低価格（大抵の場合は違法だ）で家事代行サービスを提供する企業が後を絶たない。[67] 全世界の家事代行市場は、概して劣悪な賃金と労働条件を特徴としている。グロー・ハーゲマン教授と研究者のエーリン・ラーセンは、ノルウェー経済の多大なる繁栄は、ここ数十年における家事の不可視化と、新たな最下層階級の出現をもたらしたと書いている。[68]

「家事代行サービスの無秩序な隆盛は、有償家事労働の闇市場を膨れ上がらせた。結果として、通常の賃労働では与えられるはずの社会的権利をもたない、新たな下層階級が増加している」

つまり、研究者たちは、家事はいまだに公式な市場経済からつまはじきにされていると言っているのだ。

ここで問われるのは、有料家事サービスの利用がフェミニズムの観点から見てよいことなのか、それとも女性間に大きな格差が生まれるのか、ということだ。サービスの提供者と利用者は、Ｗｉｎ－Ｗｉｎの関係にあるのだろう。貧しい国からノルウェーに移住してきた女性は働く機会を得られ、ノルウェー人たちはキャリアに邁進《まいしん》したり休暇を取ったりできる。それでも、女性の社会的地位の観点から、問題が全くないわけではない。他人の家を掃除する女性を男女平等の闘いに導き入れ、ともに声を上げさせるのは、フェミニストたちにとって難題だ。まずは、互いを同志《シスター》と見なすところから始めなくてはならない。

ノルウェー統計局によると、ノルウェーの20世帯に1世帯が、家事代行をすでに利用しており、４人に１人が家事代行を利用したいと考えている。２０００年には、幼い子どもがいる両親のうち6％しか家事代行を利用していなかったが、今では13％にまで増えている。幼い子を持ち、家事代行を利用している家庭の35％が、少なくとも週に1度は家事代行サービスを利用していると答えた。また58％が月に2回利用していると答えた。[69]

研究者のヘレーネ・オーシェットゥは警告している。「主婦のいる家族がなくなって数十年が経つ今、家事は忘れ去られてしまったようです。この流れが、ジェンダー中立的な家族の責任分担や専業主婦文化への回帰、あるいは召し使いの再導入に向かうのかどうかは、議論の余地があります[70]」

私たちは召し使いのいる社会を望んでいるのか、たとえほかの女性に自分の日々の仕事をしてもらうことになっても、家事労働という仕事を外注することがフェミニズムに適《かな》うのかは定かではない。他人の自由を犠牲にして自分を解放することにならないか、考える価値がある。家事労働を自分が外注することで、家庭と仕事の両立が難しい背景や、毎日およそ8時間働くことの困難さを理解できない社会階層も出てくるだろう。

社会階級というのが今なお存在しており、今後さらに顕著になっていくのだろうか。寒い朝、暖房で温められた車に駆け込み、職場の駐車場まで移動。オペアがお迎えに行ってくれた子どもが、ピカピカに掃除された部屋で待っている家に帰る「上層」の生活。雪の中ソリに乗せた子どもを引っ張って保育所まで連れていき、反対車線のバス停で満員バスに乗り、とうとう座れることなく職場に着いてしまうのとは異次元の日常だ。仕事が終わればまたバスに乗り、買い物袋を引きずりながら家に戻るや、テーブルに置きっぱなしの朝食を片付けなければならない。赤ん坊が寝たら休む暇なく食器を洗い、片付ける。

スウェーデンでは、掃除や部屋のペンキの塗り替えといった家事代行サービスの利用は課税が控除される。こうして生活の日課すらサービス市場の一部となる。家事がもたらす「経験」はどうなるのか、とスウェーデンのフェミニストで作家のニーナ・ビョルクは問いかける。家事が人間としてのあり方を教えてくれるものだとしたら？[71] 自分で家を掃除すること自体に価値があるのだから全ての人に取り組んでほしい、とビョルクは願う。家事は私たちに責任を果たすことを教えてくれる。また子どもに家の手入れの仕方を教える。這いつくばってソファの下を掃除するのがどんな感覚なのか、床の汚れを落とすのがどれほど大変かも。肉体労働がどれほど大変かを体で感じ、達成感を味わってほしい。誰かに仕《つか》えてもらい、掃除してもらえることは、社会にとって確かに重要だが、家事をしてもらう側の人たちが他人に奉仕し、掃除することは決してないのだ、とビョルクは言う。[72]

理想的な家庭とは、風通しがよく、お洒落できれいな場所であり、理想的な母親（と理想的な父親）とは、くつろぎ、環境に優しい服を着て、裸足で走り回る子どもと知育遊びをし、夜は真っ白なソファに座り、ハーブティーを片手に外の景色を楽しむ（言うまでもなく自分だけの景色である）、そんな親である。だが、次のような光景が、大半の家庭の現実ではないか。

通学かばんに入れっぱなしの学校のプリント、汚れた弁当箱、汚れた体操服。しばらく開けられていない郵便受け、テーブルに積まれた新聞、長椅子の上に散らかった広告。床にぼろぼろとこぼれた夕食。汚れたコップが置かれた食器洗浄機。床一面に溢《あふ》れ返ったおもちゃ。窓枠に溜まった厚い埃の層。靴跡の付いた廊下。暗闇を怖がる子どもを寝かしつける途中で、化粧も落としていないのに一瞬で寝落ちしてしまったあなた――。

２００９年に出版された『女性の仕事』を編纂したカーレン・クリステンセンとリーヴ・ヨハンネ・シュルテヴィークは、序文の中で、女性の家事とケア労働は――女性たちの間でも、政治においても――軽んじられ続けていると指摘している。家で女性たちが担う家事労働は社会的地位が低いゆえ、看護師や准看護師、介護士、障害者支援員、学校や保育施設の教育指導員など、家の外のケア産業も低く扱われ、賃金がなかなか上がらない。

『女性のしごと』に寄稿したアン・ニルセンとアンネ・マーリット・スカースビュは、男女平等政策と昇進の論理には多くの共通点があるが、家庭に優しい政策と仕事の論理にはさらに多くの共通点があるのかという問いを提示する。男女平等政策は、キャリアと地位の高い仕事を求める女性の生活にぴったり合うため、彼女たちに支持されている。他方で、自身の成長や昇進が望めない一般的な仕事をする女性は、自分たちをさらに手厚く支援してくれる仕事と家族向けの政策を求める傾向がある。

出世街道を進む従業員と一般的な仕事をする従業員にインタビューしたところ、出世の道や昇進のチャンスに自ら言及したのは、男性のみだったと研究者は述べる。ということは、出世や昇進を望むのは男性ばかりで、女性は子どもや家のことばかり考えているのだろうか？　もしそうなら、私たちがよく耳にしてきた主張を転換させ、こう言うことができるのではないか。「男って可哀想！」選択肢があると言われていても、実際はないし、子どもと過ごす時間も、家で過ごす時間も逃している。なのになぜ女性に対し、男性と同じ選択をしてキャリアの道を進むよう、機械的に求めるのだろう？　ガラスの天井など破ったところで、どうせ頭にガラスの破片が突き刺さり、痛みに苦しむ羽目になるのに、なぜ破らなければならないのだろう？

　私たちフェミニストも、お金はあらゆるものの中で最も価値があり、自由への唯一の道であると見なしていないか自問した方がいい。そうだとしたら、私たちは自分とは違った人生を送る人たちを考慮に入れず、偏狭な自由という概念に基づき行動していることになる。

∴　外で働けば天上人

　ストレス・フルな生活を送っている人が立派と見なされる業界もある。職場で重要な会議をこなし、クラブ活動に一つ二つ子どもと参加した後、仕事上欠かせない夜間の人材育成・教育セミナーを受講するという多忙な日々について、人々は得意気に話すことだろう。ファッション誌は、キャリア女性の読者が日々ストレスを感じているのを前提に、どうしたらストレスを減らせるかを指南する。ストレスに耐えることでキャリアを得てもらい、これら雑誌が宣伝する商品を購入するのに必要なお金を稼いでもらう。

外で仕事をもつことが天に届くほど高いステータスで、先に述べたような生き方が期待される私たちの文化では、ちょっとしたことですぐに怠け者呼ばわりされ、一人自責の念に駆られたり、人前で弁解させられたりする羽目になる。時短勤務のゆったりした日々、退職または降格、労力の少ない職種への転職を選択しようものなら、たちまち怠惰で不真面目と見なされる。ワーク・ライフ・バランスが取れ、子どもや友人、家族との時間が増えるという選択は称賛されない。それどころか男女平等へのアンチテーゼと見なされる。

男女平等と女性解放の闘争で、なぜフェミニストや女性運動のアクティビストたちは、家族や親としてのあり方、育児や介護、地域社会に目を向けられないのだろう？　男性中心の労働組合運動が、組合員の労働条件についての議論で、家族との時間の必要性をはっきり表明したとしても問題にはならなかっただろう。功績を称えられるべきは、勤務時間の短縮の必要性について声高かつ明確に述べた公務員労働組合員のヤン・ダーヴィットセンだ。ノルウェーの自治体に、大勢の女性職員を配置したのも、ダーヴィッドセンだ。

新たな政策を必要としうるEU加盟国も、新しい家族の形に重点を置いている。大半の家族が離婚し、育児の責任を一人で負い、人を傷つきやすく不安定にさせる。この不安定さは残念なことに、現代のヨーロッパの労働市場にも当てはまるもので、政策の足かせとなっている。[73]

EU加盟国は、南半球で暮らすフェミニストが喜ぶような北欧を模範にした男女平等モデルに意識的に取り組んでいる。多数のヨーロッパ人女性が、ノルウェーに住む私たち以上に仕事と家庭の両立に困難を感じ、解決に努めている。欧州委員会は国境を越えたプロジェクトに資金を割り当てているが、この両立の困難の解消に向けての取り組みは、欧州内でかなりのばらつきがある。女性運動のもつ力や、人口統計学のパターン、経済が影響するからだ[74]。しかし仕事と家庭の両立は、依然としてEUでは個人の問題として捉えられていると言える[75]。政治学の教授、ヤンネ・ホーランド・マトラリーは、EUの課題を次のように総括している。

「欧米では、男性と同様またはそれ以上の学歴をもち、家の外で働く女性の割合は、増え続けている。それにもかかわらず、働く女性が母親ではないかのような労働生活の営まれ方は変わらない。幼児の父親は雇用主に対し、労働者と父親の役割を両立できるよう配慮を求め始めているが、いまだに父親が家族義務を負担していないかのように労働生活は営まれている[76]」

女性が働いているからといって、必ずしも権力をもっていたり自立したりしているとは限らない、とノルウェーで博士号を取った[77]トルコ出身のスメルは言う。何より必要なのは、ケア労働の価値を認めることだ。つまり、ヨーロッパの社会主義的側面を強調するべきだ。社会正義と平等のどちらに対しても責任を取ろうとしない「市場の見えざる手」から、私たちは自分を守らなければならない、と。またスメルは、まるでロボットのように休まず、文句を言わず、正確に作業をこなす理想の労働者像を、ケア労働の義務を負う男女に切り替えるべきだ、と結論づけている。これは比類を見ない難題だが、私たち男女両方の未来は、この難題の解決なしには拓かれない[78]。

∴ 一日6時間労働――仕事を減らし、長生きする

一日6時間労働は、古くからある労働条件であり、女性の要求としてよく知られている。ノルウェー労働総同盟の元責任者、ギャルド・リーヴ・ヴァッラは次のように述べている。

「労働時間を一日6時間、あるいは週30時間に短縮するのは、次なる大きな改革に違いない[79]」

この要求に執着することは簡単だ。ほかの議論が始まらないかぎりは。

今さら言っても仕方ないが、6時間労働の実現に着手しないまま、1歳児向け保育を拡充するべきではなかったのかもしれない。幼い子どもを保育所でこれまでより長い時間、過ごさせるのであれば、それと並行して政治が労働状況の改善を呼びかけるべきだったのではないか？

私たちは今、いささか後れをとっている。現状の政策を受け入れて改善を望まない人々と具体的な解決策を議論することはできておらず、女性の病欠や家庭と仕事の両立といったテーマが再び議論のテーマに上がる。しかし、遅過ぎることはないし、幸いなことにノルウェー労働総同盟は今も小さくはない影響力を持つ。２０１３年3月、労働総同盟の副議長のギャルド・クリスチャンセンは、総同盟の代表者委員会に属する女性の過半数が、6時間労働は幼い子どもを持つ女性の労働参加を可能にする重要な条件と認識している、と述べた[80]。

1930年に経済学者のケインズは、「わが孫たちの経済的可能性」というエッセイを書いた［『説得評論集』（1969年、ぺりかん社、宮崎義一訳）および『ケインズ全集第9巻』（1981年、東洋経済新報社）に収録］。ケインズはそのエッセイの中で、先進国の生活水準は100年後、4倍から8倍になるだろうと予測した。この予測は現実のものとなりかねない。さらに、労働時間は将来、減るとも予測した。2030年には、人間の労働力の大部分が機械に取って代わり、一日3時間のシフト制や週15時間勤務が可能になって、人々は基本的欲求を満たせるようになる、と考えた。しかし、そうはならなかった。機械は生産量を増やすために使われたが、それに反比例して人の手作業が減りはしなかった。[81] なぜ私たちは増加した収益を、生産や効率性、消費以外の利益のために使わないのだろう？[82] 私たちが進歩だと考えるもの、生産的であると考えるものについて、考え直すべきなのかもしれない。

ケインズが一日3時間労働を夢想していたほぼ同時期の1931年、労働総同盟は初めて一日6時間労働の要請をしたが、80年代以降、その闘争は沈静化した。

1900年代初頭に、ノルウェー初の女性工場監督官であるベッチー・シェルスベルグが、一日の労働時間として適切なのは6時間だという説を唱えていた。このような主張が初めて掲げられたのは、1926年5月1日、スウェーデン国境付近のスリチェルマでのデモだった。スウェーデンでは、1950年代に、女性アクティビストのアルヴァ・ミュルダールが一日6時間労働を提唱した。70年代に本格的に議論されるようになったこの要求が、女性による女性のための要求だったのは、女性が負っていた育児や家事という責務が、職業生活と両立するには重過ぎたが故《ゆえ》だった。

この要求を支持し、保守層を含めた女性たちが女性運動に集結したが、その際も賃金の全額保障までは求めなかった。[83]「私たちは日々を生きたい！」というスローガンの下、1977年と1981年に開催された労働総同盟大会で、退職年齢の引き下げ、有給休暇、出産育児休暇の延長といった要求よりも、一日6時間労働が最重要事項とされた。すなわち、予期される疲労を回復するための休暇延長といった保障より、よりよい日常生活が選ばれたというわけだ。1985年の大会で、ようやく賃金全額保障の6時間労働が実現した。80年代には、6時間労働という要求が様々な団体によって積極的に掲げられた。

ところが、この要求は間もなく、商店の夜間や深夜営業の奨励といった文字通り「開かれた」社会を望むヴィロック政権［1981〜1985年］からの反対に遭った。6時間労働という要求はその頃には、あまり耳にしなくなっていたものの、赤緑連合の初の政策指針で再び出現した。連合は6時間労働の実現に貢献すると約束した。しかしこの構想は、300人の年寄り議員の勇み足で終わってしまった。意欲も熱意もほとんどありはしなかった。どうしてだろうか？

6時間労働が実現すれば、労働時間が短縮されるだけではなく、子どもや家族に費やす時間も増える。社会を根底から変革できる。仕事と余暇のバランスを多くの人たちが取れるようになり、子どもたちが保育所や学校で過ごす時間を短くできる。一日6時間労働は、最も必要とする人々——つまりは、障害者年金を一番先に受給する確率が最も高い肉体労働に従事している女性——の日々の負担を軽減する。シングル・ファーザーおよびシングル・マザーとその子どもの生活も楽にするだろう。一日6時間労働が実現すれば、時短就労者も、フルタイムの仕事と育児を両立できると感じるようになるかもしれないし、男性の多くは家庭に一層リソースを割けるようになるだろう。ところが労働時間の短縮は、ルーティン・ワークをする肉体労働者、あるいは低学歴の人々——つまりキャリアにならない仕事をただこなすだけの人々——からの支持を得る可能性が高く、キャリア・アップを熱望する能力の高い人たちからは反発を買うかもしれない。発言力が最も強く、世論形成に大きな役割を果たす層は、稼ぎが多く、労働時間に融通がきき、仕事に余裕があり、職場で楽しく過ごしている人々でもある。労働時間短縮の必要性を縁遠く感じる人がいて当然だ。

労働組合トップのヤン・ダーヴィッドセンは、2008年にマグンヒルド・フォルクヴォードとエッバ・ヴェルゲランらによる著書『一日6時間労働——第2の福祉改革?』の序文にこう書いている。

「大半の人が、一日6時間労働のような改革に費やす余裕はないと言っています。それに対する私の答えはこうです——あるに決まっている。多くの人の居場所を確保し、労働者の健康を害さないような労働環境をつくる余裕がないわけがないのです。私たちには、環境や自然への負荷を減らすための提案に協力する義務があることには、疑いようもありません。この政策をより広い文脈で捉えるのであれば、労働時間を短縮することは間違いなく可能です。一日6時間労働は消費をこれ以上増やさず、福祉向上のための団結に私たちを導く政策です」

実際には、ノルウェーの母親の多くが、時短勤務という形で一日6時間働いているが、賃金の全額保障はされず、受けられる社会保障や職業の選択肢も限られている。私たちは選択の自由をもっと言われているが、不思議なことに今でも私たちは、昔の男性と女性がしてきたのと変わらない選択をしている。男は主に外、女は主に家にいるという選択を。この選択によって、女性は経済力を失い、男性は仕事に依存してほとんど家にいなくなる。これを矯正するため、こんなレトリックが出回っている、「男も女も頑張りましょう。女性はもっと外で働き、男性はもっと家事をするようにしましょう」——。もしも男女ともに新たな政策が与えられたら、どうだろう？　先に述べたように、労働時間の短縮は、女性のフルタイム就労率を上昇させ、男性を家族のもとに帰す最善の解決策になりうるだろう。また一日6時間労働によって、労働者たちが家族を尊重できるよう労働生活を変えていける。現状はその逆で、労働者たちの方が、厳しい労働生活をこなせるよう順応を余儀なくされている。労働時間の短縮は、大人が職場で過ごすよりも長く保育所や学校にいる子どもたちの日常生活も楽にするだろう。

もう少し壮大に、そして野心的に考えてみよう——労働時間の短縮が、私たちを徹底的に変えるとしたら？　周りの人と過ごす時間が増え、私たちが突然、互いをもっと大事にするようになったら？　十分に考える時間が増え、聡明になったら？

労働生活に大きな変化をもたらそうという野心と情熱は、確かに一定期間存在した。

1977年から81年にかけて、左派社会党は政府の計画に、あらゆる権利が付随する6時間労働と、時短勤務制度の円滑な導入を盛り込んだ。党は、労働組合が残業を拒否し、育児休暇の延長として、幼児のいる親の労働時間を削減することを望んだ。一日6時間労働のような福祉改革は無理だと考えているノルウェー経営者連盟（NHO）でさえ、企業に導入試験を許したのは、結局のところ「労働の柔軟性」を支持していたからなのだ。[84]

専門職連盟（YS）は、2012年秋に、幼児を持つ両親の6時間労働を提案した。感心する態度ではあるが、雇用主はすでに子を持つ従業員への支援が負担になっていたので、名案とは言えない。一日6時間労働が幼児を持つ両親のみに適用されるなら、職場にとって、親たちはあまり好ましい労働者ではなくなってしまう。これを社会が前進するための第一歩と考えることもできるが、理想を言えば、全ての人のためのより大規模な労働改革として一日6時間労働を導入した方がよい。

問題は、ノルウェーの財政にそんな余裕があるかだ。2008年、ノルウェー統計局は、一日6時間労働の導入にかかる費用を推計した。[85] その結果によると、一日6時間労働を導入した場合、2020年から2050年の間に、国内総生産が5～10％ほど減少する。（しかし、その期間、それまでの国内総生産は2013年時点から2倍になるとも予想されている）それでもなお一日6時間労働を導入した場合、2009年から2050年にかけて111％経済成長する可能性がある。ノルウェー経済がこのような労働改革に耐えないという根拠はどこにもないのだ。

およそ90年前にノルウェーで一日8時間労働の導入が議論された際、右派と事業主たちは、8時間労働が法律で定められればノルウェー経済は崩壊すると主張していた。それ以前は長らく、労働者たちは一日10時間以上働いていたが、法律によって多くの労働者の労働時間が一日8時間に減ったが、ご存知の通りノルウェー経済は崩壊せず、企業も倒産しなかった。[86] 90年の間に、労働時間は8時間から7時間半にわずかに短縮された一方、1990年から2005年にかけて、母親と父親の週平均労働時間は2時間増えた。[87] これまで見てきたように、労働時間の分配は不均衡だ。男性の大半は週40時間以上働き、女性の半数は時短労働。週30時間の時短労働は、6時間勤務した場合の週の合計労働時間に比べてはるかに短い。

一日6時間労働によって、より多くの女性がフルタイム勤務の機会を得られ、より多くの男性が時間外労働からまぬがれて家庭で過ごす時間を優先できるようになると期待される。女性にも男性と同じだけの労働機会を与えることで、利益を男女平等に分配できるようになるかもしれない。これは労働時間の男女均等化や、男女の賃金格差解消を促す最大の男女平等計画となりうる。母親と父親が平等に、子どもとの時間を過ごせるようになるのだ。

今の父親にも、課題は残っている。多くの男性が、出世を目指す稼ぎ手の旧来の役割と、家に長くいる父親という現代的な役割との二つに引き裂かれそうになっていることだろう。二つの役割の相性は悪い。彼らの出世は、「パパにもクラブ活動に来てほしい」とせがむ子どもの期待をなかなか満たせない。社会学者であるブリータ・ブングムは、2008年の博士論文で、現代の子どもや若い世代は父親に対し、フットボールの試合や体操発表会を見に来てほしいだけでなく、夕食の時間帯にはもちろん家にいてほしいと感じている、とした[88]。ある調査によると、男性の40％が、職場からの要請で自分の希望以上に多く働いていることが分かった[89]。男性が限度を超えて働き過ぎてしまうのか、それとも職場が頻繁に人手不足なのかは不明だ。

一日6時間労働の賛否は、経済的理由というよりも、政治的な意見の不一致、または個々人の価値観の問題だ。仮に一日6時間労働で、疾病による欠勤や病気や障害で働けない人の割合が減り、国内総生産が著しく下がったとしても、6時間労働によって新たに得た自由時間を人々がいかに使うかを知る術《すべ》はない。6時間労働についてのあらゆる主張は、人々の推論に基づいている。政治についても同じことが言える。

男女ともに、外での仕事と家事・育児で追い込まれているが、労働時間の短縮を求めてきたのは、主に女性と女性運動だ。スウェーデンの研究者マリー・ノルベルイは、男性はいまだに、労働環境が家庭に責任を負わない彼らを念頭に設計されていることを自覚していないと言う。男性は、女性と団結して状況を変えようとはせず、家庭と仕事の両立について個人的解決策を見出そうとすると、ノルベルイは言う[90]。本当なら、残念な話だ。男女の団結なくして、このような労働改革が達成できるわけがない。

かつて労働時間の短縮を支持していたのは、元労働党議員で、男女平等評議会の副議長のシグビィーン・ヨンセンだった。1982年にヨンセンはこう述べた。

「一日6時間労働の課題を、単なる労働時間の短縮に矮小化してはならない。別の生き方ができる新たな社会の希求が原動力になるのだ。（中略）6時間労働の要請には、さらなる寛容さと、より良質で思いやり溢《あふ》れる社会という、未来への希望が込められている」[91]

ヨンセンはまた、2008年に出した『一日6時間労働――2番目に大きな福祉改革？』の中で次のように明言している。

「私たちが物質的豊かさを手に入れた今、一度立ち止まって、賃上げより生活の質に目を向けられないだろうか？ 地球全体や気候も視野に入れる必要があるのではないか？」[92]

2005年12月6日の「階級闘争」紙で、オスロ大学の歴史学教授のクヌート・シェルスタードリは、労働時間の短縮には困難が伴うと記している。例えば、集会や労働組合結成の根拠が失われるかもしれないし、同僚と問題について議論する時間や、単純に楽しむ時間がなくなるかもしれない。皆にとって仕事が、できるだけ早く逃れたいものになったらどうなるんだろう？ 一日6時間労働が採用され、人々が柔軟さを備えるようになり、各人が異なる時間に働くようになったら、社会に何が起こるんだろう？ これらは重要な視点であって、労働時間の短縮を十分に考慮した上で議論する必要がある。この議論が容易でないのは明らかであり、見極めなければならない事柄が多々あるからだ。きちんとした対話を始めなければ答えを見つけることはできない。

∴ 世界におけるノルウェー
——労働時間が少ないのは、不公平？

ノルウェーでは、一日6時間労働が議論されているが、世界には、8時間労働の権利もいまだ獲得できていない労働者が数百万人もいる。世界の5人に1人は、週に48時間以上働いている。[93]

ノルウェーの労働者は、自分たちがさらなる労働時間の削減を求めることをどうしたら正当化できるのだろう？　ほかの国とさらに差が開き、不公平ではないか？　それとも、ノルウェー経営者連盟ＮＨＯが懸念するように、労働時間の短縮によって競争力が低下してしまうのだろうか？　ＮＨＯが立場上そのような評価と懸念を示すのは自然なことだが、彼らと関心領域が異なる私たちは、別の視点をもてるかもしれない。

一日6時間労働は、団結と環境の両方の観点から捉えることができる。例えば、労働時間が短くなると、誰かと一緒に旅行しやすくなる。一分一秒を争うほどの多忙さが解消されれば、車で職場に向かう代わりにバス停で十分待ったり、保育所まで歩いたりする余裕ができる。労働時間を短縮すれば、雇用人数を増やせる。企業によっては、今より多様なシフトを設定することができるかもしれない。より多くの移民労働者を受け入れられ、ノルウェーよりも失業率が深刻な他国の手本になれる。

一日6時間労働は、さらに大きな問題とも関わる。ノルウェー労働総同盟にいたギャルド・リーヴ・ヴァァッラの言葉をここに引用する。

「6時間労働は、よりよい生活という目標や、女性運動、労働組合運動、環境運動が団結できるというビジョンと密接に結びついています。(中略)矢面に立つ人たちは、笑われてもどうか耐えてください[94]」

労働時間の短縮を推し進めるには、嘲笑に耐えなくてはならない。賛成、反対の両者と議論したい派の私としては、このような嘲笑に遭うのは残念だ。ともあれ、家庭と仕事の両立について、よりよい解決策がありそうな気がする。環境問題や金融危機の解決策も。もしかすると、私が気付いていないような反対論、もしくはまだ世の中に出てきていないような優れた賛成論があるのかもしれない。一日6時間労働は、解決策として万能ではない。大多数の人にとっては、解決策ですらない。自宅で育児義務を負う人にとっては、移動にかかるプラス1時間でも過酷なのだから。少なくとも一定期間、もしくは短時間、自宅で幼い子どもの世話をすることは、常に人生の選択となりうる人もいる。人生の一時期で、孫や高齢の親の両方とものの世話が必要になる人もいるだろう。万人にぴったりの形など存在しない。それでも私は、6時間労働が日常生活をより楽にし、大勢の人たちのストレスや疲労、不安を軽減してくれると信じている。

∴女性の労働はなかば義務？

ノルウェーは特異な国といわれている。男女平等と女性の権利については特に。ヨーロッパの他国とノルウェーを比較すると、確かにそんな気がしてくる。ヨーロッパの家族と大した差はないと考えていても、育児と仕事の両立については大きな違いが見られる。例えばドイツ人とイギリス人の母親は、理想とされる「外で働く」母親像ではなく、「家で働く」私たちの母親や祖母に近い暮らしを送っている。

私たちノルウェー人が高い就業率に下支えされた高福祉を維持する間に、ほかの国々では市場経済が逼迫し、経済危機が起きている。多くの国では、社会福祉の欠如が、専業主婦が多い原因となっている。彼女たちの多くは、働きたいと思っているはずだ。

アイルランド人のメアリー・デイリーは、ヨーロッパの家庭と労働生活を研究している。デイリーは2005年に、ヨーロッパの家族構造の変化について記事を出した際、「ヨーロッパの家族政策は、労働市場政策に注力されつつある」と書いた。[95] 簡潔に言うと、これらの政策は、ワークフェアや家庭生活の改善よりも、人々を就労させることを重視している。

共働きが理想とされてはいるが、実際のところうまく機能していない。これは政府が共働きを可能にするような福祉制度（保育施設含め）を提供できていないか、家庭が共働きという家族モデルに従おうとしていないからだろう。専業主婦になりたい、または専業主婦の妻を持ちたいという人もいる。いずれにせよ政府は理解していない、とデイリーは言う。働きたいと願う女性には、子育ての手や職場からの補償が足りず、専業主婦の女性は、疾病手当を含む保障の面で経済的に非常に弱い立場にある。

西欧社会では、高学歴家庭の両親が2人でフルタイム勤務する傾向が見られる。一方、デイリーは、ヨーロッパの主婦を切り捨てるのは時期尚早だ、と強調している。ドイツでは52%の家庭が、男性が外で働き女性が主婦をしているが、自ら望んでそうなった家庭はたったの6%だった。[96]人々の願望と実態は、ずれっぱなしなわけではないだろう、とデイリーは言う。

ヨーロッパの女性は概して、育児と家事を男性の2~3倍担っている。現代の女性にさらなる負担をかけてしまうことは問題だ、とデイリーは書く。女性は今も二つの世界の両立を困難だと感じている。この背景には、体力が消耗するだけでなく、家庭と仕事に引き裂かれるという激しい葛藤があるようだ。大半の女性が、子どもが幼いうちに働くべきかどうかを決める際、今以上に期待できる選択肢がほしいと考えていることが調査結果から分かるという。

スカンジナビアを含むヨーロッパの家族形態は、実に流動的かつ多様で独特なため、全ての家族を包摂できるような政策を講じるのに国は四苦八苦している。ある人に適した社会福祉は、ほかの人には適さないかもしれない。かつて失業保険や疾病手当は、危機を避ける上で必要とされていたが、今のヨーロッパの家族は、別の形の危機にさらされている、とデイリーは述べる。子どもがほしいか夫婦で話し合う際に、そのほかの人生設計も鑑《かんが》みて判断する必要がある。仕事やキャリアといった人生の目標を叶えつつも、子どもを持つことはできるのだろうか？　調査によると、大半の夫婦が本当はもっと子どもを多く持ちたいと思っていることが分かった。デイリーは、経済発展は子どものいない夫婦によって支えられており、子どものいる夫婦との間で、収入格差がさらに広がってきているとした。充実した生活を送るには2人分の収入が必要であるが、子どもがいる世帯では1人または1・5人分の収入で生活するのが普通だ。こうして子どものいる家庭は、経済的に後れをとることになる。

デイリーはこう疑問を投げかける。家族政策はどうして労働政策と化したのだろう？　デイリーは家族と仕事をより調和させることが家族政策の目的だ、と言う。仕事によって家族で過ごす時間が阻害されないようにする一方で、家庭が仕事の邪魔にならないようにする。これは理想の家族像が変化してきたことを意味する。優れた家族とは、両親ともに仕事と育児の両方に責任を負う家族、つまり両親が二重労働を背負う家族とされる。これがノルウェーのワークフェア――仕事の成果によって受けられる社会保障が決定される――なのだ。やはりヨーロッパの一部の家族政策や労働政策では、共働きがスタンダードとされている、とデイリーは述べている。家族政策が家族の貧困対策をはじめとした社会政策の一部と認知されていた時代は、共働きがスタンダードではなかった。

デイリーの書いていることの多くは、「理想像」であるように聞こえる。共働きをし、収入を得る以外にも、貧困を防ぐ方法はあるはずなのに、と。言い換えれば、共働きモデルはとてつもなく厳しいものなのに、私たち一人ひとりに無限の選択肢があると説く矛盾を指摘している。先に述べた通り、貧困のない高福祉国家が、両親のフルタイム勤務なくして成り立たないのであれば、選択肢が無限にあるとは言えない。家族政策で一つの家族形態に重点を置くと、対象が絞られてしまう。ヨーロッパの家族が今日、三つの分野で失敗していることを意味する、とデイリーは言う。第一に、以前のようには子どものいる家庭といない家庭の平等に焦点が当てられなくなった――子どものいる家族の貧困防止が優先されなくなったのである。第二に、家族政策で、女性の出生率の低さがあまり注目されなくなった。第三に、国家は家庭生活の質が向上することに興味がない、またはそれを望んでいない。人々は、家庭と仕事の両方に割く時間を確保するために大幅な妥協をしている。政府の関心は、市場と家庭外の生活――特に女性にとっての――に集中している、とデイリーは書く。家族を優先して生活したい人々の理想を叶える気は、政府にはない[97]。南半球で暮らす女性《シスター》たちに比べ、はるかに多くの権利と優れた制度に恵まれている（これらを維持し改善するために闘わなくてはならない）ノルウェーでも、この現状だ。

ノルウェーの女性は、他国の女性から見れば、夢のような生活を送っており、私たちは実際、恵まれている。でも、「ノルウェーは完全に男女平等です」なんて、事実とは異なることを吹聴するべきではない。男性が地位の高い仕事に就き、高い収入を得る一方、女性は時短勤務をし、家のことを主に取り仕切っているのだから、依然として男女不平等なことはほかの国々と変わらない。

私たちはヨーロッパを進歩的で現代的と捉えがちだが、このレトリックの裏には別の現実が潜んでいる。EU加盟国の女性就労者の割合を示す経済協力開発機構(OECD)の表によると、イギリスはスロベニアとドイツを下回る15位とされている。[98] イギリスでは保育所が不足し保育料も高く、残業が慣習化して労働時間が長いことから、女性たちは仕事と育児の両立をしたくてもできない。女性の有職者数は1980年以降ほとんど変わっていない。子育てを外注しながら時短勤務するぐらいなら、専業主婦でいる方がかえって楽だ。OECDの推計によると、イギリスでは100万人の女性が、仕事と家庭を両立できるように社会はなっておらず、自分や家族のために十分なお金を稼げずにいる。これが、過去40年間で、女性フェミニストが世界的に有名になった国の現状だ。家庭と両立可能な労働時間で生活できるだけの賃金を稼ぐのは、多くのイギリス人女性にとっていまだ達成できていない夢なのだ。ロンドンのお洒落な通りで、自分たちとよく似た見た目のイギリス人に混じってクリスマスの買い物をしていると、そんな状況をつい忘れてしまいそうになる。

ヨーロッパの中でもう一つ特異な国はオランダだ。この国はイギリスやドイツと——そしてノルウェーとも——一線を画す。心理学者のエレン・デ・ブルーインが書いた2007年刊行の『オランダの女性は鬱にならない』の中で奇妙な事実に遭遇した。この本に言わせれば、オランダの女性はあまり働かず、男性よりも劇的に賃金が低く、管理職に就く女性の割合も少ないようだ。女性の68%が週に25時間の時短で働いている、と著者は言う。不思議なことに、彼女たちはこの状況に大いに満足しているという！　時短で働く女性は幸せで、鬱になることもほとんどない、とブルーインは言明している。オランダ人の幸福度が第1位であるというデータで彼女はこの主張を裏付けている。

オランダ人女性が時短労働に満足していることは、女性のフルタイム労働の促進を図る国の方針とは逆行している、とブルーインは述べている。大半のオランダ人女性は、フルタイムで働く女性たちに同情しており、実際にフルタイムで働く女性は10%に満たない。時短就労者のうち、もっと働きたいと考えている人はわずか4%。母親は子どもが自立した後も時短で働き続けている。多くの女性は収入が低過ぎるため、離婚しても自活できないが、それでも時短就労を守ろうと闘っている。2000年には、雇用主からいかなる懲戒処分も受けず、時短勤務に切り替えられる権利が法律で保障された。オランダの女性たちにとって、仕事と家庭の両立とワーク・ライフ・バランスの調整は、彼女たちが疑念の目を向ける出世コースを歩むことより重要なのだ。

他人の選択は示唆に富んでいることが多いが、彼女たちの人生を分かっているのは本人たちであって、私たちではない。ただ一つ言えるのは、時短勤務制度は危ういということだ。

ブルーインの本の出版後、オランダも経済危機に見舞われた。保育料は高騰し、時短で働く女性たちは金銭的余裕を失った。失業の波に真っ先に飲み込まれるのも彼女たちだった。仕事が全てじゃないという女性たちの意見も分かるが、経済危機の時代に時短勤務では心許ない。危機に強いのは、男女両方の6時間労働であって、これは仕事に専念したい人と趣味に多くの時間を割く人の両方に、ゆとりを与える手段にもなるだろう。様々な研究から、私たちが自由な時間をもっとほしいと思っていることが分かった[99]。政治家や労働組合は、なぜこれを実現しようとしないのだろう?

イギリスの歴史家、エドワード・P・トムスンは、19世紀末の産業化の影響が最も小さかったのは、女性労働者だったと書いている。産業化を受け、労働者は時計通りに仕事をしたり、食事をしたりするようになった[100]が、女性たちは子どもやほかの家族の都合に合わせなくてはならないから、これを嫌がった。労働中心のライフスタイルは家庭のニーズと非常に相性が悪かった。

時短勤務や家庭に一定期間入るといった大部分の女性が取る選択は、この延長線上にある。彼女たちは時間の融通のきかないフルタイムの仕事を望まなかった。もしくは、できなかった。「子どもと家族のため」という100年以上前の先祖と同じ理由で。私たちは、時短勤務を選択した女性を非難したり、家庭と仕事の両立に苦しむ女性は感謝の心が足りないと咎めたりするのをやめ、引き返すことができるのではないか。これらの女性の選択は、今も家族が必要とするケアを二の次にしている労働中心の価値観に、当然覚える不信感からくるものだろう。オランダの女性の選択から、私たちは何かしらの教訓を得られるのではないか。そして男性も家で育児や介護をより多く担うようになれば、家庭と仕事の両立や過酷な労働に抵抗を覚えるようになるかもしれない。

ノルウェーの働き方は、現代の家族構成や暮らしに全くそぐわないのだろうか？

研究機関FAFOの２００８年の報告書「生活と仕事」の中で、作家のグドムン・ハーネスは、私たちの生活は〃ｍｏｎｏ〃（単独）から〃ｍｉｘ〃（混合）へと移り変わったと書いている。[101] 戦後は、人々の願い通り、終身雇用のフルタイム勤務が一般的だった。大半の男性には、専業主婦の妻、大勢の子どもたち、高齢とは言いがたい若年の祖父母がいて、チャンネルが一つのテレビを持ち、長期休暇中に遠方まで旅行することは珍しかった。世間一般的には、それで問題なく生活を送れていた。両親を世話する余裕もあった。その上、周りには手を貸してくれる大家族がいたし、画一的生活を送っていた。

報告書によると、現代の私たちは〃ｍｉｘ〃（混合）生活を送っている。男女共働きで、頻繁に転職することで仕事内容もころころ変わる。多くの夫婦が離婚し、居を移し、新しい配偶者と新しい家庭生活を始め、気を遣わなくてはならない腹違いのきょうだいや元家族が増えていく。平均寿命が延び、長期間のケアが必要な高齢者が増えていく。大半の人は、メンテナンスを欠かせないサマーハウスや車、ボートを所有している。子どもの生活はさらに規則化され、休日は統制と計画が重視される。新しいテクノロジーは、職業生活と私生活を一体化させた。

全体的に労働時間は短くなってきてはいるが、私生活の重要性が増している。日々のストレスを語る時に、家庭と仕事の両立という言葉が使われることがあるだろう——具体的に特に言いたいことはなくても。混沌とした現代の生活を説明できる概念を、私たちはまだ見つけていない。私たちはまるで1950年代の社会の暮らしが続いているかのような生活を送ってやしないだろうか？　昨日と同じように働くことが当然とされる中、仕事と私生活を満ち足りた形で両立させるのは不可能かもしれない、とある研究者は報告書の中で推測している。政治家や労働組合は、私たちの暮らしの全体像を把握できていない。

労働について考える時は、どのような社会が望まれているかを大きな枠組みの中で想像してみるとよい。人間はどんな一生を送り、意義のある仕事をすることで、地域社会に寄与できるのだろう？　男性が先に職場を牛耳っていたからというだけの理由で、どの職場でも女性を男性と平等な立場に押し上げる必要があるのだろうか？　私たちノルウェー人は世界によい影響を及ぼせるよう、どのような働き方をすべきか国内で議論し、どのような仕事に携わるのが環境や人々のためになるかを考える必要がある。最後には分かりきった話になるだろう。労働のために人間がいるのか、それとも人間のために労働があるのか？

家での時間不足は、外での仕事が関係している。ワークフェアは、社会保障を賃労働と結びつけ、私たちの選択を制限する。労働の権利は、フェミニストにとって常に重要な要求だったが、職場も大勢の人が不自由やストレスや力不足を感じる場所であるという理解が必要だ。従業員と職場の両方が、市場の一部になっている今ではなおさらだ。家庭での労働は議論されることはなく、結果、女性の過労は忘れ去られ、不可視化され、誤解されている。

従業員を人間扱いし、男女両方が育児をする機会を得られるような状況にたどり着くまで、家庭と仕事を両立することは依然として難しい。

∴ ケロッグ社の6時間労働はいかにして打ち砕かれたか

真の自由は、職場にあるとよくいわれる。では、自由な時間は、どこにあるのだろうか？ただの余暇と私たちが解釈する自由時間は、歴史と関係がある。今日《こんにち》の労働が、多くの人たちの目的や意味と見なされているのも、偶然ではない。だって、誰かが私たちに、労働をそのように評価させようとしたのだから。このような問題に有効な答えを提示してくれるのが、「コーンフレーク」でおなじみのアメリカ・ケロッグ社の一日6時間労働の事例だ。

ミシガン州のバトルクリークにある工場を文学的に見学してみよう。

ここでは1930年から1985年まで6時間労働を導入していたが、労働者に過度な重圧がかかり、廃止された。この重圧はどこから、なぜやって来たのだろうか？

1996年、アイオワ大学余暇研究学の教授、ベンジャミン・クライン・ハニカットは『ケロッグ社の6時間労働』という本を書いた。ケロッグ社の労働者の歴史が重要なのは、6時間を8時間労働に強制的に切り替えた過程が、戦後の労働においてどのようなレトリックとして使われたかの物語でもあるからだ。仕事と余暇の捉え方は、この時期に大きく変化したと著者は述べていて、それは偶然によるものではなかった。

1930年代、アメリカは深刻な失業問題を抱えていた。1929年に発生したウォール街の株価大暴落で社会は揺るがされ、不況がいよいよ重大な局面を迎えていた。失業問題が、ケロッグ社の工場で伝統的3交代制の8時間労働から、4交代制の6時間労働へ切り替えられた直接の原因だった。工場では1500人近い男女が働いていた一方、バトルクリークという地域は失業者で溢《あふ》れていた。切り換えの目的は、解雇した従業員を再雇用し、失業者に新しい仕事をつくってやることだった。

試みは成功し、国益に寄与した。ケロッグ社の生産性向上が発表されるや、連邦政府は研究プロジェクトに乗り出した。当時の労働運動も、6時間労働を支持し、州全体で週30時間労働の法制化が望まれた。しかし、この改革の試みは、ケロッグ社の実験をモデルにしたキャンペーンが行われたにもかかわらず、失敗に終わった。

1932年、労働省事務局がケロッグ社の工場を訪問し、女性の工員に、一日6時間労働とそれによって与えられた余った時間についてインタビューした。相手が女性だったのは偶然ではなかった。彼女たちは、6時間労働の熱心な支持者だったのだから。女性工員は、労働省に何と答えたのか？　例えば、ジョイ・ブランチャードは、彼女の夫がPTA唯一の男性役員であること、2時間の余暇を仕事や家事ではなく自分のために使ったことなどについて誇らしげに答えた[102]。彼女たちは6時間労働により、子どもと楽しく過ごしたり、散歩したり、夫と愛し合ったり、ご近所付き合いをしたり、育児をしたり、鳥に餌をあげたり、庭仕事をしたり、母親業をしたり、ものを書いたり、遊んだり、本を読んだりする時間ができた。インタビューに答えた過半数は、8時間労働に逆戻りすることを嫌悪し、「耐えられない」と語った。また6時間労働によって、「生きていると実感できるようになった」と答えた[103]。

労働時間の短縮を評価したのは、女性だけではなかった。男性の大半も肯定的だった。1932年、ケロッグ社の工場で働く男性従業員の95%が、6時間労働による給与減額を受け入れた。男性は余った時間を何に使ったか？　そう、家族に使ったのだ。庭の手入れや畑仕事、狩猟、釣りをし、いわゆるクラブにも参加した。ハニカットによると、収入を増やすためもっと働きたいと思う人は「利己的」で「金の盲者」と呼ばれた。多くの人がボランティア活動や近隣の手伝いに十分な時間を割いていたことも明らかになった[104]。男女どちらも工場の運動会に参加した。しかし、そのような活動は、8時間労働が再開されると同時になくなった、と労働者は語っている。以降、そのような活動に参加する時間などは誰一人なく、労働者たちは「疲労でそれどころじゃない」と口にした。

一部の女性が6時間労働で浮いた時間を家事に費やしていたことが分かったが、家事に「自由」や「余暇」、「自分の時間」といった言葉が使われたことは興味深い。一つの理由としては、当時、「家庭の義務」という概念が浸透していたことが考えられる。それは、単調な掃除、世話、庭仕事、子どもと過ごすことを指す。それらは日々を管理することだ。余った時間は、アイロンがけや本の読み聞かせなど、好きなように使えた。病気にかかって臨終が迫る家族と過ごす時間があるのは、喜ばしいことで、煩わしい義務とは見なされていなかったのだ。

男性もこの「家庭の義務」を果たすようになったため、家事の形が予想外のものに変わった。例えば男性や女性、子どもたちは協力し合って野菜を収穫したり、ピクルスをこしらえたりした。そのような活動が自分たちをよい親に成長させてくれた、とパウラ・スワンは回想している。その後現れた一方通行の娯楽であるテレビと長くなった労働時間は「何の役にも立たなかった」と言う。[105] 余暇は賃労働とは完全に乖離されたもので、賃労働とは異なる定義がされた。

インタビューを受けた434人の女性のうち、職場の方が家よりも自由を感じると答えたのは、1人だけだった。彼女には、7人の子どもがいた。ほかの女性たちは、家にいられることを自由と考え、長時間労働の風潮に不満を示した。労働現場を人間の可能性を伸ばす自由な場所に変えようという、現代的かつ非現実的な理想は、1930年代にバトルクリークが持っていたビジョンに出会ってはいなかった。[106] しかし、すぐそばまで迫っていた。

1920年代から30年代にかけてのアメリカでは、長い余暇というご褒美をもらえないと、労働者は資本主義を正当と認めないと考える経営者や資本家がいた。ケロッグ社の創業者W・K・ケロッグはその一人だった。こうした解放主義社会をよしとする資本主義は、従業員と責任者と雇用主の希望を叶える、優れた資本主義と見なされていた。責任者たちは、仕事は余暇と同じくらい楽しくあるべき、という従業員の言葉にこんな疑念を抱いていた。「仕事は目標でなく、手段だろう」と。

一日6時間労働の導入時、労働者の時間給は比較的高かったが、年収は低かった。しかしその5年後、労働時間の短縮によって、生産性が上がり、事故が減り、生産コストは削減され、ケロッグ社はかつて8時間労働を採用していた頃と同程度の収益を上げることができた。[107]

W・K・ケロッグが多くの労働組合と足並みを揃えていたのは、彼らの掲げる主な課題が、賃上げよりも労働時間の短縮だったためだ。賃上げ要求は女性と男性を、またホワイト・カラーとブルー・カラーを分断させていた。一方、労働時間短縮の道は、待遇改善の物語ではなく自由の歴史だった。[108]

では、その自由の歴史は、どうなっているのだろう？　私たちは労働運動が、賃上げ以外の数々の異なる目標を掲げていたことを忘れてしまったのだろうか？

労働時間の短縮を求める闘いの中で、労働者は「自然権」や「幸福追求権」や「平等」といったレトリックを用いた。[109]この50、60年の間に、労働時間短縮を求める闘争は、女性団体による短期間の運動以外、各労働運動からほぼ姿を消した。

第二次世界大戦が訪れると、ケロッグ社はフランクリン・D・ルーズベルト大統領の労働時間の延長令に従い、8時間労働を導入せざるを得なくなった。戦後、経営者は8時間労働を継続するよう労働者に説得を試みたが、4人中3人に拒否された。

労働のイデオロギーが変化したのは、戦後から数十年経ってからだった。6時間労働を回避させたかったケロッグ社の経営者は、多数の男性従業員から賛同を集めるようになっていた。労働時間の短縮は、「女々しくて覇気がない」と揶揄された。経営者からの圧力によって、組合は分裂。その後、数十年間、工場のある部署では8時間、ほかの部署では6時間労働が実施された。6時間労働を採用する部署は、次第に「女子部門」と呼ばれるようになり、障害者や高齢者が送り込まれるようになった。余暇と労働時間の短縮は、端に追いやられてしまった。職場では、男らしさが確固たる地位を確立した。失業者との連帯は失われた。代わりに、職場に残った人々（これまでよりも少ない人数）の賃上げが議論されるようになった。

失業者への責任を放棄した労働組合に、6時間労働を諦めなかった反逆者たちは激怒した。反逆者たちは自分たちのことを無職の人々よりも優れているという意見に与《くみ》しなかった。反逆者たちは、運、階級、そして社会的地位といった要素が、仕事に就いているかどうかと同じくらいには重要だと明言している[110]。反逆者たちは6時間労働が導入される前から、6時間労働を実践し、人生の意義を追求し、経営者が提唱する労働生活を断固、批判し続けるマイノリティだった。反逆者たちは、仕事は生きる意味だと説く経営者を、鼻で笑った。

ケロッグ社の物語は1950年代に移る。この時代は、労働生活について重要なことを私たちに教えてくれる。「人的資源」という新たな経営理念が生まれた。「効率性」や「コスト削減」といったスローガンも掲げられた。解放資本主義は放棄された。こうして職場は、疲弊とは無縁な場所になり、喜びや意義、満足、「内発的動機付け」をもたらす場所に変わった。現代的な企業は、成功への鍵を見つけたのだ。仕事を極めることそのものが利益になる。[111] 仕事は何かを実現するための手段ではなく、仕事そのものが目的になった。成功の鍵は、実は仕事を遊びのように楽しそうに見せることだった。共同体は余暇活動ではなく、職場にあるものとされた。[112] 仕事をすることは必然となり、贅沢な商品を買い続けることが、目的になっていった。無給の余暇は、理屈に合わなくなってきた。現代人の不安は、仕事によって軽減されるのだから。仕事は自分のためにするもので、やりがいのある、それ自体に価値のある経験でなければならなかった。どこかで聞き覚えのあるフレーズではないだろうか。

ケロッグ社の社員は、この新しいレトリックをだんだん受け入れていった。労働時間の短縮という組合の古い要求は、賃上げに取って代わった。外での仕事は、家事や育児よりも優先されるようになった。フルタイムの仕事や一日8時間労働は規範となった。さらにフルタイム勤務は、なかば「義務」と化した。労働者たちは時間のゆとりでなく、お金のゆとりを求めるようになった。6時間労働は、持続不可能と経営者から教わったのだ。

このような労働生活の変化は、階級社会の多くを物語っている。例えば、医師や研究者や国際支援団体が、「6時間労働など現実的ではない」と主張するのは理解できるが、単純作業を行う肉体労働者は、事情が異なるはずだ。6時間労働が、よくある労働改革と一線を画すのは、6時間労働が労働生活の社会的な位置づけそのものに異議を突き付けているからだ。これは私たちが労働生活からは得られないような、個性や文化が存在するということを示す。それは「人的資源」の概念を脅かす。

ケロッグ社に残り、6時間労働を継続した労働者は、たったの530人だった。労働組合は事業の一部移転をちらつかされた上、6時間労働に反対するよう圧力をかけられた。1985年、ケロッグ社の6時間労働は完全に廃止された。

人が働き、社会に参加し、仕事をもち、役に立っていると実感できるのは素晴らしいことだ。自分の仕事に愛着を感じると同時に、ほかの人もまた自分の仕事をなくてはならないものと感じていると知る。しかし、余暇の価値について、あるいは仕事がほかの何かの手段になりうることを議論するのは、これと矛盾しない。大抵の人は、複数の分野にまたがる複数の物事に興味をもっている。仕事を好きにはなれるけれど、それと同じくらい余暇のアート鑑賞や自然、家族、サッカーの試合やほかのスポーツも重視する。

仕事のステータスが上がる一方、家庭と社会は力を失っていった。私たちは科学技術の進歩した社会で暮らしているにもかかわらず、常に時間が足りない。それは家族や社会、私生活や地域社会に影響を及ぼす。土・日曜版の新聞の付録や雑誌、週刊誌が頻繁に、時間不足やストレスをテーマにしているのには理由がある。ところが、政治の場では、時間不足についてほとんど議論されない。時間不足の問題を個人的なものと見なしているからだろうか？

ケロッグ社の社員は、社会秩序の枠外にある歴史の中にほんの一瞬留まり、固定化した男女の役割や伝統、義務を新しい視点から捉え直した。労働者が自ら時代を見据え、これを多種多様な活動――家庭、家事、スポーツ、趣味、社会活動、自然散策、隣人との会話など――に生かした。新しい男女の役割が生み出され、多くの家族が家事や育児の分担について考え方を改めた。ハニカットは、新たな権力や役割、個性、義務が生まれたと述べているが、私はこう確信している。労働時間が8時間に戻されたことで、歴史の一ページが一瞬にして破り取られてしまった。

しかし、この一ページは、外堀が固められると人々は驚くほど急激に変化することを証明した。ケロッグ社の歴史は、私たちがあえて別の仕方で労働生活を送ることや、それによってもたらされる恩恵を夢みていることと強く関係している。

6時間労働を経験した女性の一人、ジョイ・ブランチャードは言った。

「残業をさせられる人たちがいる一方で失業者もいるような今の労働生活は問題です。ケロッグ社の教訓を忘れてはいけません[113]」

ブランチャードと、学校唯一の男性保護者会役員だった夫は「私たちは時代の先を行っていた」と確信している。

夫たちが家庭、とりわけ育児の責任を負うようになったことで、女性たちが女性解放の前線を歩けたのだ、とブランチャードは考える。余暇を増やすことは、不幸にも時間が足りない現代家庭の優れた支援策になるだろう、と彼女は述べている。最後に、6時間労働を断念せざるを得なかった反逆者たちが語った言葉をどうか胸に刻んでほしい。

「私は6時間労働が好きだった」

「家や家族を楽しむ時間があった」

「子どもを学校まで送り、家族と夕食を一緒にとってもなお、家族や趣味に割く時間やエネルギーが余っていた」

「狩りや魚釣りをしたり、家族と過ごしたりする時間ができた」

「楽しむ時間ができた[114]」

もし6時間労働になったらどうなるか、夢想する人たちの言葉はこうだ。

「もっと家族と過ごしたり、ベランダでくつろいだりできるかもしれない」

「今はどの人も時間が足りない。皆、残業している」

彼らは子どもとゆっくり夕食を食べることを夢みた。何かを教えるためではなく、ただ子どもたちと遊ぶことも。利益や市場は関係なく、文化を築くことも。

過去40年間のうち、ノルウェーやほかの西欧諸国に最大の変化をもたらしたものに、60年代から70年代にかけて女性や母親たちが賃労働に流れたことが挙げられる[115]。労働時間は短くなり、長い休暇を要するようになったものの、以前より多くの人材を確保できるようになった。革命的な技術も手に入った。なのに、私たちが現時点でまだ自分たちの仕事を減らせないのは、不可解だ。

経済学者のシャロッテ・コーエンは2012年秋、雑誌『Aマガジン』の中で、「私たちは働き過ぎだ」と書いた。賃労働を過剰評価している割に、死に際に「もっと会社にいなかったことを後悔している」と言う人はほとんどいない、とも。

コーエンはこう付け足した。

「より短い時間働き、より生活水準が高く、より楽しい生活を送る時間がほしいと人々が望まないのがなぜなのか、不思議でなりません」[116]

第四章

キャリア・フェミニズムと市場の力学

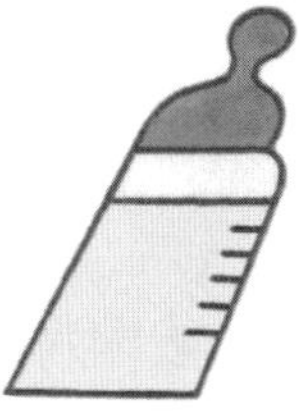

「産後、できるだけ早く、タイトなスーツに体をねじ込めることが、男性と対等に渡り合い、成功する現代女性の証しです。私たちは大量消費社会を支えられるだけの大量生産を維持するために、全成人がフルタイムで働くよう期待される時代に生きています。この資本主義社会では──フェミニストの見地からしても──十分稼げない仕事に、価値はないのです」

カリアンネ・ガムシン（作家、ブロガー）[1]

2012年10月13日、土曜の朝。やや遅めの朝食を子どもたちに食べさせた後、教育番組をもう3時間近く見せっぱなしだ。「親になっても、仕事はバリバリやる──それがノルウェー流」という新聞の一面の見出しが私の方を向いている。何を期待されているかは、想像がつく。「オペア［ホームステイ先で保育や家事をした見返りに報酬をもらって生活する留学制度、またはその制度を使う留学生］が子育てや料理や家事を手伝ってくれる。オペアがいなかったら、この家はうまく回らず、今のような快適な暮らしは送れなかっただろう」

6人の子どもの母親で、会社では人事部長のポストにあるイヴォンネ・フォッセルはそう言う。新聞記事によれば、首都オスロのホルメンコーレン地区の大きな家に暮らす彼女と夫は、私生活だけでなく、弁護士事務所の仕事でもパートナーらしい。2人は「時間が許すかぎり、トレーニングに密かにいそしむ」ともある。土曜に丘を登り、日曜日には沼地にハイキングに行くそうだ。

「ノルウェー流」って、本気で言っているのだろうか？　フォッセルの夫がいる弁護士業界では、現在、女性リーダーは13・5％しかいない。民間の企業や組織で働く女性の割合は25・3％だ。ノルウェーのトップの4人に3人は、男性なのだ。[2]

では、トップの地位に就く女性が、「ノルウェーらしい」のだろうか？　第一に、トップというのは、マジョリティでなく一部の例外の人たちだ。次に、フォッセルの記事を読めば、キャリアを選んだ女性が、「全て」を成し遂げられるわけじゃないのは明らかだ。家事をする時間も、子どもたちのためにご飯を作る時間もない。子どもたちと食事をとる時間すら、十分にないのだ。これらを担うのは、別の人、つまりオペアや清掃員、人によっては手を貸してくれる祖母かもしれない。

トップの地位に就く母親は、ノルウェーらしくなんかない。むしろノルウェーでまことしやかにささやかれる「神話」だ。

女性リーダーは、パートナーや制度の支援もあって、日常生活で比較的自由がきくケースが多い。それでも家族を優先すると公言するのをタブーだと感じている人は多いだろう。[3] つまり、母親がトップに立つことは歓迎されない。女性がキャリアの階段を転がり落ち始めるのは、主に上司に妊娠を報告した瞬間だ、と労働研究所の研究者セルマ・リュンが「アフテンポステン」紙で述べている。[4] さらに研究者は言う。経営陣はしばしば、妊娠した女性が、「管理職志向を失わず戻ってくる」か、「母性に魂を売って」しまわないか懸念を抱く。なぜなら、母親はたとえエリートであっても、家庭の責任を負うことが多く、必然的に職場にいられる時間が短いからだ。仕事によって得られるメリットより、代償の方が大きいと気付く女性もいるだろう。

作家のオーラグ・ニルセンは、2012年に『台所の調理台のリアリズム』という本を出した。家庭と仕事の両立の難しさについて正直に書いたこの本で彼女は、家庭生活と労働生活は、いまだタブー視されるテーマであり、公の場で話すべきではないと書く。[5] 作家自身、キャリアの階段を上ろうと死に物狂いで働いたものの、結局諦めざるを得ず、つらい思いをしたことがあるという。ほかの大勢の女性と同じく、彼女もこう考えた。

「ほかの人は皆できているのに、どうして自分はできないの?」

6児の母であるイヴォンネ・フォッセルによる解答は次のようなものだった。

「私は罪悪感を葬り去るのが上手なのです。ここまで何とかやってこられたのは、この特技ゆえです」

このフォッセルの話と似たフレーズをしょっちゅう目にする。「あなたは教えてもらいさえすれば、できる。望みさえすれば、きっとできる」といった類いのものだ。しかしご存知の通り、事はそう単純ではない。なぜならキャリアの階段を上るには、家事を担う存在が必要で、手を借りるには、お金が必要だからだ。保護者会に参加できないことや、子どもと楽しい午後をめったに過ごせないこと、誕生日すら一緒に祝ってあげられないことへの後ろめたさをかなぐり捨てる意志も必要だ。

誰にとっても、仕事の世界でトップに立つのは容易《たやす》いことではない。家庭と仕事の両立を望む男女にとっては特にそうだ。人生の選択の代償を払うのと全く同じで、何を得るにも必ず代償が伴うからだ。

「アフテンポステン」紙は、女性リーダーはノルウェーらしいというイメージを、国内外に広めようとしている。トップに立つ指導者はほかの人に比べて時間がない。キャリアの階段のずっと下の方でさえ大変なら、さらに上に上《のぼ》る選択肢をあえて選ぶ理由は何だろうか。それでも女性たちは「神話」を信じ続ける。さらに女性リーダーが子どもを——時に2人以上——持とうものなら、ノルウェー国家はその人を指さし、こう言うのだ。「私たちは何とかやってこられた。私たちは男女平等だ。ほら、彼女がその証拠だ」

女性リーダーは象徴であり、統計を成す一人であり、国家の誇りだ。私たちは彼女と自分たちを比較してしまう。

――私はあの人ほど、大変な仕事をしていない。あの人ほど、子沢山なわけじゃない。あの人ほど、家が広くはない。なのに私はくたびれている。何か間違っているのだろうか？　彼女はクロスカントリーのレースに参加している。私はランニングするのもままならない……。

ニルセンが書いていたように、私たちは「大声では言えないような苦境」にある。70年代のフェミニストのように、自分が乗る船に他人がいるとは考えない。そして作家のシェスティ・エリクソンがかつてこう言ったようにも考えない。

「若者たちは気付いてはいても、団結して行動に移しはしない。だから男女平等思想からネガティブな影響をもろに受ける。彼女たちは万能であるところを、つまりスリムで美しくて、キャリアの道を歩み、同時に母親としても有能であるところを示さなくてはならない[6]」

ノルウェー人のアイデンティティを保つためには、男女平等に生き、さらなる平等を獲得するために努力しなければならない。男女平等という概念には、進歩的で現代的な空気が漂っている。裏返せば、排他的な面もある。例えば、男女平等思想を批判しようものなら、すぐさま「主婦が幅をきかせていた時代に逆戻りしたいのか」と糾弾される。そしてこうも言われる。「主婦になりたい人はなればいい。でも、私はならない」

過去に戻りたいのかと非難されずに、男女平等のあり方や、平等の優先順位を再検討することはできないだろうか？　男女平等は私たちが追い求めてきたものだ。今のままで十分だとは思えない。例えば、男女平等が子どもの関心や周囲の人々、自然の摂理とぶつかってしまう場合には、どうしたらいいのだろう？[7]

この章で私は、今日《こんにち》の男女平等志向のフェミニズムに対して問題を提起し、フェミニズムの課題を指し示したい。最も大きな課題には、市場の力とお金、それに私たちを惑わせる地位と消費の問題がある。

一つのポイントは、フェミニストたちが家族に重点を置きたいかどうかだ。

家族、子ども、親といった存在は、多くのフェミニストにとって、センシティブな話題だ。子どもと十分に過ごせているか心配したり、家族に費やす時間が少な過ぎると言おうものなら「フェミニストらしくない」と言われてしまうかもしれない。伝統的な性別役割の擁護者とたちまちカテゴライズされかねない。あなたが「二重労働にくたびれ果てている」と言った瞬間、保守的な集団は意気揚々と「今、あなたは何て言いましたか？」と尋ねるだろう。「子宮フェミニスト」*という呼び名が安易に使われるが、心地よい意味ではない。

ともあれ、ほかの女性が味わっているであろう日々の試練を、もしあなたが試練と感じてい

＊男女には配慮すべき差異があると主張する意見のフェミニストを揶揄する呼び名。例えば、「女性は男性よりも思いやりがあり、子どもの世話に向いている」という意見は、「男性にも思いやりがあって、子どもの世話が得意な人もいる。子宮フェミニスト的な意見だ」と揶揄されやすい。男女の生物学的差異からはある程度目を背け、男女が同じ権利と義務をもつべきという「男女平等フェミニスト」の対局にあるとされる。

なくても、耳を傾けることがフェミニズムの使命ではないか。連帯と言ってもいい。

フェミニストにとっての家族の問題は、公《おおやけ》の場の議論に適さないとして、個人の問題にしばしば矮小化される。

「あなたが後ろめたさを無為に感じているだけ」

「子どもを長時間、保育所に預けているとあなたは感じているかもしれない。でも、子ども自身がそう感じてるとは限らないでしょ」

「ノルウェーで生きられてラッキーだと思わなくちゃ」

そう言われてしまうと、自分はただ責任を背負い込み過ぎていると思い込み、問題自体なかったことになってしまう。


人生の喜びの大半は、家庭内で生まれる。ジレンマだけでなく、大きなドラマも家庭が舞台だ。家族との生活は私たちが誰なのか、どんな人間なのかという認識にも影響を与える。この事実は、幅広い分野の研究者を魅了してきた。

70年代に女性研究が本格化すると、戦後からあたり前とされてきた家族形態に疑問符がついた。１９７５年に出された『階級社会における家族』という本で、研究者たちは次のように書いている。

多くの社会において家族は「二重の特性」をもちます。個人は通常、人生の早い段階で家族に出会うものなので、家族は前もって与えられたもののように見えるのです。一方で、家族は社会の基礎的な単位、言い換えれば、あらゆる文化に存在する一種の細胞にも見えます。この二重の特性のため、家族は政治的に中立であるかのような印象をもたらします。[8]

この細胞は、実際のところ、政治的に中立なものなのだろうか？ 研究者は、家族が中立たりえるのは、極めて柔軟で、様々な形式で存在するものだからだと言う。家族は経済や政治システム次第で形を変える、と彼らは説き、その生活を最終的に左右するのは政治だ、と結論づけている。[9] いずれにせよ、社会と関わりなく生きられる家族は存在しない。社会の一部として生きるのか、また社会の隅っこで生きるのかにかかわらず、家族は必ず社会全体のどこかとは繋がっている。

90年代、ダブル・インカムの家族が突如現実となり、ノルウェーの親たちは、子どもとより多くの時間を過ごし、ケア労働の分担について選択肢を増やすため多くの権利を得た。[10] 産前・育児休暇、パパ・クオータ制［93年にノルウェーが導入した、育休の中の一定期間を父親に割り当てる制度。最長で54週間取得でき、うち6週間は父親のみが取得できる］、そして子育て給付金［98年にノルウェーに導入された手当。0〜2歳の子どもで保育所に入所できない、または一時利用しかできない子に支給される］である。同時にワークフェア［社会保障給付を支給する際、受給者に就労を義務付ける制度］が導入され、フルタイム労働が一つの規範となった。家族は仕事と家庭を両立できるよう、さらに多くの公的支援を求めた。２００３年に保育所改革案が可決された後、多くの保育所が新設された。

家族政策についての今日《こんにち》の議論は、両親の産前・育児休暇を3等分するとか、子育て給付金を実質的に打ち切るかといったテーマを中心に展開される。産前・育児休暇の強制的な分割に人々は賛成なのだろうか、それとも反対なのだろうか？　子育て給付金には？　これらについてどう考え、国が提供する種々の福祉のうちどれを選択するかは、しばしば社会階級に左右される。

ノルウェー人家庭の生活様式は様々だ。ある人たちにとっての自由が、ほかの人たちにとっての負担となる場合もある。父親休暇のように特定の人に向けられた施策が怒りを買ってしまうのは不思議ではない。子育て給付金はその典型だ、と福祉研究所の研究員、カーリ・ステファンセンとマイ・レン・スキルブライが「ダーグスアヴィーセン」紙で述べている。

中産階級の親たちは大抵、融通がきく仕事についている。育児休暇が明け、子どもが1歳で保育所に入所したら、母親たちは短時間勤務をし、子どもが徐々に保育所に慣れるのを待つ。両親ともにフレックスタイム制で勤務し、一人が保育所に迎えに行き、もう一人が朝の送迎を担う。この場合、子どもの保育所滞在時間は、長くて7時間、短くて6時間になる。子どもの疲労が激しい日は保育所に行かなくていいよう、父親と母親の在宅勤務が認められている。[11]

しかしこのやり方は、万能ではない。労働階級の親たちは、中産階級の親より、職場にいなくてはできない仕事に就いているケースが多いと研究者は言う。もし両親ともにフルタイムで在宅勤務ができない仕事に就いていれば、保育所の1歳児クラスに週5日、一日9時間通わせなくてはならない。子育て給付金はそのような状況の家族に対し、ある程度、柔軟に機能する。子どもが保育所で一日過ごせるまで、母親が在宅勤務をしたり、時短勤務したりすることも可能だ。その期間、家計は少し逼迫《ひっぱく》するだろうが、有休扱いの育児休暇明けに、母親がさらに無給で休みをとっても、母親のその後のキャリアはそれほど変わらない。キャリアの道を歩もうにも仕事がないからだ。すると、子どもの保育所入所は若干遅れることになる。スキルブライとステファンセンによると、生後12か月の子どもの保育時間は6時間が平均だそうだ。

では、中産階級の生き方が、フェミニストの理想となったのだろうか？　親の自己実現と保育所の利用が、子どもの成長にとって最もよい教育とされているのだろうか？　例えば、在宅勤務の父親が、母親が授乳できるようベビーカーで赤ん坊を母親の職場に連れて行けばいいという話を聞くと、私はめまいがする。それをしたくてもできない職業はごまんとある。母親が運転手の場合や、職場まで1時間かかる場合はどうするのだろう。

保育所に入所していない、または一時利用しかしていない国内在住の0～2歳の子どもを対象に現金を給付する、子育て給付金という政策が残酷なほど保守的と見なされていると聞き、ここでも私はめまいを覚える。子どもを保育所に全く入れず、または週20時間未満しか入れず子育て給付金を受けるという選択を、誰が、どうして取るのか、考えてみたことはあるのだろうか。

改革は、提示と要求の両方の形でやってくる。国家が米やにんじんを無償で提供する時、その裏には、市民への要求がある。子どもが1歳の時から、親はフルタイムで働き、保育所を利用するという理想はどこから来たものなのか。その答えは、国家による提示と要求にある。1歳児保育と福祉を受けるためには、親が仕事に就いている必要があるという決まりは、健康な成人の国民が、どんなライフスタイルを期待されているかについて、明確なシグナルを送っている。

現代のフェミニストの大半は、この国の方針を支持している。ステファンセンは、中産階級の親について「家族政策における男女平等観を受け入れている。なぜなら彼らの人生計画や価値観全般に、あつらえたかのように、ぴったりだったからだ」と指摘する。[12] だが労働階級は、子どもが両親と過ごせる権利よりも、子どもを安全に過ごさせる方に関心があった。育児休暇の半分を父親に割り当てるのは、中産階級のケア・モデルを標準に据えることを意味する、と彼女は述べる。

フェミニストは階級差を見落としてしまったのだろうか？　ある基準が全ての人に合うわけではないのは、皆、知っての通りだ。それなのに私たちは、嫌がる人の頭を押さえつけ、細いネックウォーマーに首を通すかのように1つの基準を全ての人に強いるのだろうか？[13]

男女平等大臣のインガー・マルテ・トルキルセンは、女性たちを労働生活に駆り出そうとする戦略は、社会福祉制度を重視すると同時に、男性に家事労働の責任をより多くもたせようとすることでもあると主張する。[14]

女性は家庭の仕事を背負い込みがちだ。男性を家庭に引きずり込めれば、女性はキャリアの道を進める。でも、もしも夫が自発的に床掃除や洗濯をしてくれるわけではないとすれば？それは女性のせいなのか？

北欧の女性運動をテーマにしたアンソロジーに、デンマーク男女共同研究所による2004年の調査が再掲されたが、そこに労働者階級の一般女性のインタビューが載っている。[15]漁業関連の仕事をするその女性は、疲れきっていたところに、夫から「昔の人はもっと働き通しだった」と言われて以降、一切、不平を口にできなくなった。彼女はこう考えた。「私たち女性はずっとこうだったんだ。女性は諦め、ストレスを抱えて生きてきた。夫の言う通り、女性たちは働き通しだったんだ」

この調査によって、女性が疲弊しているかが明らかになった。職場で効率性を求められていること、また女性が家事の大半を担うことから、もたらされた結果だ。しかし本人たちは、疲れていることに気付いておらず、ストレスを感じるのは自分のせいだと思ってしまう。女性を休めなくてしているのは、内面化された「女性らしさ」だろう。数え切れないほど多くの女性が、インタビューで口にしている。「私は肩の力を抜くことを覚えなくてはなりません」

家族を考える上で階級という視点が不可欠であるということを議論に乗る代わりに、タブロイド紙からの次のような質問に、政治家たちがどのような姿勢を取るべきか決めてはどうだろう。

「女性が自分で収入を得ず、主婦になることに賛成ですか、反対ですか？」

「あなたは移民女性が社会に参加する機会を与えられることに賛成ですか、それとも、彼女たちが子育て給付金を受けて、家で孤独に過ごすのがよいと思いますか？」

「あなたは子どもが父親と緊密な関係を築くことに賛成ですか、反対ですか？」

「あなたは移民の子どもが、保育所に行かずに家にいることで、ノルウェー社会に参加し、成功する機会を逸してしまうことに賛成ですか、反対ですか？」

これらに応答しないままでは、育児休暇を三分割する政策に反対すること、また子育て給付金に賛成することがたちまち、女性が抑圧され、移民の子どもが社会に溶け込めないことを黙認することになってしまう。議論のスタートラインとしては絶望的だ。どちらの議論も、女性の問題というだけでは片付けられない。

∴ 男女平等で私たちは解放されるの？

「男女平等によって自分たちが何を手にしたいのか、完璧に分かっているわけではない。それなのに、男女平等によって解放されるなんてことは、あるのだろうか？」

２０１０年、マリー・シモンセンが「ダーグブラーデット」紙と、男女平等センターの元センター長、イングン・イッセンとの共著『文句を言おう！』でそう書いた。

この本は、男女平等の実現のためにこんなふうに提言する。男性も女性も、それぞれの責任領域——男性の場合はキャリア、女性の場合はケア労働——を手放そう。もしも女性が時短労働や長期間の育児休暇といった女性特有とされている選択をして、年金額が下がったり、キャリアを失ったりしても、それは彼女たちの責任だと著者たちは言う。彼らが推奨するのは、フルタイムの仕事を選び、できれば赤ちゃんが６か月の時に育児休暇を終え、すぐに仕事に戻ることだ。そうすれば、子どもの父親と育児休暇を半分ずつ取ることができ、家庭でも完全な男女平等を実践できる。

男女平等は家族、子ども、愛情という観点から優れたものである、と著者たちは断言する。母親たちが現在よりも高い賃金でフルタイムに近い働き方ができ、より多くの人が管理職に就ける社会を望む、と述べている。父親にメリットは少ないが、それでも夫はもっと家にいるべきだとも言う。これは男女平等への古典的理解であり、また現代の国家《ステイト》フェミニズムを議論する多くの人が合意する目標だ。

だが『文句を言おう！』の主張は、キャリアを積み、現行の制度の恩恵を受けている女性たちによって書かれた典型的フェミニズムに私には思える。このフェミニズムの形式に、正しいところが多くあることは間違いない。それでも腑に落ちない点がある。批判意識はなく、ビジョンも階級意識もほとんど見られない。シモンセンとイッセンの両者は、ほかの場面ではある程度の知見を有しているのが伝わってくるが、この本においては、なぜか感じ取れない。

1974年に家族政策ができるや、ノルウェーの女性たちはゆっくりと、しかし確実に、より長期間の育児休暇と、よりよい保育環境、小さな子どもを持つ親が働く上で重要な権利を得ることができた。これらを全て、いまの私たちは享受している。トゥルグヴェ・ブラッテリによる労働党政権が、現在の家族モデルを提示した。政治家たちが誇りをもつこの家族モデルに、私たちは多くの点で従っている。それでもシモンセンとイッセンの指摘の通り、大半の女性は、母親になった後は伝統的な性別役割を担っている。彼女たちは保護者会に参加するよう心がけ、時短で働いている。それにもかかわらず、男女平等ではないとあえて認める女性は少ない、と著者たちは言う。シモンセンとイッセンは女性を時短勤務とクッキー作りから遠ざけ、職場や、権力やお金の源である取締役会に誘い出そうとしている。

イッセンは2009年に雑誌『クール』の特集記事に寄稿した際、より明確な意見を表明した[16]。ここで彼女は「慈愛に満ちた親切な女性という神話」を大胆に裏切り、子どもと家にいて、パートタイムで働く以外の価値観をもつことを女性に求めた。私はこのような『長くつ下のピッピ』的な考え――つまり、女性や女の子が、男性や男の子と全く同じように走り回ったり、遊んだり、決定したり、管理職の仕事に就いたりできるという考え――に、一定のシンパシーを感じるものの、優しくて、思いやりある、温かな女性に対する侮蔑感情が高まらないか、心配になる。

イッセンの次の主張がフェミニストとして意識的、または無意識的に、社会に影を潜める大きな修辞《レトリック》の一部と化すのは、まさにこの点だ。

「ケア労働の社会的地位は低く、この分野でお金を儲ける人はいないし、どの人も現代の労働生活に適応するのに苦労している」。ここでイッセンが述べるように、私たちは労働市場に参入する際、むしろ殺傷本能を働かせ、『ミレニアム』のリスベット・サランデルのような復讐心をもつべきだ。

フェミニストたちがキャリアを積む道を女性に勧めるのも無理はない。労働市場で働けば、報酬を多くもらえる。しかし、ケア労働を日課に組み込み、これをこなせるよう努めるのもまたフェミニストだ。ケア労働は家や身の回り、保育所、医療機関の仕事全てに当てはまる。フェミニストは、ケアを選択する女性について語られる言葉を、もっと考えるべきなのかもしれない。権力や地位を当然のように求めるのでなく、ほかの価値に支配される男女がいると知るべきだ。誰しもが仕事に意義を見出すわけではない。地位とキャリアのみを成功した女性の証しと見なすことで、女性をかえって貶《おとし》めてしまっているのではないか？

変化によって誰が得をするのかを考えることが大切だ。上のポジションに就いたり、キャリアのために過酷な労働をしたりすることで、女性だけがメリットを得るといった単純な話では恐らくない。ビジネス・経済界の人たちなどもメリットを得るはずだ。現在の男女平等の一部は単純に、資本主義という枠組みの内側で起きているのではないかと自問すべきではないだろうか？ トップに立つわずかな女性たちは素晴らしいが、彼女たちは社会をポジティブな方向に動かすだろうか？

70年代の女性問題の中心人物たちは、いわゆる「協働」というものに懐疑的だった。この言葉は、敵を暖かく受け入れ、無害化する。かつて男性のものとされていた地位に就いた女性は、一部のフェミニストから、女性のニーズを満たそうとしない男性中心の社会を支えてきたという理由で、「男性たちに協力的」と見なされた。その批判まじりの眼差しは、社会学者のヘルベルト・マルクーゼの有名な「抑圧的寛容」と呼ばれる概念と同系統だ。人は、相手の意見を認めたという印象を与えることで——または相手の意見を一部、自分の意見に取り込むことで——敵を無害化しようとする。イエンス・ストルテンベルグ［ノルウェーの元首相。2000～2001、2005～2013に在任］が国会前で、自身の環境政策の反対デモを前に、若い環境保護主義者の一人の肩を叩き、「環境のために動き、声を上げるとは素晴らしい！」と言ったように。

指導者の地位に就いた女性が、ほかの女性たちの最善を願い、手を尽くすのを当然と思ってはいけない。これは問題意識をもって調べる価値があることだ[17]。1972年の『何に文句を言っているんだ？』という本の中で、例えばシリ・ニュランデルは次のように書いている。

ビジネスや政治、行政、教育といった社会のトップまたはそれに近い地位に就けるごく一部の女性が、女性たちの真の支えになることは稀《まれ》だ。それどころか彼女たちは男女平等の実現の〝証拠〟にしばしば利用される。「彼女たちにできるのだから、ほかの女性だってやる気さえあれば、できるはずだ」と言われ、さらにこう付け加えられるだろう。「本人にやる気がないだけだ[18]」

ノルウェーにおける男女平等政策の取り組みは、女性の労働市場への積極的参加を促すのを目的としている。子育て給付金のように、主婦を支える福祉制度はもちろんある。または乳児を家で育てることで、養育者は年金ポイントを獲得できる制度もある。おまけに家にいるよう男性に促す父親休暇もある。この休暇は女性が家の外にいることを前提としており、女性の労働市場への早期復帰を後押しする。男女平等政策のいくつかは、伝統的に男性たちの居場所とされていた職業に就くよう、女性を促すことを重視しており、これは一方の性に明らかに偏っている[19]。メディアでは「キャリアの道を歩み、フルタイムの仕事に就く魅力的な女性」という理想像が散見される[20]。他人と違った生活を選ぶ女性は怠惰であるか、もしくは社会性を欠いているという視線を向けられがちだ[21]。一部のフェミニストにとっては、ほかの女性たちと連帯して社会批判することより、ほかの女性たちを攻撃する方が容易《たやす》いのだろうか？　恐らくは、女性たちを攻撃するのが簡単過ぎたためだろう。

「どうしたら家族のケア労働を優先する女性たちについて、話すことが許されるのでしょう？」と2013年1月7日、「階級闘争」紙のコメント欄で、カルチャー記事の編集者、マルテ・ストゥッベロー・エイエレセンが問いかけた。彼女は、「スペクター」紙の副編集長のアンネ・カーリ・ブラッテンがある時、「看護師やパートタイムで働く人たちが、社会の最善のために、カフェで時間を過ごすべきだ」と言ったことを挙げ、「小さな子どもを持つ母親が、夜中や週末、祝日に仕事をするという問題をどうしたら解決できるのかについては一言も触れられていない」と批判している。エイエレセンは、小さな子どもを持つ母親は切り捨てられていると考え、「互いに助け合おうという意思こそが善だ」と述べた。

エイエレセンの意見に、この時ほど多くの反響が寄せられたことはなかった。

2012年に出された『男女平等の幸福』という論評で、クリスティン・ブリサイドは次のように書いた。

「フェミニストは、経済効率を求めれば、親子が一緒に過ごす時間と安らぎを失うと指摘した。効率は、人間を涵養《かんよう》する自然な出会いを脅かす、とも」[22]

ブリサイドは男女平等を万能な特効薬と見なす風潮に疑問を投げかけた。彼女は、時短労働をする女性が、フェミニストから価値が低いと見なされるべきではないとし、「フェミニズムは経済や政治活動から距離を置き、自立を保つべきだ」と主張した。[23]彼女は、フェミニストは望みさえすれば、市場の力となり、労働現場の第一線に立つことも、代わりに子どもやケア、周囲の環境や真の経済的自由にも焦点を当てることができると述べた。医師で、産業医学の専門家であるエバ・ヴェルゲランは、「ダブル・インカムを必須条件とした発展は、後退であると思う」と本の中で表明した。ダブル・インカムは両親を市場経済に縛り付けるという。[24]

ここで浮かぶ疑問は、労働生活に熱心な女性や男性の中には、仕事に熱を入れるあまり、子どもをケアしなくてはならないことを隠す人もいるのではないか、という点だ。ある同僚が、「ちょっぴり具合の悪い子どもに薬を飲ませて、保育所で具合が悪いと気付かれませんように、と願ったものさ」とふざけて言っていた。職場への忠誠が、小さな子どもをソファで休ませる行いよりも尊ばれることが、現在のフェミニズムなのだろうか？

ビジネスの世界では、皆から賛同されるフェミニズムは一つしかない。そのフェミニズムでは、女性が仕事を愛し、家庭から解放されるのは素晴らしいと思っているものとされる。結果、子どもが病気だろうと、予定があろうと、そのほかの障壁があろうと、何としても仕事に行こうとするのを当然と思ってしまっている。本来のフェミニズムはその逆ではないか、としばしば思う。母親と父親は、病気の子どもをいたわるために、家にいられるべきだ。同僚からおかしいとも不誠実だとも全く思われずに。

２０１２年９月、男女共同参画委員会は、男女平等政策について報告書を提出した。この報告書で委員会は、男女平等の解釈は幾通りもあることを強調した。「男女平等が厳密に何を意味しているのか、どんな種類の男女平等政策が具体的に実施されるべきかについては、様々な観点から捉えることが可能だ[25]」

続けて委員会は、パートタイムで働く一人親や女性は、フルタイム労働者に比べ、経済的に不利な立場に立たされていると指摘した。報告書には、男女平等政策や福祉の供給、福祉サービスの範囲や内容についても触れられている。福祉政策の大半は、保育所や学校が休み中の施策や老人介護といった家庭内労働を支えることを主眼としている。育児休暇や介護休暇、授乳休暇、子どもや育児者が病気になった際に休暇を取る権利、近親者のケアや介護のために休暇を取る権利といった、個人が福祉を受ける権利も福祉政策の領域だ。

報告書ではこう書いている。「両親休暇の範囲や、母親と父親の間で育児休暇の期間を分ける制度は、ほとんど全ての子どもが保育所に入る権利が保障されていることもあいまって、今日《こんにち》、小さな子どもの世話と外での仕事を両立するいい機会となっている」

公的福祉やケア制度への膨大な投資は、委員会が言う通り、とりわけ女性たちの雇用を増やすという目的がある。これは批判にも値しない。福祉の恩恵は、国家が親切心から与えるものではない。私たちは保育所のような福祉を利用しているが、従業員としても貢献している。もしよい福祉を受けられていないなら、私たちはもっと不安に苛まれ、もっと分断された社会で生きていただろう。つまり、福祉は福祉を利用する人だけでなく、利用しない様々な階級の人々に影響するのだ。

∴ フェミニズムの破壊工作員《サボタージュ》に会いに行く

子どもが小さいうちは一切、働かない女性もいる。いや、これには語弊がある。彼女は子育てという大事な仕事をしている。しかし、その期間は賃金が発生しない。私は本書に取り組み始めた時、二重労働とは別の選択を取った人たちに関心があった。ノルウェーでは、主婦の声に真摯に耳を傾けられることは少ない。

私は隣県にあるノトデンの街まで電車で行き、主婦ドットコム (hjemmemamma.com) というブログの管理者と初めて会った。彼女のママ友たちも一緒にインタビューを受けてくれた。印象的だったのは、彼女たちが皆、自分たちが「フェミニズムの破壊工作員《サボタージュ》」とフェミニストたちから揶揄され、完全に嫌われていると思っていたことだった。主婦ドットコムで、管理者のヤネット・フローテルーは次のように書いている。

主婦ドットコムは、家族生活や子どもの生育環境について、個々の読者と社会の両方に広く関心をもってもらえる情報を提供していきたいと考えています。男女平等を求め闘う人たちが、自分たちがそもそも何のために闘っているのかをたびたび忘れているよう見受けられますが、女性は自分自身の日常生活について選択する権利をもち続けるべきだと考えます。たとえ政府からそれを間違っているとされようが、正しいとされようが。

これは興味深かった。社会の歪みが現れている。主婦になることと引き換えに何を失うのか、正確に把握している女性だと思った。私がフローテルーに会った際、彼女は娘のヴィルデと家で過ごしていた。ヴィルデが3歳になるまで、その生活を続けたようだ。フローテルーはかつて就学前学校［ノルウェーでは小学校入学前に1年間、就学前教育がある］の教諭になるための教育を受けていたが、主婦生活に入ってから大学に入学し、学際的文化研究の修士号を取得した。ヴィルデは今、保育園児だ。フローテルーが育児で家にいる期間は、当初のキャリア計画にはなかった。

フローテルーは、男女平等の理念は、自分自身の人生について選択する女性の権利と同義だと話してくれた。かつて女性の人生を決定していたのは、父親をはじめとした男性だったが、今はそれを国がしていると彼女はブログにつづっている。フローテルーは、ノルウェー元首相のイェンス・ストルテンベルグが主婦について「間違った選択をする女性の尻拭いはできないと言っていたではないか」と言ったことに触れ、こう語った。

「間違った選択？　私は自分がコミュニティに貢献していると思っています。私の願いは、娘を保育所に入れても大丈夫だと私自身が感じるその時まで、子どもと家にいたいということです。私はヴィルデに穏やかな人生のスタートを切らせてあげたいんです」。フローテルーも子どもを生むまでは保育所で働いていた。主婦になろうと思った動機の一つはまさにここにある。彼女は、保育所で乳幼児らに必要な保育ができているという確信をもてなかったのだ。インタビューに立ち会った主婦のうち2人も、保育所で働いていたことがあり、フローテルーと同じ認識をもっていた。

保育所には、乳幼児に注意を向け必要な慰めと快適さと遊びを提供できるだけの職員はいない、とフローテルーは言う。彼女自身、乳幼児を十分にケアしてあげられなかったという罪悪感にさいなまれていた。彼女が働いていた保育所では、子どもたちの悲しみを無視、あるいは軽視しがちだった。子どもの悲しみや寂しさの感情が、保育士や大人たちから、そこにないものとされるのを目の当たりにしてきた。フローテルーは、娘が大きくなって、忍耐力がつくまで待ちたいと思ったのだ。

そうして、彼女は期待されるのとは異なる女性の役割を引き受けた。その期待とは、メディアなどから彼女がこう感じ取ったものだ。

「トップの地位につき、世間に影響力をもち、ガラスの天井を突き破ってほしい」

ノルウェー女性が期待される理想の役割と、娘が小さいうちは一緒にいたいという彼女自身の欲求の間には大きな隔たりがあった。フローテルーは内心では、この欲求がフェミニズムへの大きな裏切りと見なされることや、裏切りが彼女に返ってくることを分かっていた。なぜ自分の選択は、フェミニストや政治家たちに支持してもらえないんだろう？　彼女はいつも、期待される「自立」という選択をしてきたので、娘といることを選ぶと経済面でどんな結果が待っているのかよく知っていた。彼女は数年したらまた働こうと考えていた。

ヴィルデの父親は郵便配達員で、帰宅時刻は早かった。娘は保育所に間に合うように早起きする必要がなかったので、かなり遅くまで起きていた。母親がブログを書いている間に、父と娘はたくさんの時間を過ごした。父親が娘を職場に連れて行くこともあった。ヴィルデが大人の生活を知り、母親と一緒に買い物に行き、父親と郵便配達をすることが、フローテルルーの主婦計画においても重要だったからだ。フローテルルーは、「私と夫が、二重労働を負う夫婦や、家にあまりいない親と同じぐらいには、子育てについて対等だった」と言った。

主婦である女性たちと会うために、私がノトデンに行ったのは、ほかに理由があった。オスロ住まいで、平均的賃金をもらう人の大半は、主婦暮らしをする経済的余裕がない。フローテルルーの女友達の一人は、子育てに専念する余裕がないために田舎に引っ越した。第一の問題は、住宅ローンやマイカーといった大きな出費だ。あとは自分の稼ぎがない場合、生活費はどうなるのだろうという点だ。――私たちは経済的に自立するために働くのだと言われている。フローテルルーも分かっていた。彼女は、40年前なら労働の権利を求め、先頭に立って闘っていただろうと言った。彼女は数年間、その機会を別に生かした。ヴィルデと一緒に家にいるのは、その時の彼女が何より強く望んでいたことだった。

「焦らずにリラックスして夕飯を食べること」

フローテルーの女友だちの一人はそう言った。彼女は文化活動を大学で学び、子どもが2人いた。別の友人は、2歳の子どもを持つ思想史家で、3人目の友人は、田舎に引っ越してくる前はオスロで不動産業を営んでいた。皆、今は主婦だが、子ども自身がどうして保育所に行かなくてはならないのかを理解できるぐらい成長したら、働きに出る予定だ。主婦になることは、政治的な選択だと彼女たちは言う。主婦になることは、社会の隅に追いやられることを意味するからだ。慎重に歩まなくてはならない、とも彼女たちは言う。主婦をしていると言おうものなら、ほかのフルタイム労働者からお荷物扱いされてしまうからだ。女性たちが主婦でいるという選択をできるかはもちろん経済状況によるとも言う。誰もが誰も、懐《ふところ》に余裕があるわけではない。でも、郊外の方が選択をしやすい。もちろん何よりも、子どもと過ごす時間があるかどうかを念頭に決める。女性たちは異口同音にこう言った。「この社会の仕組みは、例えば親とのふれあい、家族団欒、母乳を望んだ期間あげられることなど子どもにとって自然なことのためにはできていない」。彼女たちは皆、労働生活を送っていた時のように認められたいという欲求はあった。家で家事をしても、誰も褒めてはくれない。フローテルーは、現代においての母親としての成功は、小さい頃の子どもを家庭で育てたか、保育所に入れたかで測られると言う。子どもを自立させることは、非常に重要な目標だ。子どもが保育所にすぐ適応できたり、一人寝ができたりすることは称賛の対象だ。全てが男性中心主義的なマッチョな価値観に合わせてつくられている、と彼女は言う。

女性たちは2年間の育児休暇付きの制度を望み、一日の労働時間がもっと短ければフルタイムの仕事に早く戻れたのに、と言った。彼女たちは、女性が外で働く権利を得るための闘いに飛び込む準備はできているのだろうか？　この成り行き任せの闘いはどこに繋がっているのだろう？　彼女たちは、ノルウェーのいくつかのフェミニズム団体が、自分たちの意志を代弁してくれているとは感じていなかった。これらの団体の頭に、一般女性の日常生活はないからだ。主婦になるという選択はむしろ問題と見なされていた。フローテルー自身はフルタイムで働く友人に偏見はなかったし、全ての女性が望めば働けるようにするための闘争にも、反対してはいなかった。

なぜその両方が認められないいんだろう？

ここがポイントだ。彼女たちの一人は言う。「男女平等は女性を男性社会に適合させる試みだ」と。彼女たちは、キャリアが人生の唯一の価値基準になるのを警戒していた。一人は、次のようにまとめた。

「かつて家庭は女性の牢獄だった。今は、労働こそが女性を閉じ込める牢獄だ。家事と育児の両立は絵に描いた餅だ。なのに主婦になる選択をした私たちは、志が低いと思われているに違いない」

ちなみに、主婦になる選択には別の側面もある。女性たちは衣類の消費を抑えるなど、外で働いていた時よりも環境に配慮した生活を送るようになった。
主婦たちは、あたり前のように思われているノルウェーの女性像に疑問を投げかけた。この国を、キャリア志向のノルウェー人女性と、主婦志向の移民女性の二つに分けるのは乱暴だ。現実にはもっと込み入っている。肌の色や民族的なルーツにかかわらず、ノルウェー人女性には様々な文化や夢が混在している。

ケア労働の価値が再び見直されている。私がノトデンで話した主婦たちが、フェミニストたちは自分たちのためには闘ってくれていないと感じていても、実は主婦のために闘ってきたフェミニストはいる。自分のことを「ケア労働フェミニスト」と呼ぶ者がいるのだ。[26]
ケア労働フェミニストの目標は、女性文化と女性に見られる典型的なケア労働のパターンに沿って、互いに思いやりをもって接する社会をつくることだ。[27] 彼女たちの信条は、女性が男性と同じことを要求して、最終的に男性と同じになることを望まないことだ。彼女たちは社会における女性と男性の任務と役割は同じではないと問うている。そして、ジェンダー闘争は、女性の母としての価値、主婦としての価値、文化や組織生活での特別な経験や貢献の価値を社会により認めさせる闘いであるべきだとする。[28] 例えば、無賃ケア労働に対しより多くの年金ポイントを与えるという要求や、女性が大多数を占める医療や介護業界の賃上げといった要求である。これらはノルウェーの主婦組合が求めてきたものであり、ワークフェアに沿うことが絶対視され、職業的な活動に焦点が置かれた時代にこそ必要な価値観だとされてきた。ケア労働を重視すべきだとか、女性固有の価値があるといった主張は、しばしば保守派やクリスチャンの口からも飛び出す。そのため、このような思想や理論が、実はフェミニズムそのものから生まれたのだと思い出すことで得られるものは大きいだろう。私たちは女性とその価値を特別視するべきではない。男性は女性と同じようにケア労働に向いているが、それでも「女性の伝統や経験の価値が、男性の利益のために低く見られていないか？」と自問することは大事だ。伝統的に女性たちの仕事とされてきた家庭内労働は、その価値を認められることなく、女性たちがただ負わされてきた。一方、男性たちが伝統的に負ってきた家庭外労働は、時間とお金を物差しに、価値が認められてきた。

２０１２年の『ノルウェー経済における女性の役割』という本では、社会経済学者のシャロッテ・コーエンが、一世代で女性たちがどのように主婦から職業女性になったのかを描く。過去40年間に女性たちが行った無償労働はどうなるのだろう、と学者は問う。それらにだって価値はあるのではないか、と。コーエンは70年代に経済を勉強した時には、女性と子どもは存在していないかのような扱いだった、と言う。パートタイム労働の女性たちは、まるで社会不適合者であるかのように世間のほとんど隅に追いやられていた。男性は〝イルケス・アクティヴ《yrkesaktiv》〟（仕事に積極的）とノルウェー語では言われている。では、それと逆の人は、消極的なのだろうか？と彼女は尋ねた。[29] 女性は主婦だろうとそうでなかろうと、労働時間は男性と同じ、もしくは長いのが常だ。コーエンは、見えない労働を見える労働に変えた。女性たちは今では市場が急速に担うようになってきている子育て、介護、料理、裁縫、洗濯を全てこれまで担ってきたのだ。エコノミストたちは、女性たちが家庭で生み出してきたものの価値を真剣に受け止めようとしてこなかった。家庭での女性の努力は単なる個人の生活と見なされた。「経済学のブラックボックス」とコーエンは指摘した。経済学には、市場を説明するためだけの言葉や概念がある。[30]主婦は自身の労働力を売りはしなかったため、エコノミストたちからいないもの扱いされた。女性たちが市場に出始めて最初に従事した仕事の多くは、それまで彼女たちが家庭でしてきたのと同じケアやサービス業だった。

70年代にバリケードの前に立っていた一部のフェミニストたちをいらだたせることに、90年代の初めは労働ばかりに注目が集まった。この時期たくさん出た討論紙では、80年代が、どんなふうに女性たちを――フェミニストも――苦しめてきたかが書かれた。こんな批判が投げかけられもした。「女性たちが何世代にもわたり、家でしてきた努力はこうして見過ごされるのか?」「労働は過大評価されるのか?」

オスロ大学公法学科のトーヴェ・スタング・ダール教授は「どうして賃労働がそんなに素晴らしいのか?」と問うた。「正直なところ、非常に無意味で、過酷で、汚く、健康に害を及ぼす賃労働がたくさんある」とも付け加えた。[31]彼女は、どうして賃労働がフェミニストの間でも尊ばれたのだろうと疑問を呈した。マルクスが賃労働の譲渡と分配についてどう書いていたかを知ってほしい、と説いた。「社会民主主義者にとって、賃労働は突然、最善のものに変わった」[32]

90年代の初め、就学前の子どもを持つ母親のうち、働いていたのは4人中3人だった。ところがわずか20年の間に、共働きはあたり前になった。90年代には保育所が足りず、男女平等政策と国によって働くようけしかけられた女性たちは、福祉国家によるサポートなしに仕事に出なくてはならなかった。彼女たちは保育ママや家族から助けを借りるなど様々な個人的解決策をとった。もしも彼女たちがいなかったら、誰が代わりに子どもの面倒を見るのだろう？

新しい家族の規範が、現実のものとなった。母親も一家の大黒柱となり、またそう期待された。「仕事に活動的な父親」という言葉はなかったのに、「仕事に活動的な母親」という概念が生まれた。90年代の終わり、多くの女性の経済状況が一世代のうちに激変した。ダブル・インカムで世帯収入が増え、高級品の需要が増し、消費と余暇の新しい形が生まれた。この期間、女性たちの知識や伝統は、いつの間にか深刻なまでに放棄された。

2000年までにダブル・インカムの家庭が増え、人々が自分たち国民は平等であると捉えるようになると、フェミニズムは復興期に突入した。北欧中の前衛的な若い女性たちによって様々なフェミニズムの本が書かれ、フェミニズムは思いがけず議論のテーブルにあげられた。では、彼女たちの議論の目指すところとは、何なんだろう？　家庭生活、労働生活、仕事と家庭の両立についての議論から何を取り入れることができるのだろう？

∴ 2000年代のフェミニストが日々の秩序を築く

1999年、スウェーデンで『うるさい雌豚ども』という書籍が出版され、それに続き『殴り書き』『お局様』『フェミニジョン』、最終的にノルウェーでアンソロジー『女性の闘争』が出された。今では奇妙に思えるが、90年代は「フェミニズム」という言葉は偏見にさらされ、公の場でフェミニストと名乗るとちょっとしたスキャンダルになった。2000年代になると、フェミニズムが急にトレンディーな重要事項となり、2004年に出版されたフェミニズム雑誌『クール』は、フェミニズム・ブームの決定的なシンボルになった。

若い女性たちが、世紀の変わり目に伝えようとしたのは、何だったのだろう？　運動を起こすことも、女性団体に属することもほとんどしなかったフェミニストたちの目に、今のフェミニズムはどう映るだろう？　共通の争点はあったのだろうか？　彼女たちが今の時代を生きていたなら、メーリング・リストに入るだけか、完全に一人でいるのかもしれない。この手の女性たちは個人の活動家でいること、それに一人語りを何より尊ぶ。彼女たちは「個人の時代」の女性たちだ。

彼女たちの大半は、子どもを持つには若過ぎる、知性主義者だった。端的に言うなら、書き手には、ケア労働者も産業労働者もいなかった。当時すでに居場所を見つけていたのも、自身の意見を親身に、親密に、強烈に、また個人的に表明していたのも、女性だった。

2000年代に新しいフェミニズムの議論を始めたのは、男女平等に重きを置いたスカンジナビアの福祉国家で生まれ育った若い女性たちだった。ジェンダーと男女平等について、労働生活、家族、身体、容姿、セクシャリティの議論を求める論調が彼女たちの本には見られた。彼女たちは70年代のフェミニズムから距離を置いていたものの、一世代前のフェミニストたちとの共通点が一つあった。彼女たちは非常に個人的なことを話し、そして個人的なことを政治的な問題へと変えたのだ。これらの本でフェミニストたちは身体やセクシャリティやポルノ、少女たちが期待されるのとは異なる関心や方法で「見えない差別」を書いた。本で用いられた例は、彼女たち自身についてであることが多かった。

彼女たちの本は矛盾をはらむ。書き手の大半は、自分たちは不平不満を言うべきではないと感じている。自分たちが恵まれていると知っており、「あなたたちは男女平等の国にいるのだ、あらゆる機会に恵まれているのだ」と言い聞かされてきた。書籍『殴り書き』を編纂したヒルデ・シャロッテ・ソールハイムとヘッレ・ヴォーグランドは、「はじめに」で次のように書いた。「H&Mの下着キャンペーンに異を唱えるのは愉快なことではない。そんなことをしたら嫌われてしまう」

人々からあなたはすすり泣いていると思われていると彼女たちは書く。そして、あなたに文句を言うのはやめるよう呼びかける。

「イランに行け。そうすれば、フェミニストになる理由が見つかるだろう！」[33]

これまで挙げた本は、特定の分野でやや抜きん出ている若い女の子たちの寄稿から成る。編集者たちから、書かないかと誘われた時点ですでに彼女たちはひとかたならぬ存在なのだ。それでも彼女たちは満足しない！　彼女たちには伝えたいことがあるのだ。彼女たちは自分自身を差し出す。強姦、同性愛、スタイルにこだわってしまうこと、倫理的な混乱。自分たちにとってフェミニズムとは何か、彼女たち自身がどう定義しているのか。『殴り書き』を今、読み返すと、弱冠20歳の――いや、もしかしたらもっと若かったかもしれない――当時の自分と出会うことになるだろう。

ところがこれら本の中のフェミニズムは、一世代前のフェミニズムと大きく異なる点があった。制度に対して完全に無批判なことだ。階級や社会に無自覚で、オープンであることが助けになる以外に、彼女たちが嫌う事柄をどう変革すればいいのか、提言をほとんどしない。『お局様』を編纂したカトリーネ・サンドネスとベアテ・ノッスムとクリスティーナ・スミット・エリクセンの以下の文章にそのことがよく表れている。

「私たちは70年代よりもいい意味で、混乱しているのだろう」[34]

著者たちは低賃金の仕事をしているのも、家事の大半を担っているのもいまだに女性だと言及しつつ、労働組合にも、クオータ制にも、男女の賃金格差の是正にも、何かしらの労働生活の改革に向けて動こうとはしない。代わりにこう答える。「どんな人生を送っているかや、選別に左右されず、女性たちがありのままに評価されるように闘おう」。彼女たちはひとくくりにされるのでなく、個でありたい。しかし個々人がどのようにして世界を変えるのかは分からず終いだ。ひょっとしたら変えようともしていないのかもしれない。男性の空間の数と同じだけ、女性向けの空間をただつくろうとしているだけなのか。書き手にとってのフェミニズムは、フェミニズムそのものと同じぐらいたくさんの形がある。「歴史が90年代女性の輝かしい人生像をつくるよう、一緒に願いましょう」と彼女たちは述べている[35]。

ポストモダン時代の子どもたちにとってもそうだ。重要な思想、様々な歴史はあっても、組織化されたフェミニズムは不在だ。個人主義が再びフェミニズムを席巻し、抑圧について「大きな物語」はもはや存在しえないと言われる[36]。

とはいえ、彼女たちが書いた本や繰り広げた議論は、今日《こんにち》のフェミニズムに適切な光を当てている。行き過ぎた個人主義は現代社会の象徴だったし、いまだに現代人の象徴とされている。女の子たちと女性たちがそれぞれ体験した、見えない、隠された差別を話そうとすることが重要だった。80年代に言及されずにいたあれこれを考えると大きな前進だ。

子どもを産むことを全く想像できなかった女性たちの多くが、10年経った今、母親になっている。少し混乱して彼女たちのうちほぼ誰も望んではいない（大半が最終的に望んでしまう）子どもを持ち、レールに乗った人生を生きることで感じる抑圧と、家事と女性の義務への嫌悪について、彼女たちが本に書くことは奇妙なことでも何でもない。

これらの本は、善良で、恥ずかしいほど正直かつ、パーソナルな方法で、社会を先に動かす道具を授けてくれた。ただし、家庭での仕事についてラディカルな問いを投げかけたのは、若者の一人ではなく、70年代に盛んに活動していたフェミニストのシェスティ・エリクソンだけだった。彼女は言った。

「家にも仕事があります。ところがその仕事は経済の解釈では、仕事ではないのです[37]」

エリクソンは、労働が相も変わらず、「お腹の中にも、ほかの場所にも」子どもがいないのを前提に考えられているのかを議論したがった。[38]

その問いの答えの一部は、2000年に出された『フェミニジョン』〔ヴェスレモイ・ローデ、カミラ・バッケン・ウーヴァルド、社会主義情報協会著〕という本の中で得られたのかもしれない。エリクソンと同じ系譜にある本だ。生き方を変えたければ、内輪の次元を脱しなくてはならない。『フェミニジョン』では、フェミニズムの歴史という形で――勝利、逆境、望む変革をどう実現するのかという問いなど――若い社会主義者たちの先取的な真摯さが露わになった。興味深いことに、この本には、〈平等vs.解放〉という珍しい議論が載っている。著者たちは、解放とは、女性の役割全体を変えるための闘いである、と明確に定義している。たとえこの本が先の2冊の本に比べ、内面的で小さな一歩を踏み出したものに過ぎないとしても、既存の枠組みから飛び出したい個人に焦点を当てている点は注目すべきだ。女性の賃金と労働にもスポットを当てて、労働時間の短縮といった取り組みを求めているのは興味深い。解放運動に必要な要素は時間であると彼女たちは言い、一日8時間労働は小さな子どもがいる家庭の共働きを困難にしている[39]、とする。さらに重要なことに、「時間があれば社会に積極的に参加しやすくなる。今日《こんにち》の女性たちは家庭での責任を引き受けている上に、フルタイムで働くという選択をしているので、ほかのことに充てる時間がなくなってしまう[40]」とも書いている。

女性たちは、仕事と子育ての両立の難しさがこんなふうに言語化されないまま、ただただ自分たちにのしかかるのを経験してきた。これらの思想は、ノルウェー・モデルにおける日常生活が困難であるという仮説を強化する。

残念ながら、現在のフェミニズムの議論においてこれらの制度批判は、身体やセクシャリティ、プライバシーといった範囲に留まり、メディアが扱いやすい範囲を脱していない。2000年代の本は、福祉国家と男女平等先進国というスカンジナビアの自慢に異を唱え、少なくとも身体や自己像、セクシャリティといったテーマについて重要な議論のプラットフォームと機会を与えてくれた。

女性が男性と対等になるべきか、あるいは解放されるべきかを議論するにしろしないにしろ、一つ確かなことがある。福祉国家や公的サービスは、どちらにおいても極めて重要なものだということだ。福祉国家を維持しているのは、単に政治的な意図がその背景にあるからで、もしも国民同士の連帯が強固であれば福祉国家の必要性を自らの力で訴えられるのだ。これには階級間の連帯が必要だ。連帯が意識されなくなれば、例えば医療や教育が有料の個人サービスとなり、それらに手が届く中流階級や上流階級の人たちは、貧しき人も富める人もアクセスできる医療や教育への関心を失ってしまうはずだからだ。女性運動もまたそのような道を辿りかねない。私たちは自分たちとは異なる問題をもつ女性たちとも連帯するべきだ。

1953年に女性問題に取り組んでいた女性児童心理士のオーセ・グルーダ・スカードは、この点を指摘した。女性運動は、ほかの女性より大きな問題をもつ女性たちに光を当てつつも、女性間に分断を生まないようにするべきだ、と。分断を避けるため、異なる女性団体がもつ異なる問題も実は繋がっているということを理解するべきだと彼女は説いた[41]。私はさらにこう付け加える。社会の様々な断片――人間を支配する労働生活、イデオロギー、経済システム、価値――が、どう繫がっているかを理解するべきだ。

一人ひとりは、福祉国家単独を救ったり、改善したりすることはできない。2000年代のフェミニストは、非常に重要な仕事を成し遂げた。さらに大きな変革を起こすためには、個人的なことを集団的なものと捉えなおす必要があるだろう。

∴ ちょっとした主婦と手伝う夫

二重の役割を機能させるには、夫婦ともに、家事や育児に参画する必要がある。これはまたフェミニズムの課題だ。「夫を家事と育児に引き入れよう、男性も女性と変わらずよいケア労働者だ」。男性学の研究者からのこんな声もまた、男性の家庭への参加について後押しする言葉を贈っている。女性にとって歓迎される展開だ。ノルウェーの家庭の多くでは、このような協力関係はあたり前のもので、うまく機能している。それでも女性の方が男性よりも病欠する人が多いし、時短勤務の人も多い。男性で家庭と仕事の両立の難しさについて話す人はあまりいない。どうしてだろう？　家庭の中はほかの場所ほど、男女平等が進んでいないからだろうか？　家庭が順風満帆にもかかわらず、家庭というホームで男女平等を果たせていない人たちも多くいる。こうして女性がいまだに家庭の運営を担い、男性は手伝いで終わっているのなら、女性たちが疲弊しているのも不思議はない。70年代の英国のフェミニストだったスージー・オーバックはこう言った。「便器を磨いているのは今も女性です。子どもの歯医者の予約日時や、子どもたちの叔母の誕生日を把握しているのも女性です。日々のルーチンに心を砕いているのは、私の経験上、ほぼいつも女性です[42]」

今も日々の細々とした選択に参加する父親は少ない、とユーリエ・ブロットコーブは2012年に『女だけ？』という本で指摘した。男性は取締役のような役割を果たし、組織編成と経済の両面で枠組みをつくり、あのお店で息子の新しい上着を買ってくるなどの決定事項を実行に移しているのだと言う[43]。家を切り盛りするのは、24時間休みなしもありうる大変な頭脳労働である。そこに男性を参加させる選択肢はないのだろうか？　掃き掃除、拭き掃除、誕生日祝い、ほかの親と連絡を取り合って子ども同士を遊ばせるという夫の役目を免除する女性がいたら見せてほしい。一方で、私たちは男性が心からそれらを望んでいると100％確信しているだろうか？

私は女性たちがしばしば夫を「よく手伝ってくれる」と形容するのを耳にする。大臣のアンニケン・ヴィットフェルトでさえもそう言った。2013年1月28日、「ダッグズレビューエン」紙上で行われた、女性の病欠についてのインタビュー上での発言だった。ポジティブな意味合いだったようだが、私たちが家庭での性別役割をどう考えているかについて、大臣の発言は物語っていた。

2011年に労働研究所がアメリカの世論調査会社ギャラップと共同で行った調査で、ノルウェーの男性が自分の家は男女平等と言ってはばからないことが分かった。[44] 新聞ニュース代理店《アヴィーセネス・ニューヘッツビューロー》（ANB）によると、女性の71％が、自分は家事と育児の責任を一番負っていると思っていることが分かった。2年前の同様の調査結果から3ポイント上昇していた。一方、家で主な責任を負っているのは女性だ、と考える男性は44％しかいなかった。これは6％減だ。48％の男性は、男女で責任は半々に分けられていると答えたが、同じように感じている女性はわずか28％だった。

男女間で現状理解に隔たりがある。これは特に男性にとってのパラドックスだ、と当時のこの調査の責任者だったトーレ・ユージン・クヴァールハイムは断言する。フェミニストにとっても、と私の方で付け加えたい。これらの数字から、なぜこんなにも多くの女性たちが時短勤務をし、家庭と仕事の両立がこんなにも難しいのか理由が分かるのではないか。男女平等と言ってはいるが、口先ばかりで行動は伴っていないのではないか？　ノルウェー家庭の男女平等の実態と、私たちの実感との間には隔たりがある。

この調査はアグデル大学のウッラ・ブリット・リッレオース教授の協力を得ていた。彼女の研究によって、多数の女性がフルタイムで働いてはいるが、いまだに家庭で責任の大半を負っていることが分かる。責任を背負いこみやすい女性は、慢性疾患に陥ることが多いという。２００９年９月22日の「アフテンポステン」紙で彼女は次のように言った。

「女性たちはこらえ性がなく、すぐに弱音を吐くと思われがちですが、実際はその逆で、我慢して我慢して、それゆえに長期間の病欠を取らざるを得ない状況に追い込まれるのではないかと考えます。今日《こんにち》の労働は、回復の時間がなく、疲弊しきってしまうのです」

心理学者のアグネス・アンデネースは雑誌『キルデン』で、火曜日に学校での行事用にホットドッグを持たせるとか、水曜の誕生日会に立派なプレゼントを買っておくとか、よそ行きの服をきれいに洗濯しておくとか、今の子育ての責任は、家庭外にまで及んでいると語った。一般家庭には、一日中子どものことを頭に入れて行動している人が少なくとも1人おり、それが母親であることが多い。「もちろん両親が共同して責任を負う方法を編み出すこともありますが、今のところあまりうまくはいっていません」とアンデネースは言う。[45]

「女性問題ニュース」紙のある号で、ルンナウ・エリアーセンが、女性の多くが疲弊しきっているのではないか、と問題提起した。エリアーセンは1930年代から女性問題に取り組んできた。彼女はオスロのブルジョワ階級が集まる地域の主婦になれという期待に早い段階で背《そむ》いた。彼女は法律家になり、離婚して子どもの親権を求める女性たちを支援してきた。1960年頃のスピーチで、彼女は言った。「私たちは職業の自由を信じ、二重労働の義務を負いました。婚姻生活と労働生活を両立させようとする女性たちは搾取されているのです[46]」

2011年に彼女は、男女平等は大方達成されつつあるとはいえ、女性はいまだに二重労働を負っているとした[47]。

ここで身体的な準備という言葉を使う。女性たちは家であろうと、常に働く準備ができている。例えば、2階に上がる時には、持っていくものがないか必ず確認するし、パンを地下室に取りに行くついでに洗濯機に汚れた服を放り込む、といった具合だ。

家庭には、見えないけれどやるべき仕事がたくさんある。家事にかかる時間と労力を測るのは難しい。パートナーと土曜に2時間かけて家事をしたとして、それだけでわが家は男女平等だと無邪気に言うような、「公式の家事」だけではない。いつの間にか自然に終わらせ、でもしたとは意識していなくてくたびれてしまう家事にもある。出所が分からない苦しみや疲労といった形で現れる。慢性疲労だ。家庭は休息の地というよりも仕事場なのかもしれない。

家で起きることを人生の一部と捉えることなくして、女性闘争に参加することも、解放について考えることもできない。実際に家で起きることをできるかぎり理解する必要がある。

2010年のジェンダー研究誌『我ら』は一号丸々、家事特集だった。『辺獄での家事？　主婦のいない家族への感情投資』という記事で、研究者のヘレーネ・オーシェットは、複数の親に聞いた。インタビューを受ける親は当初、労働における可能性と家庭での責任を両立させろと主張してきた人たちだった。[48] それにもかかわらず、男性よりも女性の方が家庭を自分の居場所だと感じていて、いつでも家事や育児をする心構えでいることが分かった。男性たちが女性からの「命令」にしたがってタスクを実行していたのに対し、女性たちは家事全体に対して責任をもった。つまり男性がしていたのは、あくまで手伝いだった。

研究者のルーナル・ドーヴィンとイングン・グリムスタッドは『我ら』で、雑誌の中に洒落ていて清潔な家の写真があっても、そのような家がどうやって洒落ていて、清潔に保たれているかは、決して書かれていないと指摘した。[49] ドーヴィンは言う。美味しい料理の記事には、常にレシピが補足されるのに、きれいな家が紹介されても、掃除については何も書かれない。汚れや乱雑さは恥の概念と結びつくらしい。

公平な家事分担をしていないカップルは、分担を個人的な敗北と見なしている。男性にとっては家事を免れたという安堵を含むが、女性にとってはただただ迷惑なばかりだ。彼女たちは仕事をしなくてはならないが、同時にそのことを恥じている。昔の主婦と今の女性の重要な差は、彼女たちが負う責任と、実際に引き受けざるを得ない責任の差だ。[50]

主婦が消えても、主婦がしている仕事は消えない。グロー・ハーゲマン教授と研究者のエーリン・ラーセンは次のように書く。「家事は解けないパズルのようなものだ。家事の担い手は、これまでも今も女性だ。また女性は個人であり、家族の一員であり、私人であると見なされるから、私たちは皆、細かな家事という『小さな』歴史を『大きな』社会史と融合させようと苦心している[51]」

男性が父親休暇で家にいる際、帰宅すると、家が快適で整理されていたと言う女性はたくさんいるだろう。逆はどうだろう。女性が仕事から散らかり放題の家に帰ると、夫が床の上で子どもと幸せそうに遊んでいる。そこから彼女の次の仕事が始まる。骨の折れる仕事だ。両親休暇の三分割は一部の女性に、予期しなかったような無駄な作業をもたらした。一部の女性にとっては、理想と現実の差があまりに大きく、男女平等とはほど遠い。「アフトンブラーデット」紙というスウェーデンの新聞のコメンテーター、オーサ・アーランソンは、このことを次のように書いている。

世の中には、育児休暇を取ってもらえば夫がいい父親になると思っていたのに、すっかり失望させられた母親で溢《あふ》れている。一日の終わりは、いつもきまって家がイェルサレムの終焉のようだった。大きい男の子と、小さい男の子2人が、床にこぼれたオートミール粥《がゆ》の上で、頭におむつをかぶって座っているのだという。こんな時、女性への忠告は決まって、管理するのをやめたらいい、というものだ。夫が理解するまで、全て放っておく。ところが、どこまで放っておくのが理に適っているのかという絶望的な議論に行き着く。学者ぶった人たちに、秩序を求める権利があるのだろうか？ それとも怠け者は、ほかの人に埃の中で生活するよう強要してよいのだろうか[52]？

なかには、どちらも家事を優先しないことで、軋轢《あつれき》から脱しようとする夫婦もいる。金銭的余裕がある人は、家事をする主婦を買う場合もある。オペアだ。

∴ オペアという解決策
文化交流？ それとも低賃金の主婦？

ノルウェーは、女の子がオペアとして外国に出稼ぎに行く国から、よその国のオペアに来てもらう国に変わった。また、昔とは違う国からオペアが来るようになった。現在、ノルウェーのオペアの90％が、フィリピンから来ている。多くの人たちが貧困を脱し、よりよい生活を求めている。冒険心から世界に飛び出すノルウェーの若者たちとは大違いだ。オペアを雇うホスト・ファミリーは助けを得たくてしようがない[53]。オペアを募集する広告に求められるのは、ストレスに満ちた日々の重荷を下ろしてくれると感じさせることだ[54]。

オペアという解決策は古いが、オペアがノルウェーにやって来る理由は新しい。この解決策はフェミニズムについての議論でも、仕事と家庭の両立についての議論でも取り上げられる。オペアは私たちに次のような疑問を投げかける。

私たちの家事を別の女性が安い賃金でやることが、果たして女性の連帯なのだろうか[55]？お金の力でオペアの手を借り、仕事と家庭の両立の板挟みから抜け出せる家族があるとしたら、この層は、ほかの人たちの不満が理解できず、階級差がさらに開くことにならないか？オペアという私的サービスは、包摂的な福祉制度を脅かしやしないか？一種の使用人からの助けを得ることに慣れてしまった家族はどうなるのだろうか？オペアがほかの国で働くために家と家族から離れている女性たちという、大きな構造の話にまで入り込むのであれば、フェミニストとして私たちはどんな姿勢を示せばいいのだろう？

オペアや家事を引き継ぐ人たちの存在は、家事や女性の役割、階級差、女性同士の連帯や女性観に問題を提起する。男女平等は全ての女性のためのものとされる。私が疑問に思うのは、オペアたちがその「全ての女性」に含まれているのか、ということだ。つまるところ、オペアたちはここ北欧の一部の人たちが残業も厭《いと》わず働き、男女平等やキャリアを謳いたいがために、自分たちの自由を犠牲にしているのではないか。

なぜ多くの家庭が、福祉国家の制度のほかに、支援が必要な事態に陥るのだろうか？　答えは複数ある。労働が大変過ぎて、家事までこなすのは困難だからだ。男性が家に帰ってきて、私たちが望むようにコミットしてくれることも決してない。お金の余裕がある人たちは家事を免れる機会に目を光らせ、そのチャンスを逃さない。私たちはちっとも怠惰じゃない。

ベルゲン大学社会学部のマリアンネ・ホウダンが2005年に書いた修士論文『ノルウェーのオペア――その質的研究』で、たくさんのオペアたちがノルウェーでの日々についてインタビューを受けている。その結果、オペアたちは皆、法律で定められる一週間の最長労働時間の30時間を超えて働いていることが分かった。これもまたフィリピン労働者協会やオペア・センターといった機関でよく聞かれる問題だ。[56]オペアは時給をもらっていないし、労働者としての権利も与えられない。得られるのはお小遣いと食事と下宿先だけだ。

男性と家事を分担することで、家事の社会的地位を高め、働きに出る機会を得ようと闘ってきたノルウェー人女性たちでさえも、ほかの女性たちに家事という仕事を担ってもらっている。それは賃労働で忙しく、子どもの世話や家事をする余裕が全くないからだろうか？　男性と女性のどちらもない？　家事を個人で「外注」する人が増えた今、ケア労働の存在感はますます薄れている。職場では、家庭の事情で早退しなければならない従業員と、早退とは無縁の人との間で大きな温度差がある。オペアにやらせるからと、あなたの同僚が誰も子どもを保育所に迎えに行く心配がないのであれば、あなたの早退はより一層目立つだろう。全てをこなしている人たちがいる一方で、常に後れをとる人たちがいるように思えるかもしれない。しかし前者は全てをこなしているわけではなく、単に家にお手伝いが、人によっては毎日いてくれるだけなのかもしれない。母親だろうと、清掃員だろうと、ベビーシッターという決まった制度だろうと、オペアだろうと、個人的な助けがなければやっていくのは不可能だ。毎日一人で全てをこなさなくてはならない人たちと、助けを得られる人の格差は広まるばかりだ。このような現状では、「より多くの人たちに、より平等な機会を提供する」という福祉制度の改善について、一般層から賛同を得るのは難しい。それにオペア自体は問題ではない。うまく機能すれば、当事者にとって実りある制度になりうる。多くの家庭が、楽しい時を過ごし、疲弊してしまわないように、助けを得る必要性を感じているのも理解できる。私たちが家庭と仕事の両立について個人での解決を望むのであれば、福祉国家の緩やかな衰退に繋がりかねない。私の目から見ると、よいフェミニズムでも家族政策でも何でもない。

グローバリゼーションで、一番国境を越えて繋がったのは経済だ。金融の世界の網は、地球上の人間全員を捕らえ、その網の中にノルウェーの女性たちもいる。大きな世界と、小さな家族での問題には隔たりがある。

私たちの日常は、外の世界と結びついている。そしてこの世界では、市場が社会問題の大半を解決できると信じられている。永遠に成長し続けられる、より効率的に、より稼ぎも増える、とも。これが私たちが家庭と仕事の両立に難しさを感じている大きな要因だというのが私の意見だ。市場の要求に応えるには、私たちは足を踏ん張り、よりよく、より効率的にならなくてはいけないのだろうか。このような市場価値は、現代のフェミニズムを様々に特徴づけている。奇妙なことではない。フェミニストたちも世界で生き、世界に参加している。ところが、女性管理職の割合を増やすとか、清掃員の借金返済猶予とか、ワークフェアに対する無批判な信仰にやや偏り過ぎた、労働生活を単なる解放と見なすフェミニズムに陥りがちだ。労働運動や政党には、女性たち全員によりよい労働環境を絶えず求めるフェミニズム勢力がある。しかし、これらの勢力が新聞の見出しになったり、議論されたりすることは、残念ながらない。

労働力に対する見方は人によって違う。私がここで触れるフェミニズム・グループは、ブルジョワのフェミニストを名乗る人たちのことだ。彼女たちは集団としての立場を明確にすることはないが、個人的に左派政党に働きかけたり、個人で活動し始めたりしている。彼女たちにとって、市場の力は脅威ではない。彼女たちにとって、資本とは自由のことだ。左派の女性ユーリエ・ブロットコーブが著書『女性だけ?』で書く通り、国からの規制がなくなり、女性たちが自身の能力と可能性を生かすことがより容易になった。グローバル化と市場の解釈において、ブルジョワのフェミニストとラディカル・フェミニストたちは、それらの発展が女性の可能性を閉ざしもするし広げもするということを、主張し合っている。女性たちの日々の課題は共通しているが、問題が起こった原因と解決策については意見が一致しないこともある。問題が起こった原因は何か。ブロットコーブと私の意見は一致しているが、解決策については異なる。私たちはどちらも複数の選択肢を常にもちたいと考えるが、ブロットコーブは資本主義を推し進めることで得られることが多いとするのに対し、私は資本主義は選択肢を狭めるという理由でこれに批判的だ。

私たち皆が望む選択肢はどうだろう？　選択の自由は、効率性や個人主義といった概念と同じく、新自由主義においては非常に大きな褒め言葉だ。これら三つは、戦後の時代を象徴する連帯、忍耐、コミュニティ、忠誠といった概念とは対照的だ。

人々に、あなたたちの人生には無限の選択肢があると語る行為は、様々な制度が民衆の反逆を防ぐための手段だった。無限の選択が実際に存在するわけではない。今でもそんなものは存在しない。

70年代のフェミニズムは、グローバル資本主義と同時に、またそれに対抗する形で成長していった。この二つはどのようにして結びつくのだろう？　フェミニズムは資本家から卑劣な提案をされたり、夫から足を引っ張られたりするのを受け入れてきたのだろうか？　もしそうなら、「だから私とあなたの日常生活は今のようなあり様なのだ」と言わざるを得ない。

ひょっとしたら資本主義とフェミニズムは、無意識的に互いを支え合っているのだろうか？そうなら私たちはすぐにでも別々の道を進むべきだ。今日《こんにち》のグローバルな資本力は、世界の女性たちに壊滅的な結果をもたらしかねない。フェミニストとして、一度ゆっくり考えてみるべきではないか。ラディカル・フェミニストたちのもくろみは、貧困や搾取のない世界のために闘う動きだったはずだし、これからもそうであり続けるべきではないか。このユートピアを手放すのは拒むべきだ。個人の勝者を求める制度では、女性は最大の敗者になるリスクにさらされている。これを理解しているフェミニストたちは、制度を常に批判し、問う。今の制度で甘い汁を吸うのは誰か？　本当に世界中の一般の人たちの利益になっているのか？　もしも答えがノーであるなら、自身の批判感覚をフル稼働させるべきだ。

私たちフェミニストは、自分たちがどの制度の一翼を担い、どの制度の影響下で闘っているのかを知らなくてはならない。２００９年の『魅惑されたフェミニズム』という本で、アメリカ人のフェミニスト、ヘスター・エレンスタインが、現代のフェミニストは意識的、または無意識的に、新自由主義と自由市場を強化しているのではないか、と指摘している。世界の資本主義の構造と男女平等の勝利とには関連性があるのだろうか？　資本主義は、フェミニズムの思想を、自分たちの目標を果たすための踏み台にしてはいないか？　エレンススタインは70年代の極左のフェミニストで、このような疑問を投げかけることは、彼女にとって簡単ではないと認めている。それでも制度の代替案を示し続けることには変わりはない、と彼女は書いている。特に今のような経済危機の時代には、資本主義の魅力は少なくともフェミニストたちからは見破られてきた。フェミニストたちの多くが、制度の中でキャリアの道を自ら進んできた場合には、問題をはらむ。

作家で反グローバル主義の活動家であるナオミ・クラインはこのことを『ブランドなんか、いらない』（新版、松島聖子訳、大月書店）の中で取り上げた。[57] この本でクラインは長年、女性団体に属し、個々人が抱えるちょっとした問題の改善に力を注ぎはしても、視野を広くして、グローバル化が世界全体の害になっていることには目を向けてこなかった、と反省した。それはまるで「家全体が燃えているのに、家具を少し移動させるようなものだった」と彼女は言う。グローバルな視点をもたないと、クラインが言うように、女性の幸福によい影響を及ぼすであろうささいな変化を起こせても、自分たちがより多くの人たちを傷つける制度を同時に支持してしまっていることに気付けない。

90年代、ポストモダニズム論という科目でフェミニズムが教えられることが多かった。ポストモダニズムにおいては、「大きな物語」や歴史的文脈が無効とされるので、フェミニズムは、時間や地理的な場所、民族が有する様々な理論や思考が偶発的に統合された概念として教えられた。集団としての女性たちは、消えたことにされないために、細分化され、分割された。

女性が細分化されると、女性の抑圧について話すのは容易ではなくなる。ポストモダニズムによって女性たちはひとくくりにされ、男性でもノルウェー人でも異性愛者でもないとされた。これは興味深くも絶望的なプロジェクトだった。フェミニズムにとっては、このような研究が、以前よりなりを潜めたのはよいことだ。

私たちは自分が思っている以上に、このような思想に苦しめられているのかもしれない。フェミニズムとは、一つ、二つ程度のものを勝ち取るために、様々な集団によって社会のあちらこちらで用いられると私たちが考えているのであれば、フェミニズムは社会批判の基礎的な力になることを忘れてしまっているのではないか。まさにクラインをはじめとした人たちが言う通りに。

ここにパラドックスがある。例えばフェミニストが、暴力にさらされる女性たちのシェルターや、国のお金で運営される保育所を必要とする一方で、社会の格差を拡大する経済政策を支持してしまうこともある。

格差社会とは、犯罪や不安、家庭内暴力の多い社会であることが、研究によって分かってきている。[58] 3人に1人の女性は夫婦関係がよくないので、女性たちの自立が望まれるだろう。同時に、女性たちが自ら賃金を得ていても、自分で住まいを賄う金銭的余裕はなくなるような市場中心の住居政策を支持してしまうのだ。70年代の女性運動の目的が、社会制度の変革を通した女性の解放であったのなら、今も発言力をもつ少数のフェミニストたちに反映されているのだろう。

今日《こんにち》の男女平等に熱狂する人々は、家庭でも、私たちの社会でも、女性と男性が同じくらいの行いをした場合にのみ、満足する。仮に私たちがただ男性を女性たちと同じ枠組みに招き入れさえすれば、または私たちがそれを望みさえすれば、大きな変革がもたらされるのなら、より大きな変革など必要なくなってしまう。女性たちが男性を自分たちがいた居場所に入れようとしないという迷信がどこから生まれたものか、私には分からない。

男女平等の実践は、理論で謳《うた》われるほど、簡単ではない。だからといって、さらなる男女平等を求めて闘わない方がいいということでなく、はじめに私たちが何を望んでいたのか、男女平等にどんな希望を託していたのかを突き詰めるべきだ。

経済で人が権力を得る行為を批判するのは、女性の権利闘争の一つだ。フェミニストたちは経済史と経済の力についてもっと学ぶべきだ。私たちは恐らく、なぜここ10年の経済成長が、女性闘争の進展と並行して進んだのかを探るべきだ。恐らく偶然ではないだろう。[59]

北欧の福祉国家は危機を迎えている。デンマークでもスウェーデンでも、国家が予算を削減しようとするあまり、一般市民が福祉給付を失ってしまった。[60]私たちがいまだに、近隣諸国と比べて強固な福祉国家を保っていることは、NHO（ノルウェー経営者連盟）の雇用者の代表であるクリスティン・スコーゲンに、「警戒すべきこと」と見なされた。[61]

彼女は近隣諸国での改革により、さらに効率的な福祉国家が生まれると考えた。デンマークやスウェーデンの一般市民にとって、疾病手当の減額がどんな深刻な影響を及ぼすのかを想像すると、「効率的な福祉国家」とは実に恐ろしい言葉だ。[62]効率的？ 誰にとっての？ この言葉の背景には、一般市民は案外うまくやっていて、今ある福祉は必要ないのでは？ というおかしな疑念が存在する。[63]「スウェーデンでは北欧モデルに対する意識的かつシステマティックな解体が行われている」と労働組合のヴェガルド・ハースヴィークは言う。[64]研究財団FAFOのリーダー、ヨン・ヒッペは、ノルウェー・モデルがこうして破綻することは全くもってありえると言う。[65]

女性が仕事と子どもの両方を持つ上で、福祉がいかに大事かを、フェミニストたちは知っている。私たちフェミニストは、福祉国家を――結果的にではあるにせよ――支持する政策やイデオロギーのもとに組織されるべきだ。そのためには、フェミニズムは常に社会をシビアに検討する存在でなくてはならない。

∴ フェミニストはもっと家を守るべきなのか？

かつての男性と同じように、子どもも家庭も持っていないかのように働く女性もおり、彼女たちは職場の期待に応えようとする。

多くの親は、育児休暇後にもう一つの闘いが始まる――保育所の送り迎えに間に合わせるため、朝の会議に間に合うため、寝る前に子どもとせめて二言ぐらいは言葉を交わすための時間との闘いだ。ノルウェーのステイト・フェミニズムと主なフェミニズムの声が、これらの制度を支持するのであれば、フェミニズムは家族にとってでなく、雇用者にとって都合のよいものになってしまうだろう。家族のケアや政治活動といった私たちが担うことができることは、職場の要求に合わせた上で体力や能力が許す範囲で、手配するものとなるだろう。

大半の人はこういう状態を疑問に思わない。あたり前のものだから。[66] もちろん一番優先されるのは仕事だ。伝統的な主婦の仕事は、亭主のために家庭を整えることだった。家族との生活や家事はほぼ亭主やその職場を中心に回っていたと言っても過言ではない。実情は今でもあまり変わっていないのではないだろうか？　職場を優先して、家でやるべきことをひた隠しにしてはいないだろうか？

フェミニストたちにとって重要なのは、選択肢がどこまであるかだ。家庭生活の地位を高めたいのであれば、狭い道を慎重に歩かなくてはならないのか？　先に述べた通り、もう一度主婦を取り戻したいという批判に遭遇するまでは、今の制度に対する批判はほとんどなかった。

現在はかつてより高齢出産が増えてきている上、そもそも子どもを持たないという選択をする人もいる。女性たちは男女平等で自分たちは解放されていると感じていたが、子どもを持った途端、それまで抽象的な概念としてしか認識していなかった福祉制度に頼るようになる。私たちはジェンダーについて自分たちが何を望むのか、自分たちが生まれた時から今の性別だったのか、それとも生まれた後に今の性別になったのか、意見を表明することができるが、女性のジェンダーについてはやや疑念がある。なぜなら私たちは妊娠し、子どもを産むと、同じ年代の同じ状況の男性よりも、仕事や生活において様々な苦難に見舞われるからだ。

オスロ大学の経済学部の准教授、ヒルデ・ボイエルは2004年、女性の収入は男性の収入のわずか60%で、しかも10年間横ばいであるとした。男女平等を達成するため、女性が職場に戻れるよう男性は家に戻るべきだとボイエルは説いた。[67]「モルゲンブラーデ」紙の社会面の編集委員であるレーナ・リンドグレーンは、この件はフェミニストたちの懸案事項とした。「ボイエルの計算が、議論を私的な領域へ向けることになるだろう。私的領域というのはフェミニストたちの運動にとって、非常にセンシティブな問題だ。彼らが最終的に家を守る道をとったことがあるでしょうか?」[68]

ボイエルは、私たちはどのような社会を自分たちが守れるのか、痛みを伴うとしても向き合わなくてはならないと指摘している。

「私たちは、女性たちが男性並みに長時間、働かなくてはならなくなったことで生じる格差をなくすことはできない。こうして女性たちは子どもを産みたくなくなる。実際、産まれた子どもたちは、ケアを受けられなくなる」とボイエルは「モルゲンブラーデ」紙で書いた。[69]

家族のあり方についての対話や議論は、土日の新聞の補足記事といった場所で余興のように扱われがちだ。子どもや赤ん坊、女性の生活や家事は、きちんとした政治問題とは必ずしも見なされない。「個人的なことは政治的なこと」ではやはりないのだろうか? そんなことを私は、ノルウェー女性問題協会主催のセミナーに参加した時に考えた。著名な研究者がたくさん参加し、家族との生活や育児休暇、最新の生物学的知見、ケア労働、乳児たちといった現代の家族における重要トピックと、忙しい日常を改善してくれる解決策とビジョンについて議論した。そこでは個人的なことは政治的なこととは誰も疑っていなかったし、議論はロジカルに進んだ。セミナーは全国紙で複数告知され、誰でも参加できるものだった。参加していたのは大勢の女性と、たった2人の男性だった。ともに登壇者だった。この「小さな」政治問題に、男性が2人しか興味を示さないのは、問題ではないだろうか。

残念ながら女性会議となってしまったその会議では、私たちの日常に関わる研究や分析について情報が交換されたのに。私たちの子どもや赤ん坊にとっての最善は何だろう？　子どもが真に求めているのは何だろう？　私たちは子どもの共感力について何を知っているのだろう？　それらをどうやって一番に引き出せるのだろう？　この会議で示された研究により、離婚やパートナーシップの解消を望むのは主に女性の方で、家事や育児の分担の不平等が原因となっているということも分かった。これは多くの夫やパートナーにとって興味深い話ではないか。あなたが人生をともにする彼女が、あなたが目にしてきた中で最も大きなお腹をした姿で疲弊しきって仕事に行く際に、最大限の敬意をもって扱われるように行動することは、「男性問題」でもあるのではないか。あなたが誰より愛する小さな人が、保育所で最もよい教育を受けられるように闘う価値はあるのではないか？　あなたは、この闘いがなぜ闘うだけの価値があるのかを理解するために、子どもの心の成長やアタッチメントの能力について多少は知るべきなのではないか？

家庭で物事がどうあるべきか、子どもたちがどう育てられ、子どもの日常生活はどうあるべきか、責任を一番に引き受けるのが大抵母親だったのは、そう遠い過去の話ではない。幸い、今は父親がより参加するようになった。男性と女性が家族にとってさらによい状況を求め、ともに闘う際、起きうる最悪の事態は、男女の間に亀裂が生じることだ。例えば、互いのケア能力について敬意のない言い方をしてしまったり、ケア能力が足りないと責め立ててしまったり。

フェミニズムや女性闘争における男性の役割は常に不明瞭だったし、今でもそうだ。だが男性と女性の多くは、子どもともっとたくさん一緒にいたいとか、労働生活による過度な負担から解放されたいという共通の願いをもっている。それなら、この目標に向かって、男女両方の解放という名のもとにともに闘うことに何ら支障はないのではないか。

∴ 権利を求める現代の父親たち

元大臣で現在は社会主義左翼党（ＳＶ）の党首であるアウドゥン・リースバッケンが、２０１１年の新聞の一面で微笑んでいる。この記事で彼は娘のアウロラのために育児休暇をとって家で過ごした時間が「人生で最も恵まれた時だった」としている[70]［リースバッケンは男性］。私たちの多くが同意する言葉ではないだろうか。だけど、アニカ・フイットフェストやインガー・マルテ・トルキルセンといった女性大臣が同じように「赤ん坊と家にいた時間が私の人生で最良の時でした」と言うのを想像できない。権力と地位をもつ女性は、しばしばこの逆のことを強調しなくてはならないのではないか。「育児休暇を終え、仕事に戻ってこられたのは素晴らしく、恵まれたことです」と。公的な分析においても、これと同じような物言いが見られる。「子育て給付金は女性の職場との繋がりを保障するのに役立ちます。それでも育児休暇を取るのは主に女性です。パパ・クオータ制は、子どものケアに参加することの素晴らしさを共有するより現実的な可能性を父親に与えるのに役立ちます[71]」

育児休暇は、女性が職場との繋がりを保つためのものでなくてはならないが、また同時に男性に子どもの世話をするのがいかに素晴らしいことかを伝える役割も負う。これは素晴らしいことだが、私たち女性は育児休暇について話す時、このようなポジティブな言葉で形容するのに苦心してやいないか。父親が家にいるのを望まなくてはいけない一方で、母親はできるだけ長く仕事に出るように期待される。男性であるリースバッケンがこう言うのを想像してみてほしい。「私にとっては仕事に戻るのは重要なことです。私が自己実現を果たせるのはここなのですから」

女性たちは子どもと家にいることが、周囲からも広い社会からも男性ほど、称賛されない。女性たちが母乳をあげること、子どもを抱っこすること、お風呂に入れること、おむつを替えることは、男性がそうすることよりも当然のこととされているのかもしれない。それと同じぐらい、男性が家で子どもと過ごすのを女性たちが待ち望むのも当然と思われている。これは矛盾する。私たちは家庭を単調でやや退屈なもので、女性がそこから離れたいと思うのを当然のこととする。他方で、子どもと家にいることは世界の営みで最も素晴らしい重要なことで、それゆえ男性は家庭に回帰するべきとする。ここで出てくる家庭というのは同一のものだ。終わりのない家事とかぎりない愛の両方がそこにはある。私たちが家にいるのを望む相手が男性か女性かで、家庭というのは異なる評価を受ける。男性が家にいた方が、家庭生活の価値は高まるのだろうか？　もしそうなら、それはなぜ？

スウェーデンの研究に、答えの一部を見出すことができる。スウェーデンは、育児休暇の普及や育児休暇の男女の取得率において、ノルウェーの先をいっている。実際の男女平等に批判的な目を向けるという点でも私たちの先を行っている。ひょっとしたら私たちが思うほど、男女平等は機械的で単純なものではないのだろうか？　近年、ノルウェーでもスウェーデンでも父親の役割を論じた本が増えてきている。父親と父親休暇は私たちの共通課題である男女平等計画に関わるものだ。[72]だが明らかにこの二国間に差はある。ノルウェーの本では、現代の父親が理想的な多様性をもつには、まだまだ長い道のりが待っている、と紹介されている。理想として彼らは意識的に、父親休暇を延長して子どもと遊ぶ家庭における男女平等を選択している。スウェーデンの本の方が現実と日常について書いてある。スウェーデンの研究者は、理想の外側へ一歩踏み出している。そこでは、現実とレトリックとの相違点が指摘されている。ここには研究者、または私による、男性に対する批判の意図はなく、単に現状に対する疑念があるだけだ。私たちをより男女平等にするのは、父親の育児休暇なのだろうか？　私たちが必要とするのは、もっとほかの制度なのだろうか？

男性研究者、ヨルゲン・ローレンチェンが2012年に出した本、『ノルウェーの父性の歴史から』で歴史上の父親について探るのに、作者は日記や手紙、文学や戯曲に目を通した。ローレンチェンはこう尋ねる。かつての父親の役割は何だったのか？　彼は昔の父親は今の私たちが思うよりも、子どもと近い関係にあり、主婦が注目された1900年代のなかばには父親が多かれ少なかれ家庭から退散させられたと主張する。言い換えるなら、父親は家事や育児に参加したくて仕方がなかったが、女性と社会規範にそれを阻まれたということだ。今日《こんにち》、私たちは自分たちが非常に男女平等だと思っていて、私たちが大きなパパ・パラドックスの中で生きている。多くの男性がかつてないほどに、子どもと親しい関係にあるとはいえ、子どもとあまり関わりがない男性はいまだにたくさんいる。役割を分担することで、多くの両親が子どもと限られた関わり方をしている。今の若い両親のおよそ40%が、自分の子どもと一度も同居していないことも明らかになった。[73]この事実を読んだ時、私は目を疑ってしまい、思わず何度も読み返した。26歳から32歳の間の若い父親の、何と40%が自分の子どもと住んだことがないですって？　もしそれが本当だとすれば、これはローレンツェン自身が書くように「問題がないわけではない」どころか、一考に値する事実だ。これじゃ出生率は下がるばかりだ。夫の不在率は増していく。自分の子どもとほとんど同居したことのない男性——男女平等のノルウェーでだ。なぜだろう？　ローレンツェンは、男性たちは機会に恵まれていない、子どもと住まわせてもらえない、また本当は住みたいけれど、それを阻まれていると書いている。彼は離婚やパートナーシップの破綻が、男性からケア労働のチャンスを奪っているとし、ノルウェーの現代文学に出てくる「苦悩する父」について語っている。

これら若い父親の40％が、自分の子どもと一緒に過ごすことをたとえ本人が望もうと、決して許されていないことは知られているのだろうか？　望んでいないのに、子育てから離れ、新しい何かを築かなくてはならない人たちがこんなにたくさんいるなんて。父親になりたくない父親も？　この家庭不在の父親については私たちの議論にはほぼ出てこない。父親という責務を果たさない男性たちについて、私たちはなぜあえて話そうとしないのだろう？

男性もケア労働をしなくてはならない。男性自身のやり方で。私たちはメディアや政治家たちの言葉《レトリック》から、今ほど、父親が家庭にいることはないと「知って」いる。やり方次第で大きな前進が見込める。困難を抱えた40％の父親たちについてローレンツェンは例えばこう言う。「離婚することで、母親と父親は子どもと過ごす時間が半分かそれ以下になりがちだ。なぜなら親が離婚後、別の土地に年齢の異なる子どもをもうけることが多々あるからだ」

多くの男性はこれまでより頑張っているが、それでもシングルマザーはたくさんいる。2001年以来、シングルマザーから生まれる子どもの数は、50％以上上昇した。[74]　統計局によると、2008年、7268人の子どもたちが、シングルマザーから産まれた。これは父親になった男性の12％が、自分の子どもと同居していないということも意味する。家庭や離婚後にできる新たな家族の中にも父親と母親というイメージはいまだに存在する。この問題は重要だ。家庭内の男女平等について考える時、古典的な核家族を中心につくられたモデルが当然のものとされがちだが、現代の家族の形は様々で、日々の問題もそれぞれに異なる。労働や家族に関する政策は、これら多くの新たな変化を取り入れているだろうか？

父親の育児休暇は、ノルウェーが有するこの上ない強みだと見なされている。そして男性が自分の子どもといたいと願うのは、もちろんよいことだ。だから育児休暇を母親、父親が時期をずらして取得するのを強制するべきか私には確信がもてずにいる。強制というのはしばしば、理想とされるモデル通りに息をさせようと仕向ける厄介な手法だ。そのような理想の両親モデルをもつのはよいことだろうか？　多様な家族、多様な就業、多様なニーズ、多様な親としてのあり方が存在するのではないか？

父親による育児休暇は、家庭でのさらなる男女平等を意味すると私たちは受け取りがちだ。一見して問題はなさそうだが、それで合っているのだろうか？　スウェーデンの研究は、まさにこのことに疑問を投げかけている。

スウェーデンは1974年、世界で初めて、父親の育児休暇を導入した。研究者、ローゲル・クリントとトマス・ヨハンソンは『新しいスウェーデンの父親たち』という本の中でこう問いかける。父親の育児休暇の導入という歴史的変革は成功したのだろうか、それとも散々な結果を生んだのだろうか？　答えは見方によって変わってくる。現在、両親の育児休暇のうち20％しか、男性は取得していないのだが、他方でこれは世界のほかの大半の国と比べるとずっと多いのだ。これは成功であり同時に失敗でもあるのではないか？

ノルウェーと全く同じで、スウェーデンでも父親の育児休暇は、男女平等と父親と子どもの関係が変わってきていることの重要な証拠と見なされている。

スウェーデンの親は、ふたり合わせて450日の育児休暇が用意されていて、子どもが8歳になるまで取得することができる。スウェーデンの男性研究は、スウェーデンの男女平等のこの部分を喧伝している。だが、結局のところ、男性に都合がいい制度ではないかと指摘する外国の研究者もいるとクリントとヨハンセンはあえて指摘する。それにスウェーデンは実際、理論上言われているほど男女平等なのか、とも。まず言えるのは、男女平等は机上の空論であり、意見調査での人々の答えでしかないと著者たちは書く。次に注目すべきは、制度の実際だ。

スウェーデンでは80年代、男女平等に肯定的ではあるものの、家事を働く妻に任せている男性のことを、「原則的な父親」と呼んだ。父親たちは時短労働者にも、主夫にもならなかった。女性が働けるよう、女性のために子ども保育を構築しなくてはならなかったのは、国だ。そういうわけで、女性を解放したのは、男性の家庭へのコミットでは必ずしもないとクリントとヨハンソンは主張する。女性の働く権利と義務は、スウェーデンの家族政策における基本政策の一部と化した。この義務はワークフェアの導入で再び目にすることとなったが、この発展により女性たちが失ったものもあるのではないか、と2人の研究者は問いかける。ステイト・フェミニズムについて話そう。

スウェーデンの父親の育児休暇キャンペーンは、「父親は普通と違って、格好いい」ということを強調していた。

「父親の育児休暇を母親流でなく、あなた流に過ごしてください」と。

「お子さんと魚釣りをしましょう！」

ところが、クリントとヨハンソンはほかの見方をしているようだ。つまり、父親の育児休暇が「家庭にいるのは、あなたにとってよいことですよ！」というポジティブなメッセージを、国家は送ったという。労働生活でも家庭生活でも、あなたのためになる。父親の育児休暇の期間は、男性にとっては、可能性の宝庫のように描かれた。教育と成熟の旅だと。しかし著者たちの（それに読者たち）の、疑問は少しずつ膨らんでいく。「義務や責任、家事はどうなったの？」ということを男性に思い出させ、それらが父親による育児休暇の一部であって当然であるということを誰が示すのだろう？　著者たちはあえて次のように問う。男性は本当に、熱心に家にいたいと思っているのだろうか？

離婚後の夫婦が共同で親権をもてるノルウェーでは、元夫婦間の協力関係については、母親は父親の子どもとの交流を拒む一種の「国境警備隊」であるといわれるが、実際には女性が全面的に非難される根拠となるような研究結果は一切ない。しかしこれは全体像というよりは、メディアの問題ではないだろうか。スウェーデンのメディアでは、母親は離婚後、父親の育児参加の破壊工作員であるかのように描かれている、とマルガレータ・ラグネルは同じローゲル・クリントが共同編集者を務める本の中で報告している。[75]ラグネルは自身の研究の中で、これと逆の主張を示している。父親の子どもに対する関心の欠如が、子どもの成長にどんな影響を及ぼすのか心配する母親は大勢いると。子どもに嘘をつき、「お父さんはあなたに会いたいみたいよ」とそれが本当か分からないのに言っているのは、母親たちなのだ。

父親が全くコミットしてくれないので、負担の軽減のために国に支援を求める母親たち。父親と子どもの交流を最低限に留めようと苦心する母親たち。この方がシンプルに物事が進むから。こういった実態は外からは理想とされるノルウェーの父親の世界で取り上げるのが難しい。労働党のグン・カーリン・ギュールが、２０１０年10月13日の「アフテンポステン」紙でこう述べるように。

「母親がいれば、子どもの食事についても、どの服を子どもに着せるのかなどについても多くの指示をしてくれると知っているので、家事をするのが母親であることは変わらないし、家事の担い手が父親になることもない」

これは大方、真実かもしれない。しかしギュールが言っていることが、私たちに理解できているのだろうか？　母親が父親に家事を任せないのは、そういうわけなのだろうか？　母親はできることなら、機嫌のよい子どもたちを放っておくか、床に寝かせて、子どもと遊ぶよりも、服を洗ったり、おむつを替えたり、泣いている赤ん坊を抱っこしたり、夕飯を作ったり、買い物したり、床にモップをかけたりしたいということはないだろうか？　これら家事全てを家と赤ん坊を共有する彼に任せるのでなく、できることなら自分でやりたいと願っているということは？　もしそうだとしたら、私たち女性というのはこれまで私が思っていたよりも不可解だし、私ができていない研究があるに違いない。クリントはこう書く。父親の育児休暇は、文化的、政治的な空間で発生するものではない。彼は男性による父親像が作り上げられ、母親像がこきおろされることに批判的だ。とりわけ90年代に、父親の子どもへのコミットにブレーキを踏んでいたのは母親だったというイメージが発信されたと彼は言う。個々の女性だけでなく、女性運動までもが批判された。男性は本人たちの主張によると、父親の子育て参加を妨害している母親たちに自らの権利を主張するようにたきつけられたそうだ。父親は子どもを受け入れる準備ができているのだから、後は母親が子どもから手を引くだけだ！　クリントはこの明い父親像とダークな母親像は、現実とほぼ一致していないと言う。この議論はスウェーデンで同時期に繰り広げられたジェンダーと親子関係についてのより大規模な議論に組み込まれた。ここノルウェーでも同じ現象と考察が見られたと私は思う。

女性と男性の古い障壁は幸い打ち崩されたが、新たな障壁が生まれたと研究者は言う。新たな分かれ道となるのは、父親の育児休暇が推進された際、男性がどこを自分の生きる場所とするかだ。男性は育児休暇を取ることで、キャリアという喧噪から離れて、家庭に自分の居場所を見つけられるかもしれない。家庭に居場所がないと感じた男性は、早目に育児休暇を切り上げ、職場に戻ることもできる。育児休暇を男女半々でなく、女性に多めにとってもらえばいい。一方、女性が早く復職できるよう、男性が女性よりも長い間、育児休暇を取るケースはほとんどない。クリントの研究対象のカップルの誰も、育児休暇の平等な分割の強制を望んでいなかったし、完全に半分ずつ休暇を分割したカップルでさえ、それを義務化することを望んではいなかった。しかも平等に取得したカップルは多くなかった。クリントとヨハンソンは、少なくとも6か月の育児休暇をとった男性をインタビューのため、どうやって探したかを書いている。見つかったのはごく少数で、その人たちも、男女平等意識とはほとんど関係ない、ひどく特別な話をしようとしてきたそうだ。このような人たちの多くは、人生の危機を経験したとか、家にいる選択がよい人生に繋がるという思想に影響され子どもを持ちたがっていた40代の父親だった。また夫が移民で、スウェーデン人の妻よりもかなり稼ぎが少なく、経済的な事情から、育児休暇の大半を夫側が取っているという場合もあった。ほかには、主に女性の割合が多い職業で、安定した仕事をもった、高い教育を受けた白人の中産階級の男性もいた。ゲイのカップルもいた。ほかは2人ともフリーランサーであるがゆえに、男性が公式に育児休暇を取ったにもかかわらず、結局どちらも実際には家にいるというケースもある。クリントはこれら男性の選択は、男女平等とは別の文脈上にあると書く。子どもと長いこと家にいるという選択は、消費社会やストレス、物質主義、私たちの助けにならないテクノロジーへの批判とも見なされうるが、ゆったりとした休息を求める私たちの助けになってきた。そのため父親休暇の宣伝が、キャリア開発のチャンスを謳う一方で、一部の父親は、全く逆の理由から育児休暇取得の選択をしている。その理由とは、キャリアの道から逃れることだ。

これと同じく、女性たちの多くは、例えば時短労働という選択を、キャリアの道から逃れるためにするのだろうか？　父親休暇で家にいることは、男女平等を保証するものでは全くもってないと研究者たちは結論づけ、父性に対する政治的な見方と、現実の父親像との間には一種の緊張関係があると指摘している。理想と現実の距離。日々、緊張を強いられる領域で生きる、一部の男性の間にある不安感情。

さて、ここノルウェーでは社会主義左翼党（SV）の党首、アウドゥン・リースバッケンが2011年に『自由、平等、父親の役割についての父性』という本を書いた。この小さな本は、SVの家族政策のための政治パンフレットであり、またリースバッケン個人の主夫生活についての個人的な話でもあった。この本を一つの長い政治的議論であると見た場合に、現代の父親の役割を無批判に肯定する雰囲気が全体的に見られる。しかしそれでもリースバッケンは、家族生活を議題に挙げたという点で称賛されるべきだと私は思う。

「パパ・クオータ制はいわば大成功だった」とリースバッケンは書く。私たちにはどんな種類の成功だったかあまり分からないのだが、利用されているから成功なのだろうか？　この理屈ならイエスだろう。より男女平等が推進されるからだろうか？　それは疑わしい。リースバッケンは詳細な議論はせず、この新制度の問題をほとんど話題にはしなかった。ノルウェーの男女平等は成功した。皆がその恩恵を受けており、父親の育児休暇はその点で信じられないぐらい重要だ、というのが彼の言い方だ。

リースバッケンは全ての理想像に当てはまる。『自由、平等、父親の～』によると、彼は非常に頻繁に床掃除をする。彼は家外で働いているサンボ（パートナー）とその連れ子が帰ってくると、夕飯を出してやる。YouTubeで演説を聞きながら、赤ん坊を背中に背負って家事をする（そして夜に子どもがようやく寝た時には、もちろん、リースバッケンはくたくたになってベッドに崩れ落ちるのではなく――そうではない――本を書くのだ）。これではあまりにも大多数の人々の日常とかけ離れてはいないか。リースバッケンの世界には、睡眠不足や退屈な日々、子どもへの不安、保育所生活への心配、経済的な問題やそのほか、大半の普通の人たちが感じているようなストレスは存在しない。リースバッケンはノルウェーの家族は共働きを選択したと書いているが、実際は多くの家庭が選んだわけではなく、家賃やローン、家庭を維持する金銭的余裕がないために共働きせざるを得ないのだ。政治プロジェクトとして彼は現実を美化したのか、それとも、皆そんな素晴らしい時間を過ごしているのだろうか？

リースバッケンはスウェーデンを先駆けとなる国として称賛していたが、これまで私たちが見てきた通り、スウェーデン人自身、現代の男女平等、父親、母親の役割に対し、複雑な感情を抱いている。国境の向こうの景色は暗いけれど、かなりマシに見える。ここに私がこの本で疑問を投じていることの多くへの答えが複数、見られる。もしも政治家が、何もかもが素晴らしく思えると思うのであれば、どうしてこんなにも多くの家庭が、家庭での男女平等と外でのフルタイムの仕事を達成できていないのだろう？　これまで見てきた通り、スウェーデンの研究者たちは次のようなパラドックスに気付いた。家庭での仕事を男女平等に分担している家庭でも、男性と女性は平等ではないといまだに考えられている。男女平等だと言い張る家族もいるが、そういう家族も実際のところは不平等な暮らしを送っている。男女平等と父親について、スウェーデンでは絶えず異議が唱えられてきた。ノルウェーでは、男女平等の理想と父親という役割がいかに卓越したものなのか説かれる。どちらの国でも、いまだに父親とほとんど、または全く交流のない子どもがたくさんいる。このことを私たちは理解し、探る必要がある。

多くの家庭で父親の育児休暇は、その目的——父親が一人で一定期間、赤ん坊や家事に対して責任を負い、その体験から学ぶという目的——を明らかに果たしている。ところがノルウェー福祉局が2010年にアンケート調査を行った際、父親がパパ・クオータ制[*]を利用して育児休暇を取る間、半数以上の母親が、一部、または完全に、家にいたことが発覚した。[76]　そして誰がそのことの道徳性を問うたり、それは間違ったことだと言ったりするべきなのだろうか？

家族と一緒にいることはそんなに間違ったことなのだろうか？

父親が育児休暇を取れるのは非常に素晴らしいことだ。少なくとも、ノルウェーの男性に、自分の子どもを気に掛けるよう啓発する意味では。しかし両親共同の育児休暇の義務化については、私はどうあるべきか確信がもてない。もしも男性がそれを望んでいる、もしくはそれが可能であったとすれば、両親は数か月の育児期間を失い、小さな赤ん坊は、非常に早い段階で保育所に入らなくてはならなくなる。ひょっとしたらパパ・クオータ制については、国家が家族生活に過度に介入し過ぎているのではないのかもしれない。あるいはパパ・クオータ制をなくすぐらいなら、私たち母親がその期間を育児休暇としてほしいぐらいだ。そして私たちはすでに手にしている休暇期間はもちろん、それぞれの家族の望み通りに分けるべきだ。

さらに私はパパ・クオータ制が、いわゆる男女平等の名ばかりの証拠とされていないか懸念している。私たちは実際、スウェーデンの研究者たちが示唆以上の指摘をしているように、男女平等とパパ・クオータ制の間に繋がりを見出すことができない。

一方、私たちは、赤ん坊が1歳前後になって、保育所に入り、家庭と仕事の両立がいよいよ困難になってきたら、多くの家族は、生活を成立させるために伝統的な手法を選択することを知っている。国からのさらなる支援を私たちが必要とするのは、恐らくこの期間ではないだろうか？

三分割の強制は、職場までの距離がそれほどない大都市圏に住む、一様に高い収入を得ている中産階級に最も適しているのではないかという説がある。しかしこのようなライフスタイルを送れる人はごく一部だ。ほかの人たちの収入はもっとばらつきがあり、猫の額ほどの住まいで、人を雇うことをできず一人で商売を切り盛りしているような人たちで、家庭での役割分担もそれぞれ異なり、母親または父親がトレーラーを運転していたり、北海エリアで働いていたり、過酷な長い通勤を強いられている人もいる。そのため人々はアウドゥン・リースバッケンとそのパートナーとは違った選択をしているが、だからといって間違っているとか、男女平等のバロメーターが低いわけではない。多くの若者は定職に就いていない。例えば短時間労働の父親は何をしているんだろう？　9か月だけの嘱託勤務なのに、4か月の育児休暇を上司に申し出る家庭があったら、たちまち無責任だと思われやしないだろうか？　もちろん彼は任期の延長や正規職に変わるよう望むだろう。だから、今日《こんにち》、父親と母親がどれぐらいの割合で育児休暇を分けて取るかは、父親と母親が生きる社会的背景を抜きに議論することはできない。労働生活が不安定になればなるほど、家庭で男女不平等になるリスクが増す。これは男性が多い、

＊ノルウェーでは「パパ・クオータ制」という、3回に分けて取れる両親育児休暇がある。本書刊行後にこの制度は変わったが、当時は、三分割した休暇期間のうち、一期間を母親が、一期間を両親が一緒に、一期間を父親が取れることになっていた。父親が休暇を取りたがらない場合、または父親が取るはずの育児休暇を母親が代わりに取らざるを得ない事情がある場合、その家族はその期間分の休暇期間を失う。家庭内の男女平等を推し進めることがこの制度の目的でもあった。大半の人にとってはよい結果をもたらす善意に基づく制度だったが、不都合を被る家族も中にはいる。例えば、父親が育児休暇を取りたがらない場合、赤ん坊は幼い時点で、保育所に入れられることになる。両親育児休暇は現在では、両親手当を１００％受給した場合は、父親も母親も15週以上ずつ取れることになった。つまり、育児休暇のうち15週は父親に、15週は母親に振り分けられるということだ。

または助成金額が多い職業の賃金格差にも当てはまる。外側の変革は、内部の変革に繋がる。それは自明だ。

さらに三分割は絶対的な悪だと言う人たちもいる。3人の子どもの母親で、SVの女性政治家団体の元メンバー、ハイジ・スンドは2011年1月8日の「ベルゲンス・ティーゼネ」紙で、三分割は大きな後退の始まりと見なしていると言った。フェミニストである彼女は嫌悪を覚えたようだ。

今の男女平等の議論は、父親に育児休暇の時間を女性の分まで与えるのではなく、育児休暇の女性が取る割合を減らし、それを父親に回すために用いられがちだ。これは私たちより前の世代の女性たちが闘ってきた女性と乳児の権利に対する攻撃である。育児休暇が6週間だったのは、それほど昔の話ではない。私たちより以前のフェミニストたちは、父親がガレージを建てたり、エルクを狩ったりするために、育児休暇の権利を求め闘ってきたわけではない。

スンドは父親の育児休暇についての議論に最も焦点を当て、フェミニストも女性たちも、制度を無批判に享受しているわけではないということを私たちに思い出させてくれる。

統計からは、男性の家での時間の使い方には小さな変化しか起きておらず、女性たちの唯一の変化は、以前よりも家事の負担が少し減ったことを示している。[77] 私は自分たちが家庭での仕事の平等な分担へと絶えず向かっているよう望むし、時々そう感じる。父親の育児休暇や現代の男性役割が変化したとしても、実際のところはほぼ横ばい状態だ。

∴ マイノリティのためのフェミニズム

ノルウェーに移住してきた人や、ノルウェーで産まれたけれど一般社会とは異なるニーズや文化をもつ家族がいる人はどうなるのだろう？　今日《こんにち》のフェミニズムのどこに居場所があるのだろう？　そうした人たちも含めるべきか、それとも除外するべきか？

今のフェミニストに対する典型的批判はまさに、マイノリティの女性に関するものだ。家庭と仕事の両立の難しさについてぶつくさ言うのはやめて、強制結婚や監視、割礼といった深刻な事態に苦しむシスターたちに集中するべきだ、と。

もちろん考慮に入れるべきだと思うが、同時に、私はこの批判が完全に正当だとは思わない。第一に、マイノリティの女性に注目しているフェミニストはたくさんいる。第二に、彼女たちはフェミニストとして自分たちがどのように闘うべきか知っている。第三に、複数の闘いに同時に参加することは全くもって可能だ。第四に、民族や文化が違っても私たちが思う以上にシスターたちと共通点が多いのだ。

ほかの文化圏からノルウェーに来た女性たちが、私たちがこれまで闘ってきた抑圧について話したなら、彼女たちのために再び腕まくりするのみだ。フェミニストにとって義務であり、当然のことでもある。

ノルウェーや西洋諸国のフェミニストが、外国の女性たちへの攻撃に対する闘いを軽視しているという一部の主張は事実ではない。ノルウェーを含む多くの国のフェミニストたちは何十年も、シスターたちの闘いを支えてきた。組織や政党、個人で闘ってきたアクティビストたちだ。非難をする人たちは自らの足をぴくりとも動かしていない。

元SVの党首で女性アクティビストのベリット・オースは、2009年の国営放送NRKの『編集EN』で、女性運動は移民女性のことには関心がないと示唆され、ひどく困惑した。同年3月8日のABCニュースのインタビューで、「問題の一つは、女性の歴史が記録されてこなかったことだ」と主張した。70年代にフェミニストたちが取り組んできた最大の事象の一つは女性器切除の問題であったが、当時ジャーナリストたちがそのことについて報じようとしなかったのだとオースは述べた。「80年代に私たちは、スーダンの女性器切除問題を支援するために100万クローネを集めたのに、私たちは今、自己中心的だと批判されている！」と彼女はインタビューに答えている。彼女は70年代の女性たちがしてきた仕事の多くは、完全に不可視化されていると言った。2008年にオースについてエッバ・ハスルンドが書いた伝記『アスケルからの火』でも、フェミニストたちは自分たちの利益にしか関心がない、という批判は否定された。彼女たちは70年代の初頭から、割礼の問題に熱心に取り組んできたが、政府は動かなかったのだと当時保守派の女性だったハスルンドは書いた。[78] アメリカの心理士でフェミニストのハニー・ライトフット・クラインと一緒に、オースらノルウェーのフェミニストは、スーダンの女性器切除の実情を文章にまとめる手伝いをした。報告書でのライトフット・クラインの詳細な叙述は、暴行と後に続くトラウマと出産の問題に、大きく貢献した。しかし、ノルウェーの出版社は、そのような悲惨な物事についての本は売れないとして取り合わなかった。

一方、オースの周囲のフェミニストたちは、ノルウェーで女性器割礼に反対する協会を作った。この活動には女性神学者も参加した。協会は兵士に暴行されたバングラデシュの女性たちの支援などにも取り組んだ。彼女たちはレイプされたことから結婚できず、講座に通って手に職をつけなくてはならなかった。このような講座の費用はノルウェーのフェミニストたちが集めたのだ。[79]

このテーマは非常にデリケートで、公の場で取り上げようとする人はわずかだった。フェミニストは、「文化の一部なんだ。ほかの国の問題に首を突っ込むべきではない」といった反論に遭った。

1980年にコペンハーゲンで開かれた国連の中間会議でそうされたように、スカンジナビアの女性たちが女性器割礼の問題を取り上げようとすると、アメリカのフェミニストたちから反論される事態も起きた。「西洋諸国がわざわざ首を突っ込まなくても、彼女たちは自分たちでどうにかするでしょう」と。この不愉快な反論に屈せず、ノルウェーのフェミニストたちは、当時の保健省のトップだったロールビョン・モルクと連絡をとり、このような「手術」がノルウェーの病院では禁止されるように助力してもらった。[80]

他国の女性のことを見過ごしたのはフェミニストではない。誰かが批判されるとすれば、それはフェミニストの代表者だ。アクティブなフェミニストたちは野蛮ではなかったし、現在もそうだ。

それにエスニック・マイノリティ［少数民族。非白人の意味で使われることもある］の女性にとっては、フェミニズムは階級の問題だった。エスニック・マイノリティの少女が、医師の教育を受けるチャンスをつかんだとしても、ノルウェーで華々しい成功を収めるには、人並み外れた努力が必要だろう。エスニック・マイノリティの女性には清掃員として働く人も多い。彼女たちにとって、フェミニズムを通じて自己実現を果たすというスローガンは共感しがたいだろう。ノルウェーに暮らすエスニック・マイノリティのうち、同じ階級に属する女性たちの共通認識だ。同じ民族的背景があっても、医師になれた女性たちは清掃員の女性たちと必ずしも共通点が多くない。医師になった女性たちは、できることなら同じ社会階級の人と共有したい様々な問題や課題を抱えていることだろう。

私たちはもちろん、どちらの女性たちも支援しなくてはいけない。男性支配の家庭で疲弊したり、政略結婚で抑圧されたり、子どもの責任を全て負わされていたりしたら、彼女たちの自立を制限する共通の文化と闘うべきだ。

ノルウェーに住む私たちと違う人生の選択をする人が、ほかの文化圏の女性たちの中にはいるだろう。彼女たちの選択には、私たちにはどうしても理解しがたいものもあるかもしれないが、そこから学べるものはあるはずだ。ちなみに私は、マイノリティのバックグラウンドをもつ女性たちが、私たちと同じように、望まぬ結婚をすること、また結婚相手から家庭内暴力を受けることを当然、望んでいないものと思っていた。彼女たちが、教育を受ける自由をもち、働けて、女性に恋すればレズビアンとして生きられる、ごく普通の人間であることを私は当然と思っていた。彼女たちの中には子どもが小さいうちは主婦でいたいと望む人もいるかもしれないし、彼女たちがその選択によって、経済、福祉の面でどんな損失を被るかを理解しなくてはならないように、私たちもまた彼女たちの選択を理解しなくてはならない。最悪な行為は、70年代の一部のフェミニストたちが主夫や子どもと家にいた女性たちを馬鹿にしたように、彼女たちを笑いものにしたり、哀れんだりすることだ。

「アフテンポステン」紙のコメンテーターのインガー・アンネ・オルセンは、70年代のある期間、フェミニスト雑誌『セイレーン』で働いていた。『セイレーン』のモットーは次の通りだ。「私たちは全ての女性が抑圧されていると感じているわけではないと知っている。でも私たちは知っている。彼女たちが抑圧されていると。夢やよりよくなりたいというビジョンをもつまでは、自分が抑圧されているとは誰も感じないだろう」。オルセンは2009年2月25日の「アフテンポステン」紙に、こう書いた。

『セイレーン』のモットーは特に主婦たちの激しい怒りを買った。現代の私たちはこれを上から目線なモットーだったと知っている。だがこのモットーは今でも生き続けている。今これは多くのムスリムの女性に向けられている」

ロンドンで東洋・アフリカ研究スクールの修士であるザキア・アコウとリンダ・レンランは、2013年3月8日の「アフテンポステン」への寄稿記事で、女性の人生の限界について、フェミニズムは特定の要素のみを見つめているとした。例えばムスリムの女性は、ヨーロッパの移民政策の失敗を示すためにとにかく利用されがちで、他方で貧困の社会構造や差別は見過ごされがちだと指摘した。またヒジャブについての議論が、ムスリムの女性たちは洗脳された犠牲者であるというイメージをつくるのに一役買いやしないかとも心配していた。実際、ムスリムの女性たちが、教育においても労働においても優秀であることが分かっている。ムスリム女性の服や職業選択に勝手に注目し、ルールを決めるのがユニバーサルなフェミニズムと言えるのだろうか？　とはいえ、見た目で印象が変わることは確かにあるので、服装が議論するに値するトピックであることは否定しない。しかし本人たちを蚊帳の外に置いて議論することで、私たちは貴重なシスターを失いかねない。数年間主婦でいるノルウェー人女性はいるのに、移民女性が同じ選択をすると、ノルウェー人女性に抱く何倍もの怒りを露わにし、心配してみせる。そんなことをする理由がどこにあろうか？

２００９年のＦＡＦＯの調査で、パキスタン、イラン、イラク、ベトナムという四つの文化圏からの移民に、家庭での家事分担と男女平等と女性の社会進出について、意見を聞いてみたところ、伝統的な性別役割が色濃く見られた。[81]

お母さんが家にいて、お父さんが外で稼ぐ。実に95％ものパキスタン移民が、小さな子どもの母親という役目とフルタイムの仕事は両立不可能とした。研究者の一人、ハンネ・カヴリは、「アフテンポステン」紙に、このような女性たちは子育て給付金がなくなったところで、仕事をしようと思うか疑わしいとした。さらに、多くの女性たちが子どもと家にいようとする。なぜなら、それが正しいことだと思っているからだ、と述べた。

この調査結果に私たちはショックを受けるかもしれないが、ノルウェー人女性も統計を通して同じことを語っている。小さな子どもを持つノルウェーの女性のうちフルタイムで働いているのは、半分に満たない。仕事と家庭との両立について民族は違っても、私たちはそう違っていない。これに加えて私たちはほかに共通点がある。どちらの陣営においても、女性が掃除をする一方、男性が家のメンテナンスの主な責任を負っていたのだ。

一部の女性たちがこのようにして、ある意味、ワークフェアや福祉の枠の外に置かれたり、男性のお金に完全に依存したり、労働生活に全く属さないことが理想と見なされたりする理由を私は全くもって見出せない。ここで子どもの方に目を向けるなら、子どもが1歳で保育園に入らなくてはならないことがそれほど可哀想なことと思われる理由もなさそうだ。この

FAFOの調査では、女性たちが家にいたいのは、子どもたちの人生の最初の3年間であると強調している。その後、保育所に入るのは素晴らしいことだし、何より言葉を覚えるためにも重要だと。

元々は別の文化圏出身で、ノルウェーの文化では母親の役割に何の敬意も示されていないと感じたと語る複数の女性と私は話をしたことがある。彼女たちは人間として私たちがもつ最も重要な価値が、いくら稼いでいるかの物差しで測られることに批判的だった。これは主婦を理想とすべきだという意味ではなく、自分たちが現在、この国で「正しい」選択と定義したのと異なる選択をした女性に敬意を示すべきだということなのかもしれない。私たちはほかの文化に出会うことで、自分たちの文化の弱点に気付くのだろうか？ ノルウェー心理学協会の会報で、ゴールッド薬物矯正クリニックの心理士であるグリ・ヴィンデックはこう書く。

西洋文化では、傷つきやすい個人が育《はぐく》まれがちだと言われている。これを私は病院などで感じる。伝統的文化圏出身の人たちは、自己がより確立されているように思える。トラウマや抑圧といった伝統があることもあるが、基本的には安心感、構造への安定感が見られる。これらの移民女性、つまり、抑圧されていると私たちが言いがちな女性たちは、子どもが小さい時はそのケアを優先しているだけで、愚かではないのではないか？[82]

昼間に保育所を提供する以外の解決策を、考えつくことはできるだろうか？　例えば、子どもを持つ主婦の女性や、男性や、孫を連れた祖母が気軽に立ち寄ることのできるオープンなソーシャル・ハウスなどは？　そこで1、2時間子どもをみてもらってメール・チェックしたり、ノルウェー語の講座に行ったり、会議に参加したり、子ども同士を遊ばせたり、社交を楽しんだりするのだ。

ほかの施策としては、現代のオール・オア・ナッシングの傾向に比べれば、もう少し魅力的な労働環境をつくる方法もありうるかもしれない。本書でこれまで見てきたように、ノルウェーに代々ルーツをもつノルウェー人女性の中にも、一定期間、できることなら家にいたい人たちもいる。同時に、言葉、キャリア、収入を得られるようになるため、しゃにむに努力するマイノリティ女性だっている。私たちは皆、自分たちの日常生活についての自己選択権をもっともちたいと願っているという点で異なるというよりは、類似している。ただ互いの願い、ニーズ、課題を介してなかなか連帯できないだけだ。

∴ 表向きは問題のないノルウェー

この国では多様な生き方が認められているといわれているが、2011年、当時、子ども・男女平等・社会統合省の大臣だったアウドゥン・リースバッケンが出した男女平等のための行動計画を読むと、そうではないような気がしてくる。この行動計画は彼の著書『自由、平等、父親の～』が出た直後のことで、その序文で彼は次のように綴っている。

「ノルウェーでは、父親がベビーカーを押し、母親が取締役会に出るというのは、普通だ」

でもそんなことはない。実態は違っている。ノルウェーでは母親が取締役会に出席するのは、普通じゃない。大半の母親はそんな生活を送っていない。彼の言いたいことも分かるが、こんなふうにコメントしたい衝動に駆られる。「子ども・男女平等・社会統合省の大臣たちがノルウェーの両親にとってそのようなことが一般的だと思っているのなら、あなたたちは、一般市民とは残念ながらかけ離れた生活を送っているのですね」

大臣の行動計画はクリエイティブなものではなく、説明的で、変更に対して何ら具体的な提案もなかった。何も悪いことはしていない。実際、よいことをしている。行動計画は家族政策に焦点を当てている。でも社会を動かしてはいない。そしてひどく具体的に次のように明示している。

「女性たちが仕事を家庭に合わせて調整しなくてはならないのに対し、男性は家庭を仕事に合わせて調整していると私たちは大体において言えるのではないか。このような個人的選択はまた労働市場や経済にインパクトをもたらすだろう」[83]

逆もありえるとさらに言いたくもなる。労働市場と経済は、家族生活全体に影響を及ぼす私たち個人の選択の礎《いしずえ》となる。[84] どうして変わるべきなのは、私と私の選択なのだろう？　どうして私の選択の周りにある枠組みの方ではないのか？　もしも2、3年、仕事から遠のくだけで、あなたが永遠にそこから閉め出されてしまうのであれば、問題があるのは女性でも男性でもなく、労働生活なのではないか。

行動計画には、ノルウェーは、女性と男性の両方が働けるように配慮した家族政策を推進していると書いてある。そのように紹介されると、耳触りはよい。他方で、両性が働かなくてはいけないということを補足できる。皆、生きるお金が必要だ。私たちはそのため、働く権利をもつが、働く義務をも負う。さらに、ウッセンとシモンセンが『声を上げよう！』という本の中で言っているように、このことはノルウェーの対外政策上にも意味をもつのだ。本にはこう書いてあった。

「女性はただの母親以上のものになりたい。他方で、男性は父親になる自由を得たい[85]」

それ自体が良心的で重要なリースバッケンの行動計画がなぜ私をいらだたせるかというと、構造的な問題に、全く触《ふ》れていないからだ。

行動計画では、私たちは情報や情勢の変化、目的、またクオータ制や父親の育児休暇といった、何かしらのややラディカルな取り組みに助けられ、目標を達成しなくてはならないと結論づけている。

また6時間労働について、家や仕事についての変革の提言についても全く言及されていないのは印象深い。この行動計画の背後にいるのは社会党の党首だが、この行動計画では労働が、男性と女性が賃金や家でのコミット両方においてより平等にするための重要な要素として扱われているのも印象的だ。家庭でのストレスについては、このテーマについて議論を巻き起こそうとしていた制作予定のコメディ映画が言及されるに留まった。家庭と仕事を両立させる難しさについては一言も触れられていない。男性と女性が伝統的な性別役割を選択しているのは、まさにそれが理由なのに。

フェミニストで作家のシェスティ・エリクソンは、雑誌、『クール』の2012年1月号に、70年代のフェミニストとして、2人のトップの女性政治家、ハジア・タジイクとインガー・リーセ・ハンセンが、男女平等法の30周年の記念会議で、一日6時間労働の実現がどんなに非現実的かを競って話すのを聞いた時、どれほど絶望したかを書いた。

今以上の何かを望む私たちを苦しめているのは、ノスタルジーではない。原動力となっているのはむしろ、異なる未来を願う気持ちだ。子どもたちが大人になる時に、自分たちの世代のようにストレスを感じてほしくないという願いだ。子どもたちが自分たちより大きな真の選択の自由を人生で得てほしい。子どもたちを一日中保育所に預けるために、早朝に保育所に送るために、私の将来の孫を、娘または息子が起こさなくて済みますように。

リースバッケンは、著書の中で娘のアウロラが大人になった時に選択肢をもてたら幸せを感じると書いていた。しかし彼女もまた社会を成す一構成員であるのだから、彼女の自由も制限される。変えたいと望んだとしても、一人では変えられない。4歳になっても保育所が嫌いで、朝金切り声を上げて泣いてしまうとしても、フルタイムの保育所に行かなくてはならない。子どもたちは日常の中ではあまり選択肢をもっていないとすぐに理解するだろう。呑気なのは、むしろ私たち大人の方だ。私たちは全てを自分で選んだと思っている。だが、保育所なしには、今の親は誰もフルタイムで働けない。祖父母だってそうだ。保育所は全ての夫婦、カップルにとって、最も望ましい解決策であるべきだ。子どもにとってよい。母親にとってよい。父親にとってよい。そして彼らにとっての副産物として、社会経済と雇用者にとってもよい。

保育所抜きで、今日《こんにち》のフェミニズムについて議論するのは不可能だ。

保育所抜きで、男女平等はなしえない——子どもを持った後は。家庭と仕事の両立の難しさについて話す時、私たちがしばしば話題にするのは、保育所のことだ。保育所はよいものか、それともよくないものか、子どもたちが幸せか不幸せかは、大人が子どもたちのそばに十分にいられるかどうかにかかっていると。これら全てが、子どもたちの日々がいいものか、心配事や不安やストレスに苦しめられていないかを左右する。保育所は、多くの人の家庭と仕事の両立において、実践的かつ象徴的なイメージと化した。保育所での出来事は重要だが、その前後に起きることもまた重要だ。例えば、朝の会議の前に保育所に間に合うように急がないと、朝はストレスに満ちたものになる。保育所のお迎えに間に合わせるためには、時に会議の途中で抜けたり、職場から小走りしたりしなくてはならない。小さい頃の何年間かは、保育所は、多くの家族の生活の大半を占める。フェミニストたちは、このことに常に注目し、これをもとに議論を進めてきた。

公共側から、保育所が問題視されることはめったにない。保育所は疑いようのないほど素晴らしいものだと見なされている。女性が働けるからだけでなく、子どもの社会性を育むのによいとされているからだ。保育所は教育を提供する場所だ。保育所は学校と違って義務教育ではない。私たちの選択の結果が、保育所なのだ。だから私たちは本来、保育所についてあまり文句を言うべきではない。私たちは何はともあれ、それを自分たちで選んだからだ。この選択の行動の余地は、大半の人にとっては実際のところ限られている。

保育所の屋外空間は十分な広さがあるか、子どもたちが温かい食べ物を食べられるようにするべきかについては、私たちはどこまでの水準でよしとするか議論できる。これら全てが重要だ。でももっと投げかけるべき疑問を私たちはめったに投げかけない。それは保育所が子どもの人生のうち、どれぐらいの割合を占めるべきかということだ。より広い社会的コンテクストの中で、私たちは保育所に何を望むのだろう？　フェミニストは、保育所に重要な疑問を投げかけることができなくてはならない。その疑問が長く、つらい女性運動に対する一種の裏切りになることなしに。

中央統計局によると、1歳児の10人に8人が、保育所の2歳児の10人に9人が、保育所で朝から晩まで過ごしている。[86] 今ほど多くの子どもがこんなに何年も朝から晩まで通っていたことはないだろう。これは考慮すべき観察、研究、体験が常に生まれることを意味する。思いがけない事態に直面することもあるだろう。保育所の問題点が見つかった場合に、私たちはフェミニストあるいは親としてどのような立場を取るべきか？

保育所について私たちが話す時、それは個人的な体験談であることが多い。うちの子どもは、毎日、毎朝、喜んで登園しているとか、保育所は子どもにとって「すごく」よい場所だとか。「私たちの」保育所は、完全に素晴らしいとか、1歳児にとって保育所よりもよい居場所はないとか。またはその逆もある。荒れた、人手の足りない保育所で子どもが楽しそうでなかったり、仲のよいお友だちが一向にできなかったりすると、すぐに保育所という概念や親としての自分に疑念を抱いてしまう。「保育所、行きたくない」で一日が始まると、仕事でポジティブにいるのは簡単ではない。泣きじゃくる子どもと離れ、お昼の前に保育所に電話し、「うちの子、元気にやってますか？」と尋ねる。そして「あの子が保育所に行きたがらないのは、私のせいなのだろうか？　それともあの子に何か問題があるのだろうか？」と不安になるのだ。

理論上は、保育所と仕事を組み合わせるのは、素晴らしいことに違いない。家族の中の私たちにとっても、またそうなのだ――理論上は。それでも私たちは日々ジレンマにさいなまれる。「子どもの保育所にいる時間をできるだけ短くして、同時に自分はフルタイムで働くには、どうしたらいいんだろう？」

「私が朝早く子どもを送って、あなたが早目に迎えに行くことになっているけど、あなたは仕事をそんなに早く退勤できる?」

「週に一日ぐらいは在宅勤務で子どもをそばで遊ばせながら仕事できないものかしら? そうしたら子どもを休ませられる」

「少し早目に出勤するか、夜もう少し遅くまで働けないだろうか?」

「朝の会議に遅れたら、職場で怒られるだろうか? 朝、子どもが自然と目が覚めるまで、どうしても寝かしてあげたい」

どんな子どもでも保育所に行きたがらないことはあるものだ。これは日常生活に大きな影響を及ぼす。私たちは心配のあまり仕事に身が入らず、その不安が口をついて出る。私たちは子どもを励まし、子どもの機嫌をとり、保育所でどんなに楽しいことがあるのか話して聞かせるのに多くの労力を費やすが、答えが全く返ってこないことも多い。私たち大人は、男女平等のフェミニズムや労働生活、保育所の職員にあるルールや、生活全体について、互いに質問をし合う。今、私たちはうまくやれているのか、と。

家庭と仕事の両立は、間接的に保育所について多くのことを指す。まだ薄暗い時間に、小さな子どもに外用の服を着させるということだ。仕事とは何か全く知りもせず、早朝にリビングでただただ遊んでいたい幼い子どもを。小さな子どもに遅いと注意し、急ぎなさいと命令した後、押し寄せる感情。でも私は知っているのだ。子どもが急いでくれなければ、職場で別の誰かから、今度は私への叱責が待っているのだと。

家庭と仕事を両立させる難しさとは、このような日々のちょっとした警告——叱責とともに一日を始めなくてはいけない傷をしばしば指す。このことは大きな議論の中で時に忘れ去られる。

いつもこうなわけではないし、こんなふうじゃないという人もたくさんいるだろう。しかし大半の親は、私が描いてきたのと当たらずとも遠からぬ日々を送っているのではないか。

保育所増設は怒濤《どとう》の勢いで進んでいった。1947年、ノルウェーには162件の保育所があったが、孤児院の延長線上にあるものだった。[87] 2010年の終わり頃、27万7000人に上る子どもが、保育所に在籍していた。前年から7000人近く増えたのだった。1歳から5歳の子どものうち89・3%の子どもたちが2011年、保育所に入った。[88] 1963年、ノルウェーの保育所にはおよそ1000人が雇用されていたのに対し、2010年にこの数字は8万7000人になった。[89] 私たちは子どものケアを家から公へ移行させた。

保育所は私たち両親にとって、経済的なメリットが大きい。ノルウェーで保育所に子どもを入れるのに、1時間18クローネほどかかる。例えば、あなたが平均賃金(時給153クローネ、税引き後の賃金115クローネ)で働いているとする。ほかの誰かにあなたの子どもの世話をしてもらって、あなたの手元には1時間に97クローネもお釣りが残るのだ。[90] 長い間家にいて、懐《ふところ》が痛まない人は、そういない。ノルウェーの家庭の住宅ローン額は2004年から現在までに3倍にも膨らんだ。これは住宅価格の高騰と密接な関係がある。[91]保育所選びは経済事情だけでなく、社会的抑圧も関わってくる。誰しもが抑圧されているものだ。

80年代の終わり、全体の子どもの69%が、待機児童だった。16%は、短時間保育を受け、15%は完全保育を受けていた。[92]規制のないデイママが全盛だった。それから女性たちは、国から特別な援助は受けずに、70年代、80年代、90年代と労働市場に進出していった。働きたい女性たち、働かなくてはならない女性たちの問題は、個人的解決に委ねられた。政府からの指示が出されても、ぼんやりとしたものだった。男女平等モデルは称賛された――女性の社会進出は歓迎されたのだ。でも両方の親が働くようになったら、誰が子どもの世話をするのだろう？　夫ではない。保育所が現れ、社会という木の幹に大きく空いていた穴を塞いだ。

保育所とそれについての考えは、私たちの社会が子ども時代をどう評価するかを表している。また私たちの文化が、労働やキャリアをどれだけ重視しているかを教えてくれる。子ども時代に望ましいとされるあり方――自立して、自信をもち、外向的――は、成人における価値観を反映している。シャイであること、静かに一人で遊びたいと願うこと、できることならママかパパと一日いたいと思うこと、会ったばかりの大人に懐疑的で、友だちをつくるのが苦手で、保育園になじめないことはあまり歓迎されない。社会というのは実際、ひどく一方通行でありやしないか？　私たちの日々は多様だが、選択肢はそれと同じく多様だろうか？

親として私たちは、保育所生活について、実際のところ何を知っているだろうか。自分の子どもが一日、何をしているか、大小の悲喜こもごもに子どもたちがどう立ち向かっているのか。私たちの子どもたちは、保育所で人生の4〜5年を過ごすが、自分たちは保育所で一日を過ごしたことがある人はほとんどいない。それなのに私たちは保育所に物申したいことがごまんとある。自分の子どもが通う保育所にも、ほかの保育所にも。

保育所についての興味深い最新の研究があるが、それが時として批判だと捉えられ「両親に罪悪感を与えている」と非難されるのは、悩ましいことだ。保育所に賛成の人も、反対の人も多くない。保育所の特定の側面に否定的な人は多いが、保育所という理念に反対の人はいない。女性たちに家庭に戻ってほしいと言う人もいない。批判の多くは、考えさせられるものであり、重要で、興味深いものだ。何もかも知っている人はいないし、朝から晩まで保育所に預けられることが、子どもにとって最良であるかは誰にも分からない。しかし保育所についての議論は、女性問題と子ども問題両方に関わるものであり、恐らく特にフェミニストたちにとって、繊細な問題だ。それはどちらも私たちが個人の人生をどう生きるかに関わってくるからだ。子ども一人ひとり、違っているのに、保育所はどれも大体一様だからだろう。保育所というのは大きくて、大勢の子どもが一緒にいて、ほぼいつも大人の監視下にある。国からは保育所について、多くの素晴らしい言葉や演説や規定、規範や期待が述べられたが、利用者である私たちは、現実は理想とはかけ離れていると知っている。最低限の枠組みの中で最善を尽くす多くの雇用者もそれを知っている。保育所が私たち両親（今は利用者と呼ばれる）にサービスを提供する際、保育所の職員からすれば、両親に「自分たちはあなたの子どもに十分な保育ができていない、どうしたらあなたの子どもを幸せにすることができるか分からない」とは言いづらいだろう。子どもが疲れ過ぎて、泣き過ぎて、友だちをつくれずにいる時、保育所で過ごす時間を短くしてやることはできないのだろうか？

∴ 私たちは福祉からもらい過ぎているのか？

トーリル・スカルドは1977年、保育所に子どもを預けたいと望む人は皆預けられるようにすべきだと書いた[93]。しかしこう続けた。「保育所に預けて全ての問題が片づくと思ってはいけない。子どもは一日中保育所にいる以外のことを欲している。親も仕事があるし、あらゆる世代の人と知り合う必要もあるだろうが、8〜10時間保育所にいて、その後、数時間疲れきった両親と過ごす子どもの身になって考えれば分かる[94]」。今の彼女は、大半の1歳児が一日中保育所に通うようになるとは思わなかったと今は話している。今のような保育所モデルだけでなくより多様で柔軟性のある保育所が必要だとも。

保育所闘争が本格化した70年代は、経済的面でも、イデオロギー面でも、物質面でも、今日《こんにち》と大きく異なる。闘いに勝利し、保育所が現れると、社会にはこれまでと異なる風潮が現れた。

過渡期だった80年代から90年代にかけて、地位、物質、金、キャリアに多くの人が飛び付くようになった。このトレンドには、私たちが日々、どんな選択をするか、私たちがどんな欲望をもっているかを考えさせられた。

女性たちが、男性と同じぐらい働かなくてはならないということが、保育所建設の動機だったのだが、小さな子どもたちを朝から晩まで保育所に預けるのではなく、まずは勤務時間の長さや、時短労働の権利について議論するべきだったのではないだろうか？

子どもたちが保育所で過ごす時間については、常に人々の関心の対象だった。クリスチャンサンドという自治体が、2010年に、子どもの最長保育所滞在時間を一日8時間にしてはどうかと提案した。その理由は、子どもたちをあまりに長く保育所に置いておくのを避けたいからだ。政治家は親が働くのを妨害しているとして、親たちから抗議の声が上がった。「フルタイムで最長時間働かなくてはならない人はどうしたらいいんだ」「自分たちはどうしても仕事しなくてはいけないのは、収入が必要だからだ」と、人々は強く抗議した。これは一種のパラドックスだ。私たちは子どもたちが保育所であまりに長い間過ごさないように強く願っており、中には私たちの労働時間よりも長く保育所で過ごす子がいることに心を痛める人もいる。それでも政治家たちが、子どもたちの最長保育所滞在時間を善意から提案すると「私たちに働かせないつもりか」とショックを受けてしまう。

トロンハイムの商工会議所の代表に信任されたモナ・ビョーンは、「この問題だけを個別に見ると、子どもの保育所滞在時間を定めたことは素晴らしいが、子どもの滞在時間を減らしたいと望むのであれば、親の労働時間をどうにかしなくてはならない」と書いた。さらに彼女は次のように書いた。

フルタイム労働者の1週間あたりの労働時間は、政治に左右されます。一日6時間、週30時間労働を導入し、労働生活を更新する時期が来ています。表現すればフルタイムで働けるようになり、子どもたちは保育所に入れられるようになり、家族は一緒の時間をより多く過ごせるようにするようになるでしょう。[95]

保育園児の85%は今日《こんにち》、週に41時間かそれ以上保育所で過ごすことになっている。これは大人の通常の勤務時間よりも長い。4歳児が最も長く、3歳児もこれに近い。[96]

国民健康局の研究長、エリック・ノードは2011年3月12日のインタビューで、早い段階での保育所入所や幼い子どもが保育所で長時間過ごすことによる長期的影響は十分に分かっていないと述べる。その上で、12〜18か月の子どもの保育を半日にし、両親2人とも、子どもが18か月になるまではフルタイムで働き出すのは待つことを提案した。保育所の発展は、これまで子どもではなく大人のニーズによって進められてきたとノードは考えている。

1978年にはすでに保育所の子どもの滞在時間については、女性政策についての機関誌

『おばあさんの知恵袋』ですでに議論されていた。トーネ・ティルセンとリンディス・トーキルセンは、変わるべきなのは労働の方だ、人々のニーズに合わせて変わるべきなのは労働の方だと断言した。[97] 保育所の開所時間を労働生活に合わせるようであってはならないとし、さらにこう付け加えた。「ほかの案は全て非論理的だ」。この機関誌で、保育所についてこれ以上議論するのは難しいようだった。別の号の社説では、女性運動はこれらの問題や、子どもたちを保育所に何時間も置いておく問題を積極的には取り上げない、と述べた。

「子どもたちを保育所へ預けることにまつわる問題を掘り下げることは、私たちの身を脅《おびや》かしかねない。なぜなら、この問題は、私たちの敵――私たちを家に押し込めようとする人たちによって始まったものだからだ[98]」

特定のフェミニズムの環境においては、この問題を取り上げるのはいまだに危険なこともある。しかし少しでも保育所が子どもに合っているかどうか疑念があるのなら、声を上げてもいいはずだ。

多くの親は「子どもたちにとって一日は長過ぎる」と考えている。だから政治家がこんなふうに言っているのを聞くと抵抗感を覚えるのだろう。「子どもたちが一日中過ごすことのできる保育所があるのだから、ノルウェーの親にとって管理職の道を進むのは簡単だ」。私たちは子どもたちを一日中、保育所に置くことはできる。でも本当にそうしたいのだろうか？

私たち大人にとって、一日はあっという間だ。二、三の骨の折れる会議、忙しい仕事、さあ、

16時半ですよ。でも子どもはそうはいかない。子どもにとって一日は一つの冒険であり――また長い悪夢でもある。自分が保育所や学校に通っていた時のことを覚えていないだろうか？　一日一日が、終わりのない出来事の連続であり、授業、休憩時間、どれもそれぞれに物語があり、その物語次第では、一日は永遠のようにもなりえた。

保育所で子どもにバイバイと言った瞬間に、私はいったい何度「ママはすぐ迎えに来るからね」と言ったことだろう。でもそれは本当のことではなかった。「すぐに」戻ってくることは決してなかった。子どもが保育所に行きたくないと抗《あらが》う中、私は子どもにも自分自身にも、嘘をついていた。食事の時間は二度訪れる。午前とその後の長い午後。そして冬、私は暗い中、子どもを送り、暗い中、迎えに行く。

親たちは保健所に不安を示すことで同情を買おうとしているという批判があるが、それは的外れだ。

第一に、いつも元気で、その子が家にいたいと思っていることや、別れたくないと思っていることを、親がすっかり忘れてしまっていることは確かにあるからだ。どうしてそのような親がほかの親の同情を買おうとするのだろう？

二つ目に、子どもが日々、元気にやっているか不安だからといって、その罪悪感をただ文句一つ言わず手放さなくてはならないのだろうか？　親だって愚痴をこぼしたっていいのではないか。

三つ目に、私自身の罪悪感は、ほかの人から植え付けられたものではない。その逆で、私自身から湧いてきたものだ。出産から1年明けてフルタイムの仕事に復帰する際、あらゆる方面から、私が1年の空白後に「ただ」家にいることから解放され、職場に戻れることを楽しみにしていて当然と思われていたが、そうではない。1人目の子どもの保育所探しに私が奔走していた時に、日中子どもをベビーカーに乗せてお散歩している17歳かそれぐらいの子を探してはどうかとも提案された。これは様々な点で子どもを脇にやり、自分たちが仕事に戻れるようにするための話だった。私は本当に親しい人だけに、本当は仕事になんて戻りたくない、子どもは保育所やデイママに預けるには小さ過ぎると思っていて、私はさびしくなって、後から激しく子どもを恋しく思ったと打ち明けた。

∴ 政治的な保育所

保育所は政治だ。そしてこの政治には、社会のほかの方面に影響を及ぼしうる。例えば、私たちの子どもが全員、完全保育を受けられたとして、私たちはどんな家族モデルを得ることになるのか？ どのような母親の役割、また父親の役割を保育所は私たちに与えるのか？ 保育所に朝から晩まで子どもを預けることで、どのような労働を私たちは得るのか？ 私たちが子どもたちに与える教育に保育所はどれぐらいの重要性を占めるのか、またどのような価値観を保育所は子どもたちに与えるのか？

公的な政府は、かつては親戚やご近所さんによって個人的な次元で行われていたことを、保育所に請け負わせた。

保育所は国と国民の関係にも影響する。国は例えば、1人の収入で一家の支出を賄えるような家族賃金を用意する必要はもはやない。子どもがいても、フルタイムで働かない言い訳はない。私たちには保育所がある。今の私たちは保育所の完全入所を誇っている。私たちは表向きは小さな子どもがいても、フルタイムで働けることを大喜びしているということになっている。

保育所は親たちの選択肢を増やすと同時に、狭めもする。フルタイムで働きたいとする人たちの選択肢を広めるが、保育所に早くから入れることや二重労働を快適と思わない人たちの選択肢を狭める。大半の人たちにとっては、保育所は選択にそう影響しない。働いてお金を稼ぐために、保育所というのは家族にとって自明な役割を有している。

保育所の運営もまた政治によって決まる。現在、保育所一つあたりの保育園児数に、法的規制はなく、多くの保育所における（また不安がる親たちにとっての）主な問題は、保育士の数が少ないことだ。1997年、保育所の調理職員が全員解雇され、大きな混乱を引き起こした。今は食事を作ったり、その後、掃除をしたりするが、結果、保育所のスタッフは時間がなく、抑圧を感じている。

2012年1月3日、オスロのウステンシュ地区の教育協会に届いた手紙によって、保育所の職員は、自分たちが行っている保育の質に満足していないことが分かった。職員自身が、職員の数が少な過ぎると感じていたのだ。これは私たち親が嫌になるほど、知っていることだった。早番の職員と遅番の職員の時間帯が特に、保育が手薄になりやすい。

保育所の開所時間中は、職員を揃えていなくてはならない。9時半あるいは10時〜14時あるいは〜15時には、1クラスを3人の大人で回す。これら4・5〜5・5時間の間に休憩(30分×3回)も取らなくてはならない。つまり、園児との時間には、3〜4時間しか充《あ》てられないということだ。小さな子どもたちは昼寝をするが、睡眠時間は子どもによって1〜2時間の幅がある。子どもたちをいくつかのクラスに分けて保育するのに十分な職員がいて、子ども一人ひとりに十分な注意とケアを与えられるのは1〜3時間程度だ。病気や講座や休暇や延長休暇の日もある。保育と直接は関係ない事務仕事もたくさんある。保育所は子どもたちに適切な保育を提供できているのだろうか？　また子どもと親は適切な保育サービスを受けられているのだろうか？

さらに保育所の職員はこう続ける。

「保育所の日常がどんなものか体験するために、私たちと保育所で1週間か2週間、一緒に過ごしませんか？　記者と15分間、保育所にいただけで、保育所の質が分かるのでしょうか？　保育所の日常を自ら体験してからでないと発言することはできないはずです」

2009年11月3日、教育協会の特別相談員ヨン・カウレルと、保育所センターの准教授ソールヴァイ・ウルテレムが、「階級闘争」紙の特集記事で、経済を指標に保育の質を語ろうとする風潮への危機感を示した。

「子どもにとって価値あるものを判断する際には、基本的に倫理を判断基準とするべきである。経済とは切り離して考えるべきだ」

労働運動の研究センターFAFOに、オースムン・アールップ・サイプは「時間泥棒」という報告書を提出した。[99]この報告書は保育所での時間の使い方を論じたものだった。サイプは問題の大半は、保育所不足が原因になっていると結論づけた。サイプはほかにも次のようなことを書いた。

「保育士の一日は、事務作業で忙殺されている。幼児たちは保育所にいる間、大人とふれあう機会が減ってきている」

保育士のペーパーワークは増加の一途を辿っている。年計画、月計画、週計画、日計画の立案や部署ごとの職務計画、幼児一人ひとりの評価付け。近年、文部大臣自らが指揮をとり、さらに保育所の幼児の調査、分類の必要性を呼びかけた。

保育士という貴重な人材を投じるべき業務なのだろうか？　他者とのふれあいや遊び、学びの機会を子どもたちに与えてもらう以上に、保育士に望むことなどあるのだろうか？

大型の保育所は、教育機関というより、経済を支える基盤として発展していく。保育所を築くことは、「規模の経済」を築くことでもあると、２０１０年10月26日、国営放送ＮＲＫのドキュメンタリー番組『焦点』でグルーネルルッカ地区の開発責任者、オイヴィン・ヘンリクセンは述べた。

ノルウェー私立保育所協会のアーリル・Ｍ・オルセン会長によれば、財政難に陥った自治体は、職員1人あたりの保育児童数を減らすために大規模でフレキシブルな保育所をつくる傾向があると指摘した。さらに、そうした保育所は経済性や効率性ばかりが注目され、子どもや大人がどんなニーズをもち、質を求めているかはスポットが当たらないと続ける。社会主義左翼党の党首、クリスティン・ハルヴォーセンがＮＲＫに、やや唐突過ぎるぐらい唐突に登場したのは、批判を抑え込む目的だったのだろう。[100]「やや唐突過ぎるぐらい唐突」と書いたのは、保育所利用者である私たちは、オルセンの懸念が身に染みてよく分かるからだ。

保育所というのは形式上も表現上も、家庭というよりまるで施設だ。保育所自体の是非はおいておく。問題は私たち親を蚊帳《かや》の外に締め出し、保育所建設のような重要事が進められてしまうことだ。保育所の発展の陰にあるのが主に財政の節約と効率化であるなら、親である私たちが心配するのはごく自然なことだ。

スウェーデンが80年代に、子どもたちの共通の遊び場になる「スペース基地保育所」をつくる計画がもち上がり、先だって徹底的な調査とテストが行われた。しかしその動きは間もなく立ち消えとなった。というのも、保育所職員と保護者の両方が、昔ながらの地域ごとにグループ分けされた保育所への回帰を望んでいた。その方が子どもたちに安心感と手厚いケアを提供できると考えていたのだ。[101]

この種のテーマが最近、盛んに研究されている——つまり、保育施設における、職員と子ども、職員と保護者の関係性について。というのも、職員たちが児童と絆《きずな》を築きたいと心から望んでいるかどうかが、子どもの幸福を決定づけるという研究結果が発表されたためだ。

トロンハイムのノルウェー科学技術大で研究を行ったアンネ・マリー・ウンハイムとマイ・ブリット・ドルグリによると、保育所の職員とわが子の関係がよくないことを、親は認めたがらないという。両親は子どもが元気でやっていると思いたがるし、職員はいい仕事をしていると思いたがるものだからだ。[102] 保育所の職員が子どもたちとはよい状態だと答えても、それは単なる希望的観測に過ぎないと研究者たちは言う。別の研究では、約20％の保育所職員が、子どもに細やかな気遣いができていないことが分かっている。[103]

ウンハイムとドルグリスの研究では、実に多くの親が、保育所の実態をろくに知りもしないのに、保育士との関係に満足していると答えた。[104] 一方で、20％の親は、日中起こっていることについて十分な情報を得られていないと感じていた。逆に、職員側で親への情報提供が十分でないと感じている人はいなかった。保育所における一日の終わりは、職員と保護者、両方にとってハードな時間だ。子どもたちも疲れきって、大人からもっと気にかけてほしがっている。

２０１２年秋に、オスロ保育所に保護者組織がつくられ、独自サイトおよびFacebookグループ、書名キャンペーンが始動した。その際、市議会議員のトルゲル・ウーデゴードが、職員の数は保育所の質に必ずしも影響を及ぼさないと発言したことが、保護者たちの怒りを買った。職員の数を十分に用意することが子どもたちの安全、ケア、学びを全て決定づけるということは、子どもを保育所に通わせる親たちがまさに確信してることだ。保護者たちは人員削減の提言が保育の質の低下を招くのではないかと懸念し、重点的に話し合った上で、保育所の数を減らすべきでないと結論づけた。

∴ 子育て給付金の難しさ

育児休暇についても、保育所の増設についても、導入時に大きな対立は起きなかった。70年代、育児休暇を両親で分け合えるようになった時も、１９９３年にパパ・クオータ制が導入された際にもそうだった。

しかし唯一、１９９８年に子育て給付金が導入された際、ブーイングが起きた。子育て給付金導入の目的は、家族が子どもをケアする時間を確保できるようにすることだった。さらにこれは不平等の解消も目的としていた。保育所を利用していない家族も、保育所を利用している人と同じように、国から支援を受けられるべきだと考えられていた。

子育て給付金の議論で、家族政策に関する二つの意見の相違が明らかになった。左派は親が働く選択をする自由を説く一方で、右派は家にいる選択ができる自由を主張した。おおまかに言うと、社会党の左派と労働党は、子育て給付金に反対で、ほかの党は賛成だった。この議論では、こんなセンシティブな問いが関わってくる——子どもにとっての最善とは何なのか？　このような分野には地雷が多くある。私たちの子どもたちに対し行った選択について、私たちは何もすることはできない。

経済学者のシャロッテ・コーレンは、2012年に出した『ノルウェー経済における女性の役割』という本の中で、子育て給付金の議論を分析している。彼女は1998年に行われた調査を参照し、両親の半分が、1歳児は家にいるのが最もよいと考えているという統計を紹介した。[105]4歳、5歳の子どもについては、20％もの両親が、家にいるのが一番だと答えた。この調査によって多くの小さな子どもを持つ親は子育て給付金をもらうより、保育所に通わせたいと思っていることも判明した。だからといって、親たちが保育所を支持していると解釈するのは早合点で、それは個々の家計の状況に依《よ》るとコーレンは言う。一人が家で主婦または主夫をして安い給付金をもらうより、共働きする方が世帯収入は多くなる。経済学者は、より多くの人が家にいる選択ができるようにしたければ、子育て給付金を大幅に増額する必要があるとした。[106]

共働き家庭を救済すべきか否かというこの議論で、両陣営が互いを責める格好になり、状況は平行線が続いた。左派が男女平等や女性の働く権利について多く説いたため、右派の政治家たちは、保育所建設や子どものケアについての議論もまた公的な問題だとした。右派の政治家たちは賢明なことに、大半の人が実際問題、働かないとやっていけないという事実を考慮に入れ、働かなくてもやっていける人たちでなく、働かざるを得ない人たちに合わせて制度設計をすべきだと主張した。子育て給付金は左派の悩みの種で、保育所の増設や、父親と母親の平等、移民の母親の段階的な包摂を潜在的に脅かしうるものだった。保守層には子育て給付金を支持する傾向が見られた。キリスト教民主党は、子育て給付金に反対する左派に対し、福祉の対象から家事労働者を除外しようとしていると批判した。子育て給付金は様々な家庭の様々な面に影響を及ぼす。子育て給付金は形式の面でも実用面でも、困惑の種だった。子育て給付金はコーレンが言うように、多くの家族が現実的な決定を下すためには、額が低過ぎる。同時に、数か月、または数年にわたって家にいたいと願う人たちからは、子育て給付金は公的施策であり、ちょっとした賃金みたいなものだと認識されている。

トリーネ・リーセ・アイデム・オルセンは2005年頃、子育て給付金の論争についての研究を行った[107]。男女平等の闘いの火蓋が切られたのは、子育て給付金をきっかけだったと研究者は言う。子育て給付金に反対する人たちは、子育て給付金を推し進めるのは男女平等の理念に反すると主張した。

さらにオルセンは子育て給付金の支持者も反対者も、保育所の存在意義を認めるという点では意見が一致していた。子育て給付金の支持者たちは、子どもと一定期間、一緒にいる時間がほしいだけだった。この傾向は、女性に特別な圧力をかける可能性があるとオルセンは示唆する。もしも私たちが皆子どもと多くの時間を過ごすのがよいと同意しているのであれば、常に誰かが子どもと一緒にいなくてはならなくなる。子育ての責任を負い、子育て給付金を受けてパートタイムで働くのは、大抵女性だ。どんなにジェンダー平等が謳われても、家庭と仕事の板挟みに苦しむのは、主に女性だと研究者は書く。[108]

保育所は労働と福祉の両方において両親に選択肢を与える。[109]一世代前の人たちはどうして7歳で小学校に入るまで、家にいるのが子どもたちにとって最もよいと信じてきたのだろう？先述した1998年の調査で、どうして当時の親の半分が、1歳児は家にいるのが一番だと言ったのだろう？　どうして親の大半は、1歳で保育所に子どもを入れるのが理想的と考える（ようになってきている）のだろう？

保育所はニーズを満たすだけでなく、新たなニーズを生む場だと言えるのではないか。保育所が1歳児保育を提供しており、1歳児の定員枠が空いているのなら、じゃあ1歳から保育所に通わせてみようか、と親たちが思うのは自然なことに思える。

親の職場のようなビジネスの場、あるいは路上の風景といった日常的な場から、保育所は切り離されている。子どもたちが一日中、目一杯遊ぶのはよいことだ。保育所が理論や学習に焦点を当てた就学前学校という役割を担うよりずっとよいのではないか。子どもたちが自分たちは大切な存在で、ほかの人にとってもかけがえのない存在だと思えるかどうかが重要だ。お年寄りを助けたり、洗濯をしたり、片付けしたり、買い物をしたりするみたいに、自分やほかの親の仕事場と関係を築けるかどうか、子どもたちが私たちの日常生活の一部になれるかどうかも同様に重要だ。

1978年にすでに雑誌『おばあさんの知恵袋』で、このことは議論されていた。第1号でトーネ・ティルセンは、保育所は大人の生活から断絶された孤島のようだと書いた。子どもたちの両親は「遠く離れた」場所で働いていて、子どもが理解できない職業に就いていると。

子どもと家にいる選択をする親の中には、日々の家事に気をとられるあまり、保育所並みに子どもとの遊びの時間を確保するのが難しい人もいるかもしれない。逆に言えば、保育所も子どもたちに家事や、日常生活に責任をもつことを教えることができるのではないか？　自分が他人の役に立っていると感じ、存在や行動の価値を認められることは、子どもにとっても有益なはずだ。

∴ 産まれてすぐに保育所へ

現在、1歳で朝から晩まで保育所で過ごすのはごく一般的だ。終日保育は、両親が職場復帰するために欠かせない条件だ。とはいえ、子どもの入所年齢が低過ぎるのではないかという意見も依然あり、これが最善の解決策なのかは分からない。この疑問をきっかけに起きた議論における親の反応を見るに、最善かどうかを疑っている人も多いのだろう。

オスロ大学の心理学の名誉教授、ラース・スミットは、産まれて間もない子どもを一日、保育所に預けることを猛烈に批判した。彼にとって、愛着は重要な問題だ。彼は保育所に反対なわけではないが、産まれて間もない子どもが必要とする、揺るぎない愛着関係を保育所の職員が子どもたち全員と築くのは不可能だと指摘した[110]。産まれて間もない子どもたちは、ごく数人の人たちと緊密な関係を築く段階にあり、月齢がもう少し上の子どもたちとは異なる精神面の欲求をもっていることをスミットは強調する。全ての子どもに一律に終日保育を提供することについて、彼は批判的にこう書く。

「子どもと愛着関係を築いている人たちは、子どもたちをただケアする以外の役割も担っていることがまだ十分に認識されていない」

分離の恐怖は、12〜18か月の月齢で最も強くなるとスミットは説明した上で、大半の子どもがこの月齢で保育所に入所するのはおかしいと指摘した。彼は家にいたいと願う父親と母親が家にいられるようにすることが、この時期の子どもにとって最善だと述べる。子どもたちの愛着形成がなされ、新しい環境になじむことができる年齢まで保育所入所を待つようにし、子育て給付金を廃止して、代わりに育児休暇の期間を18か月に延長するようスミットは提言した。[111]

まだ小さな子どもが、別れ際にちょっとした混乱と涙に耐えなくてはならないことや、ちょっぴり疲れてしまうことは、どれくらい有害なのだろうか？　ノルウェー科学技術大の研究誌『乳児の発達とケア』の中で、アンネ・マリー・ウンハイムとマイ・ブリット・ドゥルグリは、ある論文を発表した。彼女は発達段階の幼い子どもにとって、朝から夕方までという保育時間は長過ぎると考えていた。彼らはある地域の34の保育所で、41人の保護者と35人の従業員に、18か月以下の乳幼児の疲労度についてインタビューをした。80％以上の保護者が、子どもたちを一日8時間以上、保育所に預けていた。

50％の保護者は、子どもが保育所の後、疲れきっていると答えた。母親の一人はこう言う。

「保育所で過ごす時間を短くしてやりたいんです。迎えに行くと、乳母車の中でぼんやりしてただ座っていることもあるんです」

一方、保育所の職員で、乳幼児が一日の終わりにひどく疲れていると答えたのは、3分の2だった。そういう子たちは気性が荒く、すぐに泣くか、いつも一人でいるかだそうだ。ある職員は言う。

「保育所にいる時間が長過ぎるのは、火を見るより明らかです」

研究の目的の一つは、職員と保護者が疲れきった子どもたちにどう対処しているかを探ることだった。両親は、夕方に子どもと家に帰った後の時間について楽しんで過ごせていますよ、と言いつつも、実際は非常に忙しい。子どもを迎えに行った後、買い物に行き、夕飯を作り、子どもと遊び、寝かしつけをする。仕事を終えた親たちは疲弊しているが、子どもたちは親たちよりさらに疲弊している。週の初めに元気だった子どもも、金曜日にはぐったりしている。

ある保育所の職員は、マッサージやストレッチによって「心の平穏」を目指すプロジェクトに従事しており、その立場もあってかこう話す。

「子どもも親も大いにストレスを抱えていて、常に刺激にさらされている。ある程度休むことが大事だ」

この報告書に関わる研究者たちは、保育所の職員が子どもたちに十分な休息を与えるチャンスは限られていると主張する。保育所の職員は一対一で子どもに注意を傾けつつも、ほかの子どもにも注意を向けなくてはならない。

「小さな子どもにとって、一日中、保育所にいるのは恐ろしく大変なことだ。子どもたちにとって特に負担なのは、速いテンポ、大きな音、集団生活、それに例えば必要な慰めを受けることのできない状況に置かれることだ」とマイ・ブリット・ドゥルグリは2007年7月4日の「ベルゲンス・ティーゼネ」紙のインタビューに答えた。多くの国で保育所の子どもたちの疲労や人生の後々の段階で出てくるであろう問題行動についての研究が行われている。背景には、乳幼児が保育所で一日を過ごすのは大変なことなのではないか、という疑念をもつ人が多いためだろう。

1歳児は、保育所で一日過ごすには小さ過ぎるという結論が出たとして、それでどうすべきだろう？　長過ぎる滞在が、何かしらネガティブな影響を及ぼすと分かったらどうすべきなのだろう？

デンマークの保育所について、あるノルウェーの研究では一部の子どもたちは、大人たちが思わず目を背けたくなるほど、保育所でうまくやれていないことが分かった。4歳児と5歳児の3人に1人が、保育所生活がうまくいかない時期があったという。[112] ヘドマーク大学の実務教育研究センターのトマス・ノーダールは4人の研究者と共同研究を行い、3000人の保育園児が研究者たちに日々の経験を話した。分かったのは、保育所に対する評価は、子どもよりも大人の方が高いということだった。ノルウェー通信社のインタビューで、大多数の子どもが楽しくやっている一方で、30％の子どもは実は毎日が楽しくないと言っていることをノーダールは明らかにした。5人に1人の子どもが、中ぐらいの楽しさ。半分近くが、からかわれたり、いじめられたり、不愉快で悲しい経験をしたことがあると話した。ノルウェーでは全ての子どもが保育所に入るのがあたり前で、実態はほぼ無視され、保育所は無条件でよいものとされている、とノーダールが「ダーグアヴィーセン」紙に答え、これを危険視した[113]。

ノルウェーの研究チームの分析は、先に述べた通り、デンマークの保育所を対象としている。それでもこの結果は、ここノルウェーの状況にもそっくりそのまま当てはまる。

ノルウェー科学技術大や文部省が2012年に行った調査によると、ノルウェーの保育園児の半数以上が、大人は忙し過ぎて、自分たちにあまりかまってくれないと答えたという[114]。この調査によってまた、4歳から6歳の子どもの5人に2人は、保育所に行くことを「まあまあ」楽しいと思っていることが分かった。ノルウェー科学技術大の主任研究員、オーセ・ブラッテルードは、2012年8月23日の「ダーグアヴィーセン」紙のインタビューで驚くほど多くの子どもが、保育所生活に満足していないと述べた[115]。

研究者が驚いているこの事実に、私たちももう少し驚くべきだったのではないか？

私たちは保育所を一体、何だと思っているのだろう？　幸福の国？　幸福に思える日もあるだろうけど、それらの日々が、全ての子どもたちにとって常に幸福なわけでは全くもってない。私の子どもも長い間、保育所で友だちができず、仲間はずれにされる経験をしてきた。私たちは保育所に本当は全然行きたくないのに、選択肢がほかにないがゆえ、保育所に通わされている子どもやその親を大勢知っている。職場と政府から、保育所を終日利用するよう求められるからだ。

研究者によるこうした調査は、保育所を否定するためのものではない。私も否定したいわけではない。しかし子どもが保育所でどれだけ幸福に過ごせるか、保育所が日々どれぐらいの人員で保育に充たれるかが、私たちの日々の体験に影響することを、私は大事なことだと考えている。保育所の門から息せき切って駆け込んでくるぐらい天真爛漫な子どもを持たぬ親にとっては、保育所がやたらと崇められる風潮には首をかしげたくもなるだろう。私は理想とされる保育所のあり方を捉え直し、研究者と保育士の言葉にもっと耳を傾けるのは有用だと思う。そうすることで、当事者全員にとって幸福とは何かを、一層理解できるはずだからだ。

∴ 忙しい時代に子どもの最善を

私たちは子どもたちに健やかであれと強く願っている。20世紀の間に、子ども観は劇的に変化した。

子どもたちについての知識もそうだ。そのため、子どもへの期待も増大してきた。ほかの大半の子どもと同じように、うまくやれていない子どもの話を聞くと、私たちは激しい反応を示す。子どもの健やかな成長は子どもたちだけのためでなく、社会全体の希望にも繋がると私たちは考えるためだ。子どもたちは守られていて、愛されていると感じなくてはならないし、人の役に立つ人間にならなくてはならない。理解不能な行動をとる大人を見るや、私たちは生育環境に問題があったのではないかと想像する。子どもを持つ私たちは、子どもたちを形づくり、組み立て、またばらばらにするのがいかに簡単か知っている。子どもたちのお手本となり、子どもたちの未来の夢をつくるのも、私たち大人だ。そのため、私たちが常に真剣に考えるべきなのは、自分の子どもとどう接するかだ。私たちは子育てという旅の最終駅にいるとは決して考えるべきではない。

80年代、福祉国家ノルウェーの急速な発展により、ノルウェーの子どもの生活に大きな変化がもたらされた。1987年に出された『ノルウェーの子どもたちの生活状況』という本でもこのことは取り上げられている。著者のアグネス・アンデネスとハンネ・ホーヴィンが前書きで、社会に起きる変化は、子どもと直接関係しないものであっても、子どもたちに大きな影響を及ぼしているとした。著者たちはさらにこう書く。「私たちには子どもを持つというのがどういうことか、知識はあるのに、子どもであるとはどういうことなのか、あまり知らない」

ノルウェーの今の子どもは、非常にうまくやっているが、対処すべき課題もある。それは、保育所入所から学校卒業までの期間の、子どものストレスについてだ。子どもたちは学校でも余暇活動でも、非常に高いパフォーマンスを求められる。体や見た目、服の果たす役割は、さらに増している。子どもや若者は、これまで以上に鬱になりやすく、大勢が抗うつ剤の処方を受けている。問題は、そのような診断を受ける子どもたちにあるのか？　それとも家族や社会にあるのか[116]？　こうした問題意識をもつ人が増えてきている[117]。

1948年に出された『私たちの青少年』という本の中で、革新派の児童心理士、オーセ・グルーダ・スカルドは、子どもについて様々な問題提起を行った。当時、非常にラディカルとされた手法を用い、彼女はこう著した。

「叩くのでなく、子どもたちの言葉に耳を傾けましょう。罪悪感を植え付けるのでなく、彼たちに関心をもち、両親が子育てに共同で責任をもち、遊びがいかに重要かを知りましょう」

彼女は親が子どもたちに無為に多くの選択肢を与え、子どもたちにとって、また自分たちにとって重要な選択をするよう期待することに批判的だった。

この本が子どもについての近年のほかの書籍と一線を画すのは、スカルドが社会主義的なものの見方を示し、社会主義的視点で資本主義社会を見据えている点だ。彼女は、資本主義は子どもと大人の両方を苦しめるイデオロギーと主張し、こう続ける。

「個人の自発性」が主な原動力の資本主義社会は、価値の測定手段としてのお金に重きを置いている。しかし社会主義は連帯感を培《つちか》い、あらゆる仕事を等価値にしようとする。二つの立場の視点の違いは、子ども観や子育てに対する理想の違いでもある。[118]

体罰禁止をはじめ、オーセ・グルーダ・スカルドの提言の大半は、今はもう実現されている。同時に、私たちの時代、彼女には予期できなかったであろう課題もある。例えば、きっちりとした計画を立てて行われるアクティビティやスポーツの習い事、コンピュータ・ゲーム、テレビ、遊びの商業化、消費のニーズだ。ごく幼い頃から高価なものを持つ子がいることで、家庭間の貧富の差がしばしば強調されてしまう。

思想史の教授トロンド・ベルグ・エリクセンは、このことを2009年1月9日の「モーゲンブラーデ」紙の「現代の子育て」という記事の中で問題視した。貧しさが恥とされることをはじめ、新たな問題が次々と生まれている。その背景には、個人に責任を押し付ける社会の風潮があるとエリクセンは断言する。成功や地位を求めても失敗する可能性が高いと、子どもたちは内心、気が付いている。

私たちは途方もなく複雑な社会を築いてしまった。青少年はごく基本的なことを身につけるためだけに、13年も学校に通わなくてはならない。大人たちが家庭と仕事の両立だとかストレスだとかについて吐露する一方で、子どもたちは今自分たちがしている体験を言い表す言葉をもち合わせていないことも多い。子ども時代をどう経験したか、私たちは将来、彼らから話を聞くことになるはずだ。それらの話はきっと、私たちを驚かすと確信している。

キャリアや成功、選択の自由、権力をつかむチャンスについて話す多くのフェミニストたちは、批判的な視点を奪われ、確立された社会構造の一部と化す。保育所も、批判の声がすぐさまかき消される無批判の要塞と化す。西洋世界に暮らす私たちは、自分たちの文化が進歩的で発展を遂げてきたと疑わない。西洋文化が大きな成功例と見なされるこの世の中で、私たちは子どもにこう話して聞かせる。長期スパンで考えれば、世界は昔よりよくなっている。世界はゆっくりと進歩している。私たちがその進歩の最前線に立っていることは間違いない。男女平等は、このストーリーにおける重要な一要素だ。

しかし私たちがお金を求めるがあまり、環境と自然、動物の生命を破壊してしまっているという矛盾と加害が、歴史にも地上にも溢《あふ》れている。また私たちがお金で買うものは、広い目で見ると、他国で買い叩かれ、過重労働を課せられている人たちが作ったものなのだ。真の平等は、いまだにはるか遠い夢だ。

子育ての方法は、千差万別だが、子ども観には社会の変化が影響する。私たちの時代には、例えば子どもが早く自立するのは自然なことと考えられていた[119]。子どもたちは自分のベッドを持ち、一人で眠り、一人で遊び、社交的であり、友だちをつくり、保育所という枠組みの中であたり前のようにうまくやっていかなくてはならない。自立した子どもというこの理想を信じて私たちは、一日8〜9時間、子どもたちを手放す。私たちはこれを自立と呼び、よいこととする。もちろんそうかもしれないが、実際のところこれは現代の子どもが生き抜く上で必要なことなのだ。

ほかの子どもと道で遊ぶより、家でパパといたい子どもは、一部の大人にとって恥をかかせる心配の種となりうる。しかし子どもは実際、親に依存しているのだろうか？「甘えん坊」「駄々っ子」――こうした子どもについて私たちが使う言葉だけでなく、子ども時代を巡る概念や保育所への期待は、子どもができるだけ早く自立するべきだという私たちの願望を反映しているのだろう。子どもたちは自分たちがどんな感情をもつのがよく、どんな感情をもつのが悪いのかをすぐに察知する。14歳が常に友だちより母親を好むことは誰も望まないのに、4歳児は友だちより母親を好むべきなのだろうか？　どうして私たちは温かな口調で、子どもが愛しいと言わないのだろう。家族で元気に暮らしていますと。

私たちはこれとはしばしば反対の意見を聞く。子どもは家で退屈していて、それゆえ保育所で楽しくやっている。子どもたちの保育所での過ごし方について、私たちがもう少し責任を負うべきではないだろうか？　家で退屈する1歳児？　私はそんなあり方がまかり通るのは、とても歓迎できない。母親業は大変だ。それに父親業も。なので、グーリ・ヴィンデッグが言うように、私たちは「動じない」ようにしなくてはならない。彼女は心理士で、ノルウェー心理学協会の機関誌で、実に考えさせられる記事を書いた。

必要性に迫られたら、むしろ——心乱れるな。妊婦生活は「妊娠は病気じゃない」というお説教と、母親になっても退屈するなという叱責で始まる。子どもが生まれた途端、子どもが母親に依存するようになるから、同じベッドで寝てはいけないとか、お乳をあげながら寝かしつけしてはいけないと警告される。子どもが6か月の時（現代の夫婦が育児休暇を半々に分けるなら）、あなたは軽やかに仕事に出て、1歳になると安心感をもって子どもを保育所に送り出さなくてはならない。子どもたちはかなり泣くだろう。でも子どもには、適応能力がある。あなたが落ち着いて対処すれば、子どもも落ち着く。あなたはよい親というより、冷静な親にならなくてはならない。[120]

例えば保育所に子どもを送る際、たとえ子どもが泣いていても、冷静でいなくてはならない。2人の子どもが泣いてばかりいた時、私は冷静でいようと努めた。そのような状況で、私は自分の本能に従い、子どもを抱き上げ、あやし、慰める必要があった。私は逆に保育士から、元気でねと笑顔で言い、急いで保育所の門の外に出るよう、また家で保育所についてポジティブに話すよう言われる。子どもにとって、それがどんなに馬鹿げたことか分かるので迷いはするが、やはり言われた通りにする。泣き、母親に抱きつこうとする子どもは、満足気に離れていく母親の笑顔に遭遇するのだろう。私はこの奇妙な対応が、子どもが自分の感情を価値があり、正しいものだと信ずる能力に、どう影響するのだろうかと考える。

保育所との出会いにより、私の母性本能は何度も激しく揺さぶられた。私の夫の父性も同じだろう。夫は保育所に知っている保育士が一人もいなかったために、子どもを連れ帰ってきたことがある。子どもに保育所にいたくないと拒まれたのだ。

私は時々、迷う。息子があんなに泣き叫んでいるのに、置いていってしまうのが正しいことなのか？　息子は本当に大丈夫なのか？　泣き止むのは、しばらくして気分がよくなったからなのか、それとも諦めたからか――私がどうせ戻ってこないと分かっているから。

私たちが、子どもが泣いて、保育所に行きたがらないと話す時、それはある意味、真実が露呈する瞬間かもしれない。私たち大人も子どもも理想に近づいていないということが。

子どもたちが保育所でうまくやれて、私たち親がうまくやれるようになるまでには長い時間がかかる。私たちがしているのは、保育所への批判ではない。恐らく何より、自身の選択に対する批判なのだろう。私たちはもっと待つべきなのではないか。子どもたちがもっと大きくなるまで。でもほかの大半の親と同じく、私たちにもお金がなかった。でもぎりぎりと歯を食いしばらずにはいられない。私たちは、これでも何とかやっていけるだろうか？　といつも苦悶していた。

私は子どもを早くに保育所に預けたことを後悔する。ほかの家の子どもが大切に育てられているのを目の当たりにし、思う。自分の子どもにあんなふうにしてあげられなかった。私は罪悪感にさいなまれる。今でも子どもたちに申し訳なく思っている。

子ども政策というのは、子どもたちの一日の生活を左右する。保育の質だけでなく、日常生活の質をも左右するものなのだ。簡潔に言うならば、こうだ。

保育所が最高に楽しければいい。でも私が仕事の前に保育所へ届けるまでによく眠れなくてぐずる小さな赤ん坊を起こさなくてはならないのなら、楽しい日常生活もつらいものになる。保育所はたくさんあるものの一つだが、同時にほかのピースと組み合わさって大きな絵を示すものでもある。それは、よりよい日々を目指すためには、私たちにどんな枠組みが用意されていて、私たちにどんな価値があり、どんな種類の人間を育て、どんな種類のフェミニズムをつくりあげ、どんな種類の女性闘争を繰り広げるべきかについて教えてくれる。

∴ 私はいま自由なの？

下の二つの引用は、多くの女性たちが立たされているジレンマを端的に示している。一つ目は、36歳のオスロの女性の言葉。

子育てしながら働くのがこんなに大変だとは思ってもみませんでした。私には今、3人子どもがいるのですが、仕事をやめることにしました。私は家の仕事も外での仕事もうまくこなせなかったという罪悪感を胸に生きてきました。その感情は子どもたちと夫（それに私自身——完全に疲弊しきった）に影響しました。私自身、キャリア・ママとして育ち、空っぽの家に戻ることがどういうことかを身をもって感じてきました。その孤独な感情を——大人の生活で重要視されていないという感覚を覚えています。ひょっとしたらこれはタブーなのかもしれませんが、両親のうち片方が家にいることは、子どもに多くの利点をもたらすのかもしれません。[121]

二つ目の引用は、社会学者で研究者のカーリ・モクスネスの言葉だ。

主婦であることは、仕事で受ける時間のプレッシャーと効率性の要求から自由になることだが、それは自分の人生を自分で形づくる自由ではない。[122]

私たちはあらゆる方向に引っ張られて疲弊し、パートタイムや家庭生活について白昼夢を見始める。他方で、この世界では、自分でお金を稼ぐことが、自立への鍵となり、福祉を支えているのだと心の中で気付いてもいる。これに加え、もちろん多くの人たちが、教育と経験を活用することを楽しみにしている。

現在のフェミニストたちにとって、現代は複雑で多面的な時代だ。女性たち一人ひとりの人生にそれぞれの真実があり、どの人の声も耳を傾けられるべきだ。概して三つの課題がある。

①**市場**：今日《こんにち》のフェミニズムは、私たち全員の肩に手をかける市場の力に抗うことができるのだろうか？

②**ステイト・フェミニズム**：フルタイムで働きながら、子どもを一日保育所に預けることが全ての家族にとっていいわけではないということを、ノルウェーの政治家や官僚たちは知っているだろうか？

③男性の役割：男性と女性は、福祉を得ようと競い合う代わりに、女性解放に向けたより大規模なプロジェクトを進めて、互いの居場所を見つけることができるのだろうか？

二重役割は女性も男性も解放しない。かつて男性の独壇場だったこの世界で、フェミニズムはいわゆるキャリア女性たちの道を切り開いてきた。サービス、ケア、清掃業や工場で働く大多数の人の日常が楽になったわけではない。一部の女性が好きに消費できるからといって、私たちが買う服を縫ってくれている世界のほかの地域の女性たちの生活がよくなったわけではない。ひょっとしたら現代のフェミニズムは西洋社会の高学歴女性の生活を向上させているだけだと言うこともできるかもしれない。フェミニズムは、階級の問題とバッティングすることがある。お金と資源を持つ人と、持たない人の格差は、いまだに大きい。ほかの女性たちとの連帯というのは、自分自身はオフィスにいて、お金をたくさん稼いだり、ジョギングしたりしている間に、家の掃除を誰かにしてもらうことだと本当に皆、思ってはいないだろうか？

フェミニズムはライフスタイルでも、アクセサリーでもない。フェミニズムは女性たちにチャンスをより多く提供する実際的な変革であり、現実的な政策だ。またそれ以上のものでもある——ビジョン、夢、ユートピア。

フェミニズムについての現代における一般的解釈は、あらゆる性の平等を志向するというものだが、フェミニズムはむしろ、皆にとっての希望であり、より大きな自由を約束するものなのかもしれない。市場の力や抑圧、焦りや恥からの自由を。

今のところ間違いないのは、フェミニズムは各人が自分の生活に合った人生を送れるという希望を与えてくれる解放運動であるということだ。

第五章

「可能性の時代」は続く

「あなたは一人じゃない。本書は、あなたがたびたび遭遇し、格闘している様々な問題を、実はほかの大勢の人たちも共有しているということを明らかにするために書かれました」

右の文章は1972年に刊行された『何に文句を言っているのか?』の第一章の引用だ。編者はオーセ・バング。寄稿者は作家、心理学者、教授として今では知られる、多数の若きフェミニストたちだ。冒頭では、少女や女性には怒り、反逆するだけの十分な理由があると書かれている。理由を知って初めて、私たちは自分しか感じていないと思い込んでいた経験や気持ちを言葉で表現できるようになる。意外にも多くの人たちが自分と同じだったと感じる。そうして集団による闘争が始まるのだ。

本書も、似た発想からスタートした。今日《こんにち》の女性たち、そして一部の男性は、誰かが話を告白するまで悩みを抱えこむ。全体の傾向が見えてようやく、焦点を自己から周囲の世界に切り替えることができる。「恐ろしい問題が起きているのは私ではなく、社会の方ではないか?」

と。私たちは失望を、個人的な敗北や自分が愚かな人間であることの証明として受け取ってしまう。バングはそう書き、さらに付け加える。

「ほぼ全ての女性が同じ困難と闘っています[1]」

バングとフェミニストたちが40年前に達成しようとしたのは、何だったのか？　私が望むものと同じだろうか。男女ともに時短勤務を利用でき、小さな子どもを持つ親が給与を全額もらいながら時短で働ける状況をつくり、そして社会を批判的に見つめ、環境や人類のために最善を尽くすフェミニズム。あるいは、目の前の「男女平等」が本当に女性の解放なのかを、常に批判的な目で捉えるフェミニズム。異なる階級、異なる国の女性たちと連帯するフェミニズム。

70年代のフェミニストたちは、男性もストレスや出世競争から解放され、子どもと過ごす時間を多くもつべきだと主張した。現代なら女性についても同じように主張できるだろう。男女ともにアクティブに仕事しながら、家事と育児の時間を確保できないものだろうか。特に子どもが小さい数年の間くらいは。

私たちの生活は、社会の状況や限界といった外的要因と、私たち個人の具体的な行動によって決定づけられる。受けられる福祉がどれだけ労働に従事したかに左右されるように。あるいは、住宅価格が市場に支配され、場合によっては莫大な額のローンを組まなければならないように。別の要因を挙げるのは、かなり難しい。あえて言えば、私たちが無意識のうちに受け入れている時代精神、言い換えると、スウェーデンのノーベル文学賞受賞者で詩人・心理学者のトーマス・トランストロンメルがかつて言った「定義できない圧力」[2]だろうか。それらは私たち一人ひとりの生き方に影響を及ぼすはずだ。

∴ 資本主義は夢を利用する

私たちは、何だってできると幻想を抱きやすい時代を生きている。[3] たしかに、十分に望み、一生懸命努力すれば何だって叶うかもしれない。成功もしくは大金を手にすれば、旅行や様々な経験をして、上の世代が知らない楽しみを見つけられるだろう。

しかし、集団としても「何だってできる」のだろうか？　私たちは皆、一緒にやりたいことを実現させられるのだろうか？

福祉国家を築き、地球温暖化を喰い止め、多くの人たちの労働環境を改善する——これらの実現可能性はあまり高くない。学校を掃除する人が豊かな生活が送れるだけの賃金を得られるようにすることも難しいし、何かを買うために借金を背負う人々の状況を改善するのも簡単ではない。

なぜ不可能なのか？

思いが十分でないのだろうか？　信じる思いが弱過ぎるのだろうか？

動物と違って人間は、未来を想像する能力を備えている。しかし今、人類にとっての夢が何かは分からない。[4]

スウェーデンの作家でフェミニストのニーナ・ビョルクは2012年、著書の『ずっと幸せ』で、人が夢をもつのは、幸せを感じられず、何か別のものが欲しいと思っている時だと説明する。[5]だが、私たちは経済システムが人間に何を期待しているかを知った上で、夢を見る。[6]あなたの周りを見回してみれば分かるだろう。あなたは何を持っている？　昨日、何を買った？　何が欲しい？　どんな種類の仕事に就きたいと夢見た？　実際、どんな仕事に就いている？　想像してみてほしい。あなたが新しいキッチンを欲しがっているとする。そのキッチンは、あなたがインテリア雑誌で見たキッチンとよく似ているはずだ。インテリア雑誌は数えきれないほどあるから、いくらでも新しいキッチンを夢見ることができる。私たちは、二者択一ではなく、無限の選択肢の中から新しいものを考えられる。ところが、実際にそういう考え方をしている人はごく少数だ。

夢というのは、ふわふわしたものばかりではない。具体的で、現実の世界に根ざしている。私たちが生きる世界には、しばしば役立つ。

例えば私は、女性としてハイブランドの服とファッショナブルなサングラスを欲しがるよう促される。「お洒落な大都市でクールなアイテムを手に入れたい」。こんな夢を見なければならないと。そうでないと、経済が回らないためだ。社会は私に、成功した消費者でいるよう望む。

消費しなければ、経済を裏切ることになる。ビョルクは、大量消費を夢見ることが前提とされてしまっているのではないか、と問いかける。なるほど、そうかもしれない。このままでは私がこの本で描いてきたビジョン——全ての人が労働時間を短縮できる福祉社会——はユートピアであると見なされてしまう。

批評家たちは私のビジョンをあざ笑うだろう。彼らお得意の現実主義《リアリズム》だ。嘲笑の的になるのは、資本主義以外の経済システム、平和活動について話すこと、または一日6時間労働、ベーシック・インカム、公共交通機関の無料化についての議論。ケアや持続可能性、オーガニック・フード、公正な分配もそうだ。ノルウェーにはこれらを支持する政党や政治家がいる。彼らは「おめでたい奴ら」という心ない声に耐えなくてはならない。この批判を真に受けないでほしい。私たちが従うよう促されてきた夢とは違っているだけなのだから。

ノルウェーの政治に求められるのは、現実的であることだ。政党がより消費を促そうとする時、また現実政治《レアルポリティーク》が肯定される時に初めて、社会党左派の言うことを私たちは真剣に受け止めることができる、とあるコメンテーターは書いた。私たちの未来は、その点で困難に見舞われている。消費を減らすように求める言説は、大半の人たちが正しいと分かっていても、聞き流されてしまうのだ。

世の中は全てが繋がっているのだ。国連の副事務総長で、国連環境プログラム（UNEP）のリーダーでもあるアキム・スタイナーは、大量消費、大量生産という現在のトレンドが続くと、世界が激しい自然破壊に見舞われると危惧する。今後、科学技術が環境への配慮に一層重きを置くようになったとしても、人々の生き方、生産方法、消費の仕方自体は見直す必要があるのではないか。

ニーナ・ビョルクはこのことについて、こう書いている。

労働時間の短縮は、現実的でない。ベーシック・インカムも、現実的ではない。生産活動に市民が影響を与えるのも、個人の購買以外の方法では現実的ではない。唯一現実的なのは、あらゆる時間の短縮を奨励しているはずなのに、労働やコミュニケーション、家事における合理化、効率化、生産性向上は特に重要視されないということです。[7]

資本主義は、イデオロギーを説いて回ったり、何かを禁止したりする権力ではない、とビョルクは訴えるが、資本主義は私たちがどのように感じ、どのように行動するかにおいて、私たちを形作るものでもある。資本主義で重視されるのは競争だ。その〝種目〟はといえば、クラスメイトや他校と比べた成績、Facebookでいかにリア充に見えるか、Twitterのフォロワー数、いかに居心地よさそうなリビングを持っているか、キッチンのお洒落さ、イケてるパーティーに参加したか、イケてる友だちがいるか、といったものだ。テレビで音楽やダンス、料理、恋人を見つけられるかどうか、身体、容姿について、勝敗をつける必要のないことでも競り合っている。私たちは永遠に続く競争の中で、生き続けるのだろうか？　競争の中ではいつになっても休めない。

私たちが休みたくなったら、どうなるんだろう？　大半の人が、こんなふうに考えたら？「もう我慢できない。時短労働に変え、安いローンに借り換える。クリスマス・プレゼントは自分で作り、新しい服や豪華な休暇は諦める」

メディアは消費の急速な冷え込みを声高に報じ、経済学者や政治家は躍起になって消費と需要を増やす方法を探り始めるだろう。「経済を回そう」と。経済が成長をベースにしているなら、成長が止まると、何もかもが一気に止まってしまう。[8] 今日《こんにち》のシステムでは、消費しない者は、従順ならぬ市民と見なされる。

戦後のアメリカ市民は経済を救うため、商売を行い、買い物をするよう命じられた。2006年の金融危機の際、大統領のジョージ・W・ブッシュは同じことを言ったし、2001年のワールド・トレード・センターが標的になったテロの際にも、同様のことが叫ばれた。ノルウェーでも社会主義左翼党の党首クリスティン・ハルヴォーセンとノルウェー労働総同盟のリーダー、ロアル・フローテンの両氏が、経済に配慮して行動するよう国民に呼びかけた。あなたや私がライフスタイルを変え、よりよい私生活を送ったとしても、社会の枠組みの中で歪みが生じ、最終的に私たちにも打撃を与えるだろう。

「社会構造が変わる時、その変革は信じられないほど急速に起きる」と、スウェーデンのビジネス経済学者のアグネータ・スタルクは述べた。[9] 地域の大きな工場が閉鎖されると、市民はすぐさま、新たな仕事や日課、文化形式を探し出す。1歳児が保育所に通い始め、子どもを産んだ母親が当然のように職業生活に戻り、または父親が育児休暇を取って赤ん坊のケア労働を担当する、といったように。私たちはよくも悪くも、急ピッチで規範や規則に適応していく。このことは私たちに多くの希望をもたらし、政治家に多くの権力を与える。例えば介護業界で賃金を是正すれば、世間の見方も改善する。ケアに価値が生まれ、皆が参加を望むようになるだろう。

私たちに人生を選択する自由はどの程度あるだろう？

ノルウェー人は福祉を得ることができている。男性であろうと女性であろうと、一定期間は労働時間を減らせる。倒れてしまっても、家族も含めて福祉のネットワークが助けてくれるという安心感がある。雇用者の善意にゆだねることになるが、うまくいかなくなっても大丈夫だ。――パートタイムで働く、店や会社を起業する、田舎に引っ越す、農場で暮らす、一定期間家にいて、芸術家として生きるといったより多くのチャンスを得ることができる。困難を抱える隣人に対しても責任をもつことができる。

だが、真の選択の自由は、一日の労働時間の短縮や一週間の労働日数の削減にある。労働時間が削減れば、介護の必要性が生じても、仕事が続けやすくなる。子どもが最大限のケアを受けられるという安心感をもって働けるよう、十分な資格をもつ保育士を備えた時、真の働く自由を得たと言える。

私たちには日中集える場所がもっと必要だ。選択の自由には、人々が気軽に出会える無料の場が欠かせない。親は昔も今も、集いの場を求めてきたし、子どももほかの子どもに出会える場を求めてきた。人々が核家族化で孤立するようになったのは、比較的、最近のことだ。男女とも、2、3人の子どもと来る日も来る日も家にいたら気が狂いかねないし、子どもに狂気が伝わりかねない。世代を超えた憩いの場が必要だ。今の私たちに、そのような場はあるだろうか？　教会ではなく、ショッピングセンターにばかり通う私たちに。

意志があるところに道がある。アメリカでは第二次世界大戦中、男たちが戦地に駆り出され、多くの女性が工場で働かなくてはならなかった。そのなかには兵器製造工場もあった。女性でも働けるように、大規模なプログラムがつくられた。区域ごとに24時間開く保育所が建てられた。保育所は健康センターや学童保育と同じ敷地内にあり、ほかにも買い物や洗濯、料理、洋裁など様々な助けを得られる場があった。目指すのは、全ての女性が働くことができ、女性たちの日々の負担を軽くすることだった。子どもを迎えに行く時、家においしいご飯を持ち帰ることもできた。[10] 男たちが戦地から戻ると、大盛況だったサービス・ステーションはあっけなく閉鎖された。どうしても開けておこうという熱烈な需要がなくなったからだ。

今のノルウェーの保育所を、もっと包摂的に考えることはできなかったのだろうか？　コミュニティに溶け込み、サービスを拡充し、コミュニティセンターの一部として機能する保育所を。

∴ いつが「その時」なのか

女性の労働市場への進出は、西洋の世界がかつてないほど、働く手や頭を持ったことを意味する。加えて、私たちの社会は、日常生活を便利にする科学的イノベーションによって特徴づけられる。なのになぜ、私たちは今でも毎日、何時間も働いているのだろう？

女性団体、労働組合、研究チームに属するアクティビストたちは70年代以来、労働時間の短縮が次の新たな福祉改革になると何度も表明したが、実際はそうはならなかった。[11]１９８４年に政府は労働時間改革に伴う問題を広範に分析することを目的に労働時間委員会を招集した。１９８７年、委員会はこう結論を出した。

「一日または一週間の労働時間の短縮は、労働生活と家族生活を切り替える際に生ずる問題を解決するのに役立つ」「賃労働と無賃労働への努力は男女で偏りがあるので、労働時間の短縮は男女平等を後押しすることになる」[12]

一日6時間労働を求める80年代の闘いは、大きな反対勢力があったにもかかわらず驚くほど強力だった。

1985年、ノルウェー労働総同盟の会議で、6時間労働の推進が決議された。労働時間の削減について調査する委員まで派遣した。一方で、よりフレキシブルな労働を求める対抗勢力が現れ、「柔軟な労働環境が労働者に原則的に利益をもたらす」と主張した。現代から見るところの意見は危うい。

一日6時間労働よりも理想なのは週の労働時間を30時間に定めることだ。多くの人たちは休みを一日増やしてもらった方がよい。また、フルタイム労働の定義は人によって異なることは心に留めておきたい。石油労働者、鉱山労働者、医師、運転手、ケア労働のパーソナル・アシスタント、パイロットらは、個別に意思決定をする職業だ。私たちの社会では、フルタイムで働く方法は様々なのだ。

100%の賃金補償付きの6時間労働を標準に据えてはどうだろう。第一段階として、「賃金保障なしの一日6時間労働」という折衷案が考えられる。ただ、100%の賃金補償付きの6時間労働は、全労働者にとって現実的と言えるだろうか？　新しく求人を出す際、6時間と7時間半労働を勤務条件に掲げることは可能だろう。求職者としてのあなたは、短時間勤務で低賃金か、長時間労働で高賃金かを選択できる。昨今の社会状況を鑑みるに、就職面接であなたが、勤務初日から労働時間を2割減らしてほしいと宣言したら、採用されるとは考えにくい。それが現実的に可能で、当然のものとなったら？　その時には勇気ある政治家が大きなビジョンを示してくれているはずだ。

あなたには思い出せるだろうか？　無駄な時間のある毎日、全く何もしない1時間、あちらこちらに行き来せずに済み、せっせと世話をしなくてはならない子どももおらず、考え事をする時間があり、退屈し、誰かとお出かけし、完全に一人で自由に何かができる日々を。延々と暇をつぶせた学校からの帰り道のことを。今のあなたは毎日、保育所に駆け込む。世界の人たちから、北欧の私たちはいつも急いでいて、落ち着いておしゃべりする時間もなく、ストレスを抱えていて、常にあくせくしている人としてパロディされがちだが、これは当たらずとも遠からずだ。

私たちは一体、どこに向かっているのだろう？

女性と男性ともに労働時間を短縮するというフェミニズムの要求は、男性役員たちを戦々恐々とさせ、「ダーゲンス・ネーリングスリーヴ」紙のコメンテーターを怒《いか》り狂わせ、ノルウェー・ビジネス・スクールの経済学者たちの首を横に振らせた。そのようなフェミニズムはシステム全体を揺るがす。別の効用も期待できる。第一に、私たちや子どもたちの人生をよりよいものにする。第二に、環境に好影響を及ぼす。時間を節約するために車を使うのではなく、公共交通機関で移動したり、歩いたり、自転車に乗ったりする時間の余裕も生まれるだろう。日常がよりシンプルになれば、より多くの人が車のない町という提案を受け入れるだろう。現実には、車のない生活を想像するのは難しい。少なくとも車を使う選択肢を残しておかなければ、と考えてしまう。

一日6時間労働や、週に30時間労働、ベーシック・インカムについて議論すれば、全ての問題が解決されるわけではない。でも私は、これらが多くの人の生活を楽にすると考える。

なぜこのような要求は、いつも遅れて出されるのだろう？　労働運動もそうだった。理にかなっていない。金融危機や団体交渉やストライキでもそうだ。政治の場でも、要求すれば必ず反対に遭う。「私たちには戦争や国内外の危機といった、より重要な対処すべき事柄がある。女性たちよ。今はその時じゃない。待ってほしい」と。

でも、「その時」とは一体いつなのだろう？　生態系と経済の両面で危機に瀕する今では、なぜないのだろう？　私たちは長いこと待ってきた。１９４４年にアルヴァ・ミュルダールはこう書いている。

夫婦ともに一日6時間働いた場合、男性だけが8時間働いた場合と比べ、夫婦合計の労働時間は3分の1多くなる。素晴らしい余暇を彼らはともに過ごせることだろう。家で子どもと一緒に過ごし、家族が心地よくいるためにはどうしたらいいか想像してみよう。そうすれば、押し付けられた男性と女性の役割を果たす必要はなくなり、公平な世界を享受できるはずだ。[13]

女性運動は、私が妊娠し、仕事でくたびれきっている時に足を休められる場所だ。女性運動は、病気になった子どもが私を必要としている時、家にいなくてはならないことを詫びずに済むようにするためのものだ。女性運動は、嘔吐する子どもを介抱しなくてはならない時には、その日が期限でも報告書の提出を拒めるものだ。女性運動は、保育所のお迎えのため、定時を過ぎても終わる気配のない会議を胸張って退席するためのものだ。女性運動は、男性にも同じように闘ってもらうためのものだ。女性運動は、私たちがケアの責任をより担いやすくするため、労働生活を変えるための闘いだ。

∴ 私たちは生活しながら考える

母親の役割、父親の役割、家族のあり方、子どもの幸福——これらは人生で最も重要な次の一連の問いと深く関わっている。「日常をどう過ごしているか?」「どう生きるべきか?」「個人としても、社会の一員としても常に何かを選択しているが、十分に認識しているか?」賢い選択をし、一生懸命働きさえすれば、誰しもが望む人生を得られる。誰しもが完全に自由で、多くの選択ができる。私たちはそんなふうに、自分があらゆるイデオロギーの外側にいるかのように考える傾向がある。だが、本当にそうだろうか。

私たちノルウェー人は他国の男女が自由ではない、抑圧されていると思い込み、糾弾しがちだ。一方で私たちは、誰かの望む今のような暮らしを送ることで、その誰かの懐にお金が入っていることになかなか気付かない。私たちもまた、この国でうまく暮らしていけるよう、社会の決まりや不文律に従わなくてはならない。

理想とされる女性と母親は、昔の母親や異なる文化圏の母親に感動できるタイプの人間とされる。お涙頂戴に弱い古典的女性の特徴をもつ彼女を、私たちは称賛する。逆に、古典的女性から外れることは弱点と見なされる。例えば、フルタイムの仕事を諦めてパートタイマーになるのも、子どもを2人以上持たないのも、弱点だ。子どもを欲しがらなかったり、子どものことを考えて野心的とは言えない仕事を選んだり、主婦になる選択をしたりすることも。別の種類の敗北もある。例えば、子どもが不登校になること、労働力をもたなくなること、精神的に疲弊すること、太ること、お金の余裕がなくなること——完璧であることが、今は尊ばれる。日常生活をしっかりコントロールできていなくてはならない。ストレスを抱えていても、不満を言おうものなら、泣き言を言っているとか思われず、「しっかりしろ」と叱咤される。私たちの文化では、弱さが嫌悪され、ややもすれば恐ろしいものとされてはいないか？

女性の平均労働時間は、著しく増えている。これは女性の労働参加率が上昇していることと、女性の一日の労働時間が増えていることが一因だ[14]。2002年のノルウェー中央統計局の調査から、ホワイトカラーには仕事でストレスを抱えている人は少ないことが分かった。その一方で働く人たちの大半が、話をしたり、仕事以外のことを考えたりする時間がないことも分かった。半数以上の人が、現在の職場でこの5年の間にプレッシャーが高まっていると答えた。納期や決められたルーティン、顧客からの要求に応えることに、仕事のテンポがかなり左右されていると報告書には書かれている。

今日《こんにち》の労働中心の生活が――直接的にもたらした消費生活が――人間と自然の両方を疲弊させているという証拠はいくらでもある。にもかかわらず、私たちは所与の条件として受け入れている。必要でないことまで成し遂げるよう、自分たちに強く課している。今ではもう必要な生産と不必要な生産も、必要な財産と不必要な財産も見分けがつかない。

70年代の女性解放運動は、消費社会と同時に起こった。進歩した台所設備で、家事は簡単になり、今ではテレビや任天堂のゲームという子守りなしにどう家事をしたらいいか想像がつかない。私たちは消費社会の家族となった。それがフェミニズムの進歩と言えるかは、この本で投げかけてきた問いの一つだった。今の理想の家庭は、よく消費する。子どもを持つ家族が体験する「新しい貧困」の背景には、こうした社会状況がある。ノルウェーで理想とされる生活を送るには、非常にお金がかかるのだ。

女性たちは労働市場に参入したが、ノルウェーでも世界のほかの地域でも、男性とは全く異なる条件を課せられていた。男性より収入が低く、家事や育児の大半をいまだ担っている。一方、男性の多くも女性と同じように、家事と育児でストレスを感じ悲嘆にくれているが、家庭の仕事や、家庭内の雰囲気をよく保つことも、いまだに女性が主な責任を負うものとされている。つまり、家庭と仕事の両立は主に女性の問題とされてきた。

私たちはひょっとしたら家と呼ばれる場所——市場からの要求がない場所——、消費を焚《た》き付けられることのない場所を、それほど必要としてこなかったのではないか。私たちは家にいることが滅多にない。仕事場、学校、保育所、行楽地や会議室にばかりいる。それはいけないことなのだろうか？　何か問題でもあるのだろうか？

日々の団欒という点では、問題があるだろう。私たちにはゆったり食卓を囲む時間もほとんどない。他人と遊んだり、知り合ったりすることもまれにしかない。甥っ子の誕生日を覚えていることも、年配のご近所さんをお茶に誘うことも滅多にない。子どものお友だちを家に招く余力はなく、リビングの床におもちゃが散らかっているのを見るだけで、ぴんと張りつめていた糸が切れ、いらいらしてしまう。

幸せな家庭とは、家族全員が終日、様々な環境に適応できるよう努力できる柔軟な家庭のことだ。全く異なる体験をし、異なる気分で一日を終え、再び集まった時、和やかな団欒を楽しめればよいが、中には二つの家庭を行き来する子どももいる。その場合、単に柔軟なだけでなく、自立していなくてはならない。

パウル・フューラーは2010年の社会学の博士論文「時代の価値」で、今日《こんにち》の私たちの生き方を「地球規模の悲劇」と呼んだ。彼は私たちの生き方への疑念とストレスや疲弊感、常に時間に追われているような感覚について書いた。資本主義はカルトのように金と市場と賃労働が三位一体となり、私たちの瞳にほかの生き方を映りにくくさせている。大半の人が消費のためにお金を持つこと以上に、より多くの時間をもちたいと願ってきたとフェーラーは西洋世界の研究で結論づけた。多くの人がハムスターの回し車から飛び降りて、自分自身の時間をコントロールすることを夢見ている。

携帯電話や職場の壁、学校といったあらゆるところに、時計があり、私たちは時間と積極的に関わる。そのことについて、深く考えない。私たちは時間に様々な価値があること、また価値ある時間を過ごせるかどうかは自分たち次第だと受け入れている。仕事では、一分一分、凝縮された労働を行うことで、時間を有益に使えたと考える。子どもたちは家庭でも同じく、私たちから一心に注目を集めるべきだろうか。私たちは価値ある時間を過ごすためには、マインドフルネスやヨガの講座に行ったり、高いお金を払ってスパに行ったりしなくてはならない。私たちは、ただただ休むことを知るべきだ。私たちの祖父母は夕暮れ時にコーヒーカップを持ってぼんやりと景色を眺めたものだったが、現代の私たちはそれではうまくいかない。これは効率的とも質の高い時間とも見なされない。

私たちのこの時代、時間は貴重で、直線的で、価値のある、せわしないものと考えられている。私たちは時間に恵まれないと思うし、それゆえ余暇と言えば、様々な体験ができ、やりがいがあり、成長をもたらす、効率的であるべきという期待で心が支配されてしまう。労働生活と余暇はテクノロジーの助けを借り、最終的に似たものになる。私たちは労働中、生産的であるだけでなく、余暇を完璧で重要なものにしなくてはならない。

労働倫理と労働時間は、我々の日常生活の理解にすっかり組み込まれているため、失業者でさえも、ほかの人たちと同じ時間に起き、世間一般のリズムに従って、社会に適応するよう求められる。賃労働は私たちの時間を定義する力をもつ。子どもや祖母やほかのケア責任者が、時間に苦しむのも不思議はない。失業者や生活保護受給者でさえ、ゆっくり休んだり、日課に余裕をもって当たったりすることが、愚かで無価値なことであるかのように忙しい日々を送っている。こんなふうに言うところを想像してみよう。

「私は今、失業中で、たっぷり時間があるんです。何か助けは必要ありませんか?」

これは敗北と見なされるのだろうか?

育児休暇は、労働と一線を画す人生の一期間なのだろう。育児休暇中にもらえる手当は、仕事をしている時よりも少ないが、それでも子どもたちと家にいるためにお金が払われることに変わりない。育児休暇は、仕事を中断した多くの人たちが経験している。フューラーの博士論文でインタビューを受けた複数の女性が、育児休暇中は自分で時間を管理できたと述べている。そのうち一人が、再就職しなくてはならない時にケア形態の変化に罪悪感を覚えた。彼女はその時、フルタイムの仕事や社会の規律に合わせなくてはならないと感じたという。[15]

男性の中にも似た感情を抱いたことがあると話してくれた人はいたが、女性ほど割合は多くなかった。多くの男性が、家にいる間に収入の大半をなくし、職場で大きな抵抗に遭うのは、性別固有の期待がそうさせている、とフューラーは結論づけている。男性のうち一人が、同僚や上司から、「休暇を長く取って、6か月間子どもと家にいたということは、仕事というものを真剣に受け止めていない」と言われ、同じように思ったと言った。[16] 私たちの時代には、政治家の演説は現実を美化し過ぎている。男女ともに、政治が望むことと、個人の実生活とのギャップによって、ジレンマに陥る。

フェミニストが今日《こんにち》の経済制度に批判すべき理由は十分にある。国連社会開発研究所（UNRISD）が2005年に、国民の社会、経済格差を拡大するので、優勢なのは市場自由主義的な思想の男女平等なのかもしれないという決断に達した。国連は市場自由主義が短期的には経済成長をもたらすが、この種の経済は時間の経過とともに、不安定さや貧困、社会的連帯の欠如、過激主義をもたらしうる、とした。また、市場自由主義を、男女平等と福祉の分配を大きく妨げるものとした。

職場における身心のバランスを崩す人の多さについて真剣に考えるなら、問題を掘り下げる意思が必要だ。恐らく国の理想や目標と、私たちの価値観が合わないところに問題の本質があるのだろう。

恐らく政治や、私たちが培う価値が、皆、等価値であれという公式な目標を共有していないことに、問題があるのではないか？　私たち皆が同じでなくてもいいはずなのに。

∴ 誘惑されたフェミニスト

イギリスの作家、ヴァージニア・ウルフは、『三ギニー』の中でドラマチックにこう書いた。

私たちの背後には、父権制度があります。つまり個人の私的な家があり、そのこまごましたこと、その不道徳、その偽善、その奴隷状態を伴っています。私たちの前方には、公の世界、職業上の組織があり、その独占欲、その嫉妬、そのけんか早さ、その貪欲さを伴っています。前者はハーレムの奴隷のように私たちを閉じこめます。後者は、頭と尾をくっつけた毛虫のように輪になって、所有地の聖なる木、桑の木のまわりをぐるぐる回るよう、私たちに強制します。それは悪と悪の間の選択です。それぞれが悪いのです。私たちは橋から川の中へ飛び込んだ方がよいのではないでしょうか。勝負を諦め、人間生活全体が誤りであるからそれを終わらせる、と宣言する方がよいのではないでしょうか。[17]

（『三ギニー』出淵敬子訳、みすず書房）

私たち女性は、家庭での孤立と経済的不自由、男性の収入への依存、労働における貪欲さとエゴイズム、効率性と成長の必要性を前に、どれかを選択しなくてはならない窮地に立たされているのではないか？

現在の制度が幸せな労働と明るい子どもをプレゼントしてくれたと考えている女性たちがいるなら、この懸念をすぐに否定してくれるだろう。男女平等はまさにパズルのピースのように家庭と仕事を組み合わせることだ。「ウルフが遭った苦難」で話を終えず、着地点を見つけるべきだ。今のモデルをノルウェーの私たちは誇りに思い、他国に輸出したいと考えている。私たちにとっての男女平等は、男女両方が職業生活に参加することだ。

国際的、社会批判的な視点をもつフェミニストたちにとって、複雑な課題がここにある。もちろん世界中の女性にとって、仕事に参加できることは重要だ。他方で、ほとんどの職場が抑圧的な経済制度の維持に貢献している。ノルウェーの男女平等モデルをほかの世界に「売る」ことは、女性解放プロジェクトとしての資本主義も「売る」ことになる。[18] 福祉国家を脅かす成長経済やイデオロギーに批判的なフェミニストたちは、どうしたら細やかかつ誠実な方法で自身の成功を「売る」ことができるのだろう？

私たちが賛美する男女平等には、グレーゾーンがあるのではないか？

すでに書いたような40年間の世界経済の成長とジェンダーの役割の変化に改めて目を向けてみると、資本主義はフェミニズムを利用したようにも思える。つまり資本主義は、男女平等のイデオロギーを自身の利益となるように、さらなる成長を果たすために運用してきたのではないか。[19] 時に外国の女性たちが外で働く権利を主張することがある。有意義なことだが、本質的に労働者は奴隷のようにこき使われるものだ。雇用者は労働力を自らの利益のために用いるから、男女平等や働く権利における解決策には必ずしもならない。労働問題は、男女平等とは並行して臨まなくてはならない別の闘いなのだ。

∴ 個人的なことは政治的なこと

家族政策は個人的なものではない。今日《こんにち》では家族全員が、広い社会という鋳型にはめられている。家庭と仕事の両立について話す、全ての人たちに向き合うことが大事だ。若い時分には全く直面してこなかったような困難に立たされ、強いストレスを感じているという理由で、ボランティア活動に参加できない日、地球の反対側の世界をよりよくするアクティビストになれるのだ。全てが繋がっている。一日が一ピースも欠けてはならない精密に合わさったパズルだとしたら、誰がうるさい近所のおばあさんになるのだろう？

労働時間の短縮は、よりよい日々を送る上で、最良で最もラディカルな変革だが、ベーシック・インカムというアイデアもまた、様々な推進派によって何年も検討されてきた。[20] この概念は、ぎりぎり生活はできるが、プラスアルファで仕事をしてみようかと思える程度に低くなければならないことが前提となっている。[21] 高所得者の課税額を増やしたり、課税団体のアタック（ＡＴＴＡＣ）が長年闘ってきたように外国為替取引に税金をかけたりして、税制を変えることで、ベーシック・インカムの財源を確保できるかもしれない。最低収入保証もまた、チャンスを生かしたり、イノベーティブであったりすることを可能にするのかもしれない。

官僚制にまつわるあらゆることと、失業手当や疾病手当、扶養手当、現金給付、社会保障がベーシック・インカムに置き換えられた場合、削減される出費を想像してみよう。ベーシック・インカム（または社会賃金と呼ぶ人もいる）は、かつてないほどイノベーティブな社会改革になるのかもしれない。これら様々な補助金は、すでに一種のベーシック・インカムとして機能している。ベーシック・インカムの受給者は、さらに職業訓練や地域ボランティア活動やケア労働といった形で、コミュニティに最低限、貢献する義務があると考えられている。

望みうる別の副次的効果は、このようなベーシック・インカムが、純粋な賃労働でない仕事の価値を高めるのではないか、ということだ。私たちが住む地域で行われている仕事、私たちの家で子どもと一緒に、老人や隣人、ボランティアのために行う仕事。前の世代や二世代前の女性たちは、子どもを置いて仕事に行くと罪悪感を覚えただろう。反対に現代の私たちは、職場にいない時に罪悪感を覚える。ベーシック・インカムは、困難の中で一息つける終着駅のようなものだ。

世間の注目を集めるフェミニストの多くは、伝統的な女性の生き方や母親としての役割について温かみや誇りをもって話すことが滅多にない。そのために、一般女性たちから「フェミニズムは自分たちのためのものではない」と考えられているのではないか。まだまだ取り組むべき課題は残っているのだから、残念なことだ。

これでいいとは思えないことを変えようとあえて闘う女性が少ない理由を私たちは見つけなくてはならない。この本で書いてきたことについて肌で感じていても、彼女たちはなぜ政治に無関心でいられるのか。彼女たちと一人ひとり話す時、疲弊、焦り、困惑がしばしば感じられる。彼女たちの日常の体験談は、ほかの成功した女性たちの話と同じぐらい重要で意義深い。

私たちは幸福の概念について、頻繁に議論しない。[22]幸福について話し合い、研究すると、いつも同じ結論にたどり着く。私たちを幸福にするのは、お金でも地位でもキャリアでもなく、連帯、家族、属する場所だ。それでも私たちの社会が培うのは、お金、地位、キャリアの方だ。時間（のゆとり）は私たちの一番の望みだが、そのような理想を育む社会をつくるためのビジョンをもって働いてはいない。ある研究によれば、私たちの物質的充足と満足度は比例しない。[23]

このパラドックスをもとに社会的議論を発展させ、個人的なことを真に政治的なものに変えられるのではないか。[24]私たちはお金に恵まれているが、ビジョンを欠いている。それは一体どうして？　夢の限界はここにあるのだろうか？　私たちの文化では、何を夢見ることが許され、許されないのだろう？

2008年の『大狼症候群』で、文化人類学者のトマス・ヒュランド・エリクセンは、私たちの文化で引き起こされる不安を、「奇妙なひっかき傷」と呼んだ。私が序文で書いた不安の原因は、このひっかき傷なのだろうか？　私たちの言葉と行動がかみ合わないという感覚が原因だろうか？

家庭と仕事を両立させる困難さは、こんなふうにして、私たちの社会の過ちの多くを象徴するものなのだろうか？

「人生で本当に大切なのは、ゆっくりとすることだ」と『大狼症候群』の中でエリクセンは書いている。[25] 私たちは各方面から「急げ。もっと効率性と生産性を上げろ。もっと消費しろ。もっと稼げ」という信号を送られる。私たちが男女平等を果たそうとするのであれば、そのような理想に沿って、女性を男性と均質化しようとするのではないか？　それが女性の解放なのだろうか？

フェミニストは権力と階級の議論に加わって連帯し、普段は耳を貸さない女性たちに寄り添う選択をしなくてはならない。フェミニストたちはどのような改善を夢見ているのだろう？

男女平等はかなりのところまで進んだが、あるところで止まってしまった。今の男性社会でうまくやっている女性もいる。多くの女性たちが、祖母の世代よりもよい暮らしを送っている。しかし、世界中の多くの女性たちにとって、労働の権利とは、雇用者から賃金の支払いを受ける権利と同義だ。おまけに女性は男性よりも稼ぎが少なく、家事を全て担っている。いまだに多くの女性が家庭でも外でも、抑圧されているのだ。

渇望観、不公平感、悲しみ、不安は常に正当であるが、それを誘発するものが何なのかは人によって様々だ。

この本は私たちが送っている生活について書いた家族の支配の外側にある社会全般の特徴を示せたなら嬉しい。そこに何かしらの形で不安と認識されるであろう要因が隠れているからだ。

私はいま自由なの？　仕事をやめ、フリーランスになり、自由になったのだろうか？　今でも朝から晩まで働いているが、働く時間は自ら選べる。それは私が働きたい時でなく、働かなくてはならない時であることがしばしばだが、家族の生活バランスはよくなる。しかし経済基盤は弱く、ワークフェアから外れた私が得られる福祉は限られている。私たちがそんな生き方をずっと続けられるかは定かでない。フリーランスは多くの人より自由でもあり、多くの人より不自由でもある。私は自分がとても自由で幸せな人間に思え、この本に書いてきたことが全てどうでもよく思える日もある。一方、不自由さがあまりに不愉快で、心の中が真っ暗になりそうな日もある。子どもを持ちながら仕事する人にとって、この重圧を完全に避けることはどんなに頑張っても不可能だ。私は一体、何を夢見ているのだろう？　今よりもう少し時間にゆとりのある暮らしを送りたい。子どもに対してずっと抱いてきた罪悪感から解放されたい。愛しい人ともっと一緒に過ごしたい。消費に駆り立てる圧力からも解放されたい。環境にもっと配慮した生活を送りたい。よりよい人類、地球に繋がる社会を営んでいると実感したい。私たちのライフスタイルが、地球を破壊している現実を知ること、政治的選択が人類全体の幸福に繋がらないと疑うことで、私たちは不自由とストレスを感じてしまうのだ。[26]

女性解放は、私たちにとってはこれらを知ることであり、現代のフェミニズム批判の対象になりがちな「夢をもつ」ことだ。これを達成するために、私たちは政治家の仕事について考える必要がある。職場と家庭、経済の枠組みを変えるために、何をすればいいのだろう？　この闘いで私たちと同盟関係にあるのは誰だろう？　どうしたら大勢の人が連帯できるのだろう？　多くの女性、多くの人にとっての自由とは何だろう？

女性解放とは、個人レベルでも、制度レベルでも、人生のワークライフバランスを整えるためのものだ。女性解放は、世界の女性との国際的連帯だ。女性解放は、全ての人が等しく価値があるという思想を実現するため、常に弱い人の味方をすることだ。

女性解放は、女性、子ども、男性が日々を生きやすくすることだ。

女性解放は、家庭と仕事を両立させる困難さがやや和らいだ日常生活をコントロールし、真の選択をすることだ。

生きているうちは、今よりあともうちょっとよい人生を送りたいと常に願おう。たとえ世界一素晴らしい国に暮らしていたとしても。

謝辞

物を書く女性の陰には、支える男性がいます。この本も同じだ。ヴェガード・ヴェッレなくして、この本は世に出なかった。濃密な執筆過程で、寛容、アドバイス、励まし、忍耐を与えてくれたあなたに感謝している。あなたは私のヒーローよ。ありがとうの言葉を、何よりあなたに送りたい。そして2人の小さな子ども、エドヴィンとアーマンにも。あなたたちは執筆を幾度となく中断させ、私に家庭と仕事を両立させる難しさ、健やかな日常を送ることの重要さ、人生でかけがえのないことの全てを教えてくれたわね。この本は大人になってからあなたたちがママたちよりもほんの少しゆとりある生活を送れますように、という願いを込めて書いたの。

構想段階から女性解放について素晴らしい対話をしてくれたトーリル・スカルドにも感謝します。このプロジェクトにあなたが太鼓判を押してくれていなかったら、本を書き始めることさえできたか分かりません。ともに過ごして培った友情、ウィットに富んだアイデアの共有、無限の励まし、ひとかたならぬ支援に心から感謝します。

編集者のナツネーン・カン・ウストレムにも感謝を。会った瞬間から打ち解け、いつもそばで励ましてくれた専門家。この本の全ての文章、短い脚注一つとっても、あなたのチェックなくして世に出せませんでした。あなたの助力があって、自分のもつ力を全て出しきることができました。でもここから先は、私の責任です。

それから常に私を励まし、自らの経験を共有し、よいアドバイスとアイデアをくれた友人たちにも、お礼を言いたい。皆、やっと本になったよ！

訳者あとがき

本書『私はいま自由なの？　男女平等世界一の国ノルウェーが直面した現実』は、２０１３年にリン・スタルスベルグがノルウェーで出版した *Er jeg fri nå? Tidsklemme i verdens beste land*（原題直訳：『私はいま自由なの？——世界最良の国における仕事と家庭の板挟み問題』）の邦訳です。

著者のリン・スタルスベルグは１９７１年生まれ。ロンドン・スクール・オブ・エコノミクスで社会学修士を取得後、「ダーグブラーデット」紙や国営放送ＮＲＫ、「ＶＧ」紙、「階級闘争」紙、アムネスティのノルウェー支部などでジャーナリストとして働いた後、独立。フリーランスとして「階級闘争」紙で発表したコラムを1冊にまとめたのが本書です。

2児の母である著者が独立を決めたのは、下の子が保育所に入った年の冬でした。お弁当と朝食を作り、ぐずる子どもたちの機嫌をとりながら保育所に滑り込んだものの、当時フルタイムで勤務していた仕事に遅刻してしまい、この時に家庭を犠牲にしない働き方を実現したいとフリーランスのジャーナリストになることを決意したそうです。この本で著者は、ジェンダー・ギャップ指数ランキングで常に上位に入る〝男女平等先進国〟ノルウェーで生活する、働く親たちの弱音や苦しみを包み隠さず書いています。

著者はノルウェーでも子育てをしながら働くことが決して容易《たやす》くないことの証拠に、幼い子を持つ母親の約半数が、パートタイムで働いていることを挙げています。フルタイムで働いていないと、各種手当（失業手当や疾病手当、出産・育児手当、年金、有給、病気になった子どもを自宅で看病するともらえる手当）を全額受給できないという厳しい〝男女平等先進国〟の現実には驚かされます。

著者はまた、北欧の夫たちが、家事、育児に多少なりとも参加するようになったのは、父親の育児休暇制度という荒療治があったからだと言います。父親の育児休暇は同じ北欧のスウェーデンで１９７４年に世界で初めて導入されたもの。この本が出されたノルウェーでの育児休暇の取得率は現在、父、母ともに世界トップだそうです。さらに著者は１９９３年にノルウェーで導入されたパパ・クオータ制についても説明し、そのような制度があったからこそ、ノルウェーが「男女平等」に近づいたのだと示しています。現在では、育児休暇を父親半分、母親半分というラディカルな分割法を望む声も聞かれますが、著者は女性の健康、妊娠時の母体への影響という観点から、男女の性差や身体的特徴を加味せずに育児休暇を半々に分割することが、真のジェンダー平等なのかと問いかけます。

労働時間短縮を求める労働運動の歴史についても、本書には書かれています。１９００年代初頭に、ノルウェー初の女性工場監督官でアクティビストのベッチー・シェルスベルグが、一日6時間を適切な労働時間とする説を唱え、さらに１９２６年5月1日には、スリチェルマで6時間労働を求めるデモが行われました。お隣のスウェーデンでも１９５０年代には6時間労働が提唱されました。いずれも実現はせず、現在ノルウェーで6時間労働を行っているのは主に小さな子どもを持つ母親で、それも時短労働に当たるため、彼女たちは社会保障や職業の選択肢の制約を受けています。

あるノルウェーの保育所で41人の保護者と35人の従業員を対象に行った調査では、18か月以下の乳幼児を持つ親の80％以上が、子どもを日に8時間以上保育所に預けていること、50％の保護者が、子どもが保育所の後には疲れきっていると答えたこと、そして保育所職員の3分の2が、乳幼児が一日の終わりにひどく疲れていると答えたことが明らかにされました。そしてそういう子たちは気性が荒く、すぐに泣くか、いつも一人でいると職員は答えています。研究者たちは発達段階の幼い子どもにとって、朝から夕方までという保育時間は長過ぎるのではないかと警鐘を鳴らします。

また大半の子どもが保育所に入所している現在のノルウェーで問題になっている「保育の質」についても著者は現状を明らかにします（ノルウェーでは幼保一体化がスムーズに進み、現在幼稚園はありません）。

このように子どもの幸福、人権について繰り返し何度も何度も考察されているのは、「子ども・平等省」という日本にはない中央行政機関があり、子どもの人権、福祉を重視するノルウェーらしい視点であり、この本の大きな特徴とも言えるでしょう。

日本でジェンダー平等について議論する際、抜け落ちがちで、触れにくいのが階級差の問題です。本書で著者は、労働者階級、中産階級（ブルジョワジー）といった階級を表す言葉を臆《おく》することなく使い、階級差がジェンダー平等の議論にどう影響を及ぼしてきたのか系統立てて説明しています。現在の日本では「格差」という言葉で形容されがちですが、見えない階級が現在の日本にも存在しています。

70年代のノルウェーにおけるブルジョワジーの女性と労働者階級の女性では、求めるものは度々《たびたび》異なっていました。金銭的ゆとりがあったため、夫が外で働く一方で一日家で家事や子育てにいそしみ、主婦としてあこがれの的とされていたブルジョワ階級の女性の中にも、息苦しさや飾り物の人形としての役割から逃げ出したいと望む人もいました。一方、労働者階級の女性は家庭でのケア労働と、男性よりも著しく報酬の少ない外での賃労働の二重負担に苦しんでいました。当時、一部の工場主は、男性よりも賃金がはるかに低いという理由で女性を雇いたがっていたというのですから、あきれたものです。

ほかにも、1998年に導入された子育て給付金（国内で暮らす0〜2歳の子どものうち保育所に入所できない、または週20時間未満の一時利用しかできない子どもに現金が給付される制度）についても、違いが見られました。ブルジョワ層の女性たちは子育て給付金を保守的だと批判し、労働者階級の女性たちは子どもといる時間が欲しいがゆえ、これを支持しました。この分断の結果、両陣営が互いを責め合う構図が生まれてしまいました。現在日本で議論されている配偶者控除の問題と通じるところがあります。

そして現在のノルウェーでは、移民が激増しており、移民層とノルウェーに代々ルーツを持つ層との経済格差、就労率の差、文化的衝突の問題がノルウェーの新聞を絶えず賑《にぎ》わしています。移民が主な働き手となっている家政婦を雇う家庭の増加について、著者は特定の層の女性たちを「安く使う」ことで働く自由が保証されたとしても、それは公正なのかと問いかけます。

子育て給付金を得て、家で子どもを育てる選択をする移民女性に対して、一部の人は激しい怒りを露わにしますが、著者はこうした態度にはっきりと疑問を呈してもいます。このような意見を言ってくれる北欧のフェミニストを私はあまり見たことがなかったことも、本書に強く惹かれる理由の一つです。

著者はジェンダー平等を求める闘いを一種の階級闘争だとし、健康を脅《おびや》かされながらも、女性たちがぼろぼろになって働く現代のノルウェーが真の幸福な国に近づけるよう、あともう少し闘う必要があると言います。日本に暮らす私たちが今後、勝ち取るべきものとは何でしょう？　私たちは何を求めて、闘うのでしょう？　上から教えるという形ではなく、私たち日本人と変わらぬ悩める働く親として著者が赤裸々に示す葛藤から、私たちはヒントを得られるのではないでしょうか。

2021年9月1日　枇谷 玲子

※原註は405頁から

skal ha», skriver den svenske feministen og samfunnsdebattanten Nina Bjork i boken *Lyckliga i alla sina dagar* fra 2012. Hun skriver om Hollywood, der vi far hore i den ene filmen etter den andre at alt er mulig, vakre ord om forandring *bare du vager a tro*. Drommen star i fokus i slike filmer, og drommer selger.

5 Bjork 2012, s. 8.

6 Op.cit., s. 28.

7 «All systemkritikk blir utopisk, og utopiene er erklart dode,» skriver Bjork videre, men viser til paradokset i dette: «Vi dyrker den private suksessen blindt og anser den helt upolitisk av natur.» Bjork 2012, s. 129.

8 Op.cit., s. 180.

9 Pa Globaliseringskonferansen i Oslo 3. november 2012.

10 Som beskrevet i Wolf 2002, s. 197.

11 «Et krav med storre perspektiver over seg er kortere arbeidsdag for alle, f.eks. 5 eller 6 timer. Kortere arbeidsdag for alle vil gjore det mulig for bade menn og kvinner a vare yrkesaktive samtidig som de deltar i hjemmearbeidet. [...] Samtidig er det et overskridende krav, i den forstand at det gar pa tvers av kapitalens krav til arbeidskraften.» Hilde Bojer i det feministiske tidsskriftet *KjerringRad*, 1976.

12 NOU 1987:9A *Arbeidstidsreformer*, s. 14–16.

13 Gjengitt pa http://kilden.forskningsradet.no: Kampdager.no: 6-timersdagen.

14 Fra SSB-rapporten *Tid til arbeid*, 2005.

15 Beskrevet i Paul Fuehrers doktoravhandling *Om tidens varde*, Stockholms universitet, 2010, s. 148.

16 Op.cit., s. 149.

17 Woolf 2012, s. 199.

18 Det er dette den amerikanske sosiologiprofessoren Hester Eisenstein mener nar hun sier at «feminismen er forfort», i boken med samme navn, *Feminism Seduced*, fra 2009 (i betydningen forfort av kapitalismen og markedskreftene).

19 I Eisenstein 2009.

20 Organisasjonen Borgerlonn-BIEN Norge har sammen med Miljopartiet De Gronne og Venstre vart ledende i a argumentere for dette.

21 Miljopartiet De Gronne og Venstre foreslar en borgerlonn pa 2G for alle norske borgere over 18 ar. Dermed onsker de at alle nordmenn skal fa utbetalt 158 432 kroner, noe som vil koste staten 600 milliarder i aret. Borgerlonnen er ment a skulle vare en erstatning for visse komponenter i velferdssystemet, som dagpenger, sykepenger, kontantstotte, studielan etc.

22 Det gjor imidlertid sosialantropolog Thomas Hylland Eriksen i boken *Storeulvsyndromet* fra 2008.

23 Eriksen 2008, s. 25.

24 Thomas Hylland Eriksen beskriver dette paradokset i *Storeulvsyndromet* og mener det ligger politisk sprengstoff i en slik situasjon.

25 S. 71.

26 Jens Stoltenberg snakker gjerne i ett og samme andedrag om at vi bade skal ha vekst og ta miljoansvar, og vi applauderer, fordi alternativet vil koste oss noe. Innerst inne vet vi at Stoltenberg tar feil. Disse to elementene utelukker hverandre gjensidig, og det at ingen politiske ledere tor a si det hoyt, er deres og var felles fallitterklaring overfor generasjoner etter oss. Vi lever i slike motsetninger pa andre omrader ogsa, for eksempel nar det gjelder likestilling. Vi far hore at det er sa greit a bli leder og samtidig vare smabarnsforelder, men vi vet at det ikke er sant, og at barnehagen neppe kan dekke opp for barnepasset vi trenger som leder.

henne a vare der. De skulle fortalt meg mer om smating i hverdagen. De er for passive, og det er vanskelig a sporre hele tiden.» Ibid.

105 Koren 2012, s. 210.

106 Op.cit., 2012, s. 211.

107 I Brandth, Bungum og Kvande (red.) 2005.

108 Op.cit., s. 109.

109 Brita Bungum i i Brandth, Bungum og Kvande (red.) 2005, s. 139.

110 «Hvis ettaringen skal oppholde seg borte fra mor og far, ma barnet ha en annen fast tilknytningsperson. Det er ikke umulig i en barnehagesetting – men det er krevende.» Aftenposten 12. mars 2011.

111 Fra et mote pa Litteraturhuset 25. oktober 2012.

112 NTB 27. oktober 2011.

113 Dagsavisen 27. oktober 2011.

114 Gjengitt i barnehage.no 23. august 2012.

115 Forskningen til Ase Bratterud presenteres ogsa i en artikkel pa nettsiden barnehage. no. I kommentarfeltet kommenterer barnehagesansatte undersokelsen. De er heller ikke overrasket over funnene. Storre barnehager, mindre oversikt, mindre overskudd, skriver de, forer til at barn opplever travle voksne rundt seg.

116 Varen 2012 kom NOU-rapporten *Bedre beskyttelse av barns utvikling* fra Barne-, likestillings- og inkluderingsdepartementet. Her henvises det til flere studier fra utlandet som tyder pa at ADHD-diagnoser er forbundet med tegn pa omsorgssvikt, mishandling og/eller seksuelle overgrep. Gjengitt her: http:// uit.no/nyheter/artikkel?p_document_id=328504&p_dim=88108.

117 Stein Lunde, klinisk pedagog ved Barne- og ungdomsspykiatrisk poliklinikk ved Sykehuset Asker og Barum, ga i 2010 ut boken *Hypersuper Superhyper*, som var en kritikk av medisineringen av barn med ADHD-diagnose. Et annet 295 innspill kom fra ungdomsskolelarer Anne Hilde Berminrud, som i et leserinnlegg i A-magasinet 15. oktober 2010 gir uttrykk for sterk bekymring rundt overstimulerte og utbrente norske barn.

118 Skard 1948/2009, s. 216.

119 I boken *Inventing the Child* av den amerikanske professoren i engelsk, Joseph Zornado, bruker han begrepet *detachment parenting* om en type barneoppdragelse han mener er typisk for var tid. Detachment (avstand) altsa, i motsetning til attachment (tilknytning). Dette er en form for oppdragelse der vi konstant over oss selv og barna opp til avstand og selvstendighet. Helt fra babycallen tar over det at vi selv sitter ved sengekanten, til barnet tidlig far egen seng i eget rom, og til bruk av barnepassordninger som barnehager fra tidlig alder. Ikke for det, skriver Zornado i boken, barn har prematurt blitt separert fra sine foreldre i drossevis av kulturer gjennom tusener av ar, men det gjor det ikke bedre at vi fortsetter med det.

120 Kronikk i *Tidsskrift for Norsk Psykologforening*, Vol 47, nr. 3/2010, s. 250–251.

121 Aftenposten 3. februar 2004. Tilsvar til psykolog Sissel Gran i forbindelse med tidsklemmedebatten 2004.

122 I Brekken (red.) 1993, s. 206.

第五章　「可能性の時代」は続く

1 Bang (red.) 1972, s. 11.

2 Thomas Transtromer sa i et sjeldent intervju at dette trykket skyldes statsmakten og kommersielle krefter «som pa ett braskande satt forsoker styra oss. Och hela denna tidsanda, hela massmedietrycket ocksa. Det gemensamma for alla dessa olika tryck, det ar at dom riktar sig mot det som er individuelt. Kansligt. Det som ar det personliga i djupaste mening.» Gjengitt i en kronikk av hogskolelektor Ragnhild Fjellro i Klassekampen 19. november 2012.

3 Filosof Arne Johan Vetlesen har blant annet i kronikken «Tenk utenfor boksen » i Klassekampen 9. november 2011 skrevet om hvordan vi lever i en epoke der man antar at «alt er mulig». Nina Bjork skriver om det samme i sin bok *Lyckliga i alla sina dagar* fra 2012.

4 Andre har ogsa skrevet om dette: «Det finnes noen drommer vi har lov til a ha, og andre vi ikke oversetterforening (NFF). Analysene jeg gir her, er fra disse anmeldelsene.

73 Lorentzen viser til *AFI-rapport* nr. 1/2008 av Holter, Egeland og Svare. Rapporten presenterer resultatene fra prosjektet *Likestilling og livskvalitet 2007*.

74 nrk.no 27. april 2009.

75 Bergman, Eriksson og Klinth (red.) 2011.

76 Gjengitt i Aftenposten 13. oktober 2010.

77 Christensen og Syltevik (red.) 2009.

78 Haslund 2008, s. 225.

79 Op.cit., s. 226–227.

80 Op.cit., s. 228.

81 Presentert i en artikkel i Aftenposten 6. oktober 2009.

82 *Tidsskrift for Norsk Psykologforening*, Vol 47, nr. 3/2010, s. 250–251.

83 *Likestilling 2014. Regjeringens handlingsplan for likestilling mellom kjonnene*, 2011, s. 10.

84 Forskerne Ann Nilsen og Anne Marit Skarsbo skriver i Christensen og Syltevik (red.) 2009: «Verken toppstillinger i arbeidslivet eller balanse mellom familie og arbeid er oppnaelig gjennom individuelle valg alene. Det er strukturelle trekk bade pa politikk- og organisasjonsniva som er med pa a legge premisser for folks handlinger og valg.»

85 Simonsen og Yssen 2010, s. 75.

86 Analysen er basert pa Barnetilsynsundersokelsen fra 2010, gjennomfort av SSB pa oppdrag fra Kunnskapsdepartementet og Barne-, likestillings- og integreringsdepartementet.

87 Anne Lise Ellingsater og Lars Gulbrandsen i Brandth, Bungum og Kvande 2005, s. 165.

88 SSB: http://www.SSB.no/barnehager/.

89 Koren 2012, s. 45.

90 Op.cit., s. 107–108.

91 SSBs arlige levekarsundersokelse, referert i Aftenposten 6. mars 2012.

92 Arnlaug Leira i Haukaa (red.) 1991, s. 72.

93 Skard 1977.

94 Op.cit., s. 209.

95 Kronikk i Klassekampen januar 2011.

96 Tallene kommer frem i rapporten *Barnefamiliers tilsynsordninger, hosten* 2010 fra SSB, gjengitt av NTB 28. november 2011. Atte av ti ettaringer og ni av ti toaringer gikk i barnehage hosten 2010, oftest pa fulltid. Kilde: SSBs *Samfunnsspeilet* 1. januar 2012.

97 Nr. 1/1978.

98 Nr. 4/1978.

99 Gjengitt av NTB 12. januar 2012.

100 «Man kan ha store bygg med mange barn, men man kan organisere det pa en sann mate at det blir trygge enheter og oversiktlige for de barna som er der. Det er det veldig mange av de store barnehagene som gjor.» NRK 26. oktober 2010.

101 I Morgenbladet hosten 2010 gikk debatten hoyt og folelsesladet om barnehager generelt og basebarnehager spesielt. Lege i barne- og ungdomspsykiatri, Tommy Tollefsen, tok i et leserinnlegg avstand fra at de minste barna i barne-hagen skal soke trost hos hverandre i stedet for hos barnehagepersonalet, slik det i samme avis ble foreslatt av hogskolelektor Mari Engesater. Dette som et innspill til at noen basebarnehager ville vare sa store at barna ikke alltid moter kjente voksne, men i stedet kunne finne trygghet i hverandre. Tollefsen skrev: «Det er vel fa som har opplevd at sma barn loper/krabber til en lekekamerat for a fa trost, nar det er en voksen omsorgsperson til stede? Det bor i hvert fall lyse noen varsellamper hvis barna i barnehagen soker trost hos hverandre i stedet for hos personalet. Da er heller fenomenet emosjonell smitte mer gjenkjennelig hos ettaringer; der ett barn begynner a grate i frykt, og snart hele barnegruppen er i oppror.» Morgenbladet 19. oktober 2010.

102 Drugli og Undheim 2011.

103 Ibid.

104 En mor til en 15 maneder gammel jente sa det pa denne maten: «Nei, jeg vet ikke nok. Jeg skulle onske jeg visste mer om hennes opplevelser i barnehagen. Jeg lurer virkelig pa hvordan det er for stilte seg, var om det virkelig var kulturutveksling disse familiene sokte, slik ideen bak a ha au pair faktisk er. En av au pairene sa i et intervju med Hovdan: «[...] my host family is [...] very active. Because both parents, besides their work, they have so many activities. Like host mother she goes horseback riding, she goes to the gym, she goes skiing, goes out with her friends and my host father goes to tennis, he does this, he does that [...]»

55 Senest i september 2012 gikk Juridisk radgivning for kvinner (JURK) ut med et forslag om a avvikle au pair-ordningen, fordi de mente den fungerer som kamuflert arbeidsinnvandring og legger til rette for sosial dumping. Kilde: Lene Lovdal, rettighets- og prosjektansvarlig i JURK til NRK 26. September 2012.

56 Au Pair Center startet opp i 2013 og er et servicetilbud til alle au pairer i Norge. Bak initiativet star Norsk Folkehjelp og Fagforbundet: http://norskfolkehjelp. no/Vaart-arbeid/Asyl-og-integrering/Au-Pair-Center.

57 Naomi Kleim, *No Logo*, 2002.

58 Slik for eksempel Richard Wilkinson og Kate Pickett skriver i boken *The Spirit Level* fra 2009. I boken viser forskerne, ved bruk av statistikk, hvordan et samfunn med storre ulikheter mellom folk ogsa har mer vold i hjemmene, mer kriminalitet og andre samfunnsproblemer. Man vil altsa ha sentre for voldsutsatte kvinner, men stotter en okonomi som kan bidra til mer vold mot kvinner. Nar man ikke ser helheten, ender man opp med a mote seg selv i den samme doren pinlig mange ganger.

59 Den amerikanske feministen Hester Eisenstein utforsker akkurat dette sporsmalet i boken *Feminism Seduced* fra 2009.

60 Okonom Ali Esbati skriver for eksempel: «I fire ar har na hoyreregjeringen undergravd den generelle velferden. Det har skjedd indirekte, ikke sa mye ved a senke utbetalingsnivaene, men ved a gjore det vanskeligere for mennesker a komme inn i systemene og fa rett til stotte. Politikken har fort til at en halv million har forlatt arbeidsledighetstrygdekassene, og at titusenvis av syke er kastet ut fra sykelonnssystemet. Sverige har na, ifolge regjeringens egen utreder, de strengeste reglene i hele OECD for retten til erstatning ved langvarig sykdom.» Kilde: Artikkelen «Utenfor velferden: Reinfeldt styrer Sverige tilbake mot en utdatert fattighusmodell» pa http://www. okonominettverket.no 3. november 2010.

61 Aftenposten 7. februar 2013.

62 Se for eksempel: http://sverigesradio.se/sida/artikel.aspx?programid=83&arti kel=5430929.

63 I NHOs eget magasin, nr. 1/2011, er temaet den sakalte *velferdsfellen* landet varthar havnet i, illustrert med en tegning pa s. 21. Her ser vi vanlige arbeidsfolk som barer en stadig storre bor av eldre, trygdede og innvandrere pa sine skuldre. «Tyngende velferd,» heter det i magasinet, som beskriver hvordan disse bolgene av folk som ikke vil/gidder/orker/ sykmelder seg uten grunn/gar pa trygd uten grunn, slar innover oss.

64 Aftenposten 7. februar 2013.

65 Ibid.

66 Andre har for lengst tenkt det samme. I en leder i Morgenbladet 12. november 2004 advarer davarende kulturredaktor Lena Lindgren mot en feminisme som er skreddersydd for arbeidsgiverne – men ikke for en selv – og familien: «Omsorg for gamle og unge i familien, venner, politisk eller kulturelt organisasjonsarbeid – hele livet vart – danderes rundt arbeidet. Og det er en absolutt selvfolgelighet for oss, vi stiller aldri sporsmal ved det. Vi kaller det 'tidsklemma' nar kabalen ikke gar opp.» Lindgren skriver videre at stridssporsmalet dermed blir hvorvidt feminister skal tilfore privatsfaren okt status. For fremdeles er det slik, mener hun, at det er mannens tradisjonelle verden som er den egentlige verden, mens kvinnens er avviket.

67 Morgenbladet 12. november 2004.

68 Ibid.

69 Ibid.

70 Dagbladet 12. mai 2011.

71 NOU 2012:15 *Politikk for likestilling*.

72 Varen 2012 ba tidsskriftet *Prosa* meg om a anmelde to norske og to svenske boker om papparollen. To av dem var historiske, to var dagsaktuelle. *Prosa* gis ut av Norsk faglitterar forfatter- og

16 Nr. 01/02 2009.

17 Slik for eksempel Torild Skard gjor i boken *Maktens kvinner* fra 2012.

18 Bang (red.) 1972, s. 180. Ogsa Berit As har kalt kvinnelige toppledere «mannssamfunnets gisler»: De er dyktige, og de larer seg raskt hva slags holdninger som det lonner seg a ha – bade overfor kvinner og menn. De larer seg hvordan menn konkurrerer, og ifolge As, menns hersketeknikker. De identifiserer seg ikke med andre kvinner som har hatt mindre hell i livet enn dem selv. Kilde: Lonneroth 2008, s. 78.

19 Dette beskrives av blant andre professor i sosiologi, Ann Nilsen, i magasinet *Hubro*, UiB, nr. 4/2010, s. 14.

20 For eksempel slik samfunnsredaktor i Dagbladet og profilert feminist, Martine Aurdal, sier til andre kvinner i bladet *Mamma* 10. april 2012: «Kom dere ut i jobb!» I magasinet star det at Aurdal er nadelos mot kvinner som velger a jobbe redusert nar de far barn, noe hun selv beskriver som «et dumt valg».

21 For eksempel av VGs kommentator Elisabeth Skarsbo Moen i kronikken «Sta opp, kvinnfolk» 28. januar 2013.

22 Briseid, 2012, s. 54.

23 Op.cit., s. 54.

24 Op.cit., s. 60.

25 NOU 2012:15 *Politikk for likestilling*.

26 Retningen er trolig like gammel som feminismen selv, men en sentral referanse i nyere tid er boken *In a Different Voice* fra 1982 av Carol Gilligan.

27 Likestillingsutvalget nevner denne feminismen i sin rapport fra 2012.

28 NOU 2012: 15 *Politikk for likestilling*.

29 Koren 2012, s. 7.

30 Op.cit., s. 11.

31 Sitatet er fra boken Brekken (red.) 1993, s. 203.

32 Op.cit., s. 203.

33 Solheim og Vaagland (red.) 1999, s. 7.

34 Sandnes, Nossum og Smith-Erichsen (red.) 1999, s. 8.

35 Op.cit., s. 9.

36 «Du ma innse at individualismen har tatt igjen bade feminismen og sosialismen. Det er umulig a tale pa vegne av alle kvinner. Vi har alle hver var historie og gjor vare egne valg. I Norge har alle de samme rettighetene. Det finnes ingen stor fortelling om undertrykking.» Christina Smith-Erichsen i Sandnes, Nossum og Smith-Erichsen (red.) 1999, s. 130.

37 Sandnes, Nossum og Smith-Erichsen (red.) 1999, s. 176.

38 Ibid.

39 Ovald og Lode (red.) 2000, s. 119.

40 Op.cit., s. 119.

41 Skard 1953, s. 6.

42 Intervju i avisen The Observer 7. desember 2008.

43 Brodtkorb 2012, s. 96–97.

44 Gjengitt av NTB 16. oktober 2011.

45 *Kilden* 5. januar 2007.

46 I en tekst av Torild Skard i *Kvinnesaksnytt* nr. 2/2011.

47 Ibid.

48 Temanummer om husarbeid i *Tidsskrift for kjonnsforskning* nr. 4/2010.

49 I essayet «Husarbeidets grenser. Nar kunnskap erstattes med skam», *op.cit*.

50 Ibid.

51 Temanummer om husarbeid i *Tidsskrift for kjonnsforskning* nr. 4/2010.

52 Aftonbladet 17. november 2010.

53 Tall og informasjon er hentet fra Norsk Folkehjelps og Fagforbundets Au Pair Center.

54 Dette vises for eksempel i en masteroppgave fra 2005 av Marianne Hovdan, *Au pair in Norway, A qualitative Study*, ved Institutt for sosiologi ved Universitetet i Bergen. Et av sporsmalet Hovdan

105 Op.cit., s. 107.
106 Op.cit., s. 113.
107 Op.cit., s. 53.
108 Op.cit., s. 78.
109 Op.cit., s. 79–80.
110 Op.cit., s. 225.
111 Op.cit., s. 164.
112 Op.cit., s. 167.
113 Op.cit., s. 224.
114 Op.cit., s. 229–230.
115 Kvinner har nesten like hoy yrkesaktivitet som menn. I 2008 var antallet sysselsatte 2,5 millioner, noe som tilsvarte vel 50 prosent av befolkningen. Kvinnene utgjorde da 47 prosent av de sysselsatte. Fra midten av 1970-tallet og frem til 1986 okte kvinners yrkesaktivitet markert. I 2008 var 71 prosent av kvinnene og 77 prosent av mennene i alderen 15–74 ar i arbeidsstyrken. Kilde: SSB, artikkelen «Halve folket i arbeid» fra *Dette er Norge*, en publikasjon fra SSB som presenterer det norske samfunn i tall og statistikk. Presentert pa forskning. no 2. oktober 2009.
116 A-magasinet 9. november 2012.

第四章　キャリア・フェミニズムと市場の力学

1 Karianne Gamkinn ga i mars 2013 ut boken *Beklager, jeg ma vare mamma*. Sitatet her er fra en kronikk i Dagbladet 7. mars 2013.
2 Tall fra artikkel i Aftenposten 13. oktober 2012.
3 I en undersokelse utfort av seniorforsker Nina Amble ved Hogskolen i Oslo og Akershus. Gjengitt i Aftenposten 13. oktober 2012.
4 Ibid.
5 Ibid.
6 Nettsiden www.kampdager.no: http://www.kampdager.no/arkiv/feminisme/ intervju_berntzen.html.
7 Andre har tenkt samme tanker. Tidligere SV-leder Theo Koritzinsky skrev for eksempel dette 11. februar 2013 pa www.radikalportal.no: «Hvem er mot 'likestilling'? Hvem vil ikke ha 'like' forhold for kvinner og menn? Nesten alle – hvis en er liberal/radikal/progressiv. Men hva hvis dette betyr mer likhet pa typiske mannsrollepremisser? Er de alltid i trad med barns interesser? Er de alltid forenlige med omsorg for medmennesker og natur? Hvilket overordnet begrep skal 'feminismen' eller 'vinnekampen' bruke? Hvilke(t) begrep utfordrer ogsa gutter og menn? Hvilke ord, og dermed tanker om verdier, mal og virkemidler, kan bidra bade til likestilling og til noen grenseoverskridende endringer der begge kjonn lettere kan bryte ut av rollenes tvangstroyer? Denne debatten er gammel – men fortsatt viktig. Og igjen ser vi hvordan sprakvanene vare kan pavirke tankebaner og handlingsveier. Hvordan de kan stenge for viktige debatter og avveiinger gjennom harmoniserende begrep som 'likestilling' – eller bidra til mer radikale tanker ved ogsa a bruke ord som 'frigjoring'.»
8 Holter et al. 1975, s. 9.
9 Op.cit., s. 9.
10 Blant annet beskrevet i Brandth, Bungum og Kvande (red.) 2005).
11 Dagsavisen 24. september 2009.
12 I *LO-Aktuelt* nr. 15/2010.
13 Ogsa forfatter Magnus Marsdal har pekt pa at klasseperspektivet glemmes i familiepolitikken: «SVs feminisme er et godt eksempel pa at partiet kanskje har noen klasseblinde flekker. Flere av de prioriterte sakene de siste arene er i hovedsak ideologiske og apenbart ikke fundert i noen krav fra flertallet av kvinnene i norsk arbeidsliv. Kjonnskvotering oppleves ikke som relevant nar man jobber pa en kvinnedominert arbeidsplass. Kvinner med et krevende og lite fleksibelt arbeid foler seg truet av en tvungen tredeling av fodselspermisjonen. » Kilde: Dagsavisen 20. mars 2009.
14 Klassekampen 26. januar 2013.
15 Edemo og Westerlund (red.) 2004 s. 213–216.

om likestilling. 59 prosent av de kvinnelige og 47 prosent av de mannlige tillitsvalgte stiller seg bak argumentet om at «sekstimersdagen er viktig for at kvinner med sma barn skal kunne delta i arbeidslivet pa linje med andre». 20 prosent av kvinnene og 25 av mennene er uenig.

81 Som beskrevet av Morten Jerven i Norsk Okonominettverk: http://www.okonominettverket. no 9. januar 2013.

82 Det er hovedsporsmalet i boken *How Much is Enough: Money and the Good Life*, av Robert og Edward Skidelsky. De tror at en av de tingene Keynes undervurderte, var menneskets evne til a onske seg mer og mer ting.

83 Folkvord og Wergeland 2008.

84 Fra rapporten *Fremtidens arbeidsliv* fra mars 2006. Gjengitt i LO-pamfletten *Sekstimars arbeidsdag* fra 2009.

85 Se for eksempel NOU 1987:9A *Arbeidstidsreformer*, s. 14–16, og SSB pa oppdrag fra Fornyings- og administrasjonsdepartementet, i Folkvord og Wergeland 2008.

86 Onsket om a stagge en radikal arbeiderbevegelse var den viktigste grunnen til at Stortinget til slutt boyde av og innforte attetimersdagen, og at Norsk Arbeidsgiverforening i 1919 gikk med pa arbeidernes krav.

87 Folkvord og Wergeland 2008, s. 14.

88 *Kilden* 1. august 2008.

89 Fra *AFI-rapport* nr. 1/2008 av Holter, Egeland og Svare. Rapporten presenterer resultatene fra prosjektet *Likestilling og livskvalitet 2007*. Prosjektet er utfort pa oppdrag av Barne- og likestillingsdepartementet (BLD), som ogsa har finansiert det.

90 Marie Norberg, *AFI-rapport* nr. 1/2008.

91 Gjengitt pa nettsiden Ebbas hjorne, Ebba Wergelands blogg og hjemmeside: http://www. ebbawergeland.no/artikler/sekstimarsdagen_finansministeren. html.

92 Ibid.

93 Tall fra ILO, 2007.

94 Folkvord og Wergeland 2008.

95 Daly 2005 s. 379–398.

96 Det tyske magasinet *Der Spiegel* skriver at tyske kvinner pa ingen mate er frigjorte, og at de fleste familier lever i et daglig dilemma der moderne holdninger moter tradisjonell praksis. Nar man spor, gir menn og kvinner uttrykk for at de lever i et likestilt samfunn, der begge skal kunne forfolge sine karrierer. Det ser ogsa moderne ut, der barna trilles rundt i lekre vogner mens mammaene snakker i iPhone, og Angela Merkel er den sterke kvinnen utad. I praksis lever moderne tyske par akkurat slik foreldrene og besteforeldrene gjorde: Hun er hjemme, og han forsorger. Dette skaper konflikt, skriver magasinet, og ender utvilsomt i skilsmisse for mange desillusjonerte par. Deler av problemet er manglende eller dyre barnehageplasser og et skattesystem som gjor at hun knapt sitter igjen med lommepenger nar barnepass og annet er betalt. Bare seks prosent av alle tyske modre onsker a vare hjemmevarende, men i praksis er mer enn halvparten med barn under seks ar hjemme med dem. Nar de gar tilbake i arbeid, er det ofte i deltidsjobber uten karrieremuligheter. En annen del av problemet er at tyske menn ikke gir uttrykk for a ville ta en storre del av omsorgen. Bare fem prosent tar pappapermisjon, og bare 20 prosent sier at de onsker a ta en stor del av barneomsorgen. Kilde: *Der Spiegel* 5. mai 2006.

97 Mary Daly 2005, s. 394.

98 Artikkel i avisen The Independent 11. desember 2011.

99 Den svenske sosiologiforskeren Paul Fuehrer fant for eksempel at folk onsket mer fritid fremfor okt lonn. Onsket om mer fritid og mindre arbeid skyldes at de fleste vil ha mer tid til egen familie og til egne interesser. Intervju i Aftenposten 26. oktober 2010.

100 Thompson 1966.

101 Gudmund Hernes: Fafo-rapport *Delrapport 1: Liv og arbeid. Arbeidsliv og privatliv – det historiske bakteppet*, 2008.

102 Hunnicutt 2005 s. 20–21.

103 Op.cit., s.103.

104 Op.cit., s. 233.

55 Reportasje i *Fagbladet* 1/2012.

56 Biolog Dag O. Hessen snakket om dette pa Manifests arskonferanse i 2011.

57 Artikkel i Aftenposten 22. september 2009.

58 I kronikken «Sta opp, kvinnfolk» fra 28. januar 2013. Her skriver hun blant annet: «Kvinners sykefravar er ogsa 60 prosent hoyere enn menns. Hvis du ikke foler sa sterkt for jobben din, er det kanskje ogsa lettere a melde seg syk, antydet tidligere arbeidsminister Hanne Bjurstrom. A arbeide deltid i stedet for heltid gir en svakere tilknytning til arbeidslivet. Kvinner som velger a jobbe litt, fordi de vil ha mer tid til seg selv, er bare en del av sannheten om kvinners deltidsarbeid. Men det er sannhet. Samfunnet er en dugnad. Kvinnekamp handler ogsa om solidaritet kvinner imellom. Frivillig deltidsarbeidende er usolidariske.»

59 I Marianne Inez Lien og Ulla-Britt Lilleaas' kronikk i Dagbladet 8. november 2012.

60 Gjengitt i Aftenposten 22. september 2009. Direktor i NAV, Erik Oftedal, sa til avisen at han tror kvinner i storre grad enn menn barer byrdene ved dobbeltarbeid. Dette betyr ikke at ikke en god del menn stiller opp i dag. Det er opplagt mange menn som gjor like mye hjemme som sine partnere, og mange gjor sikkert mer. Men *generelt* er det kvinner som gjor mest. Og dette gir seg utslag i sykmeldingstall.

61 Publisert i Dagbladet 4. mai 2007.

62 Koren 2012, s. 218.

63 Haavind 1987, s. 163.

64 *SSBmagasinet*, den 22. juni 2012.

65 Feminist og samfunnsredaktor i Dagbladet, Martine Aurdal, twittret for eksempel i august 2012: «Du vet du er privilegert nar det beste tegnet pa host er at vaskehjelpen kommer hjem fra ferie.»

66 «Tidligere har fa middelklassefamilier hatt okonomisk mulighet til a sette ut hjemmearbeidet, men med EU-utvidelsen endrer det seg. I resten av Europa ser vi na tegn til en oppblomstring av firmaer som tilbyr hjemmehjelp til svart lave priser, og gjerne svart. Dersom ettersporselen er der, vil dette sannsynligvis komme til Norge ogsa. Kanskje det allerede er kommet. Husholdningstjenester har en tendens til a havne utenfor det regulerte arbeidsmarkedet.» Forsker og sosiolog ved Universitetet i Oslo, Helene Aarseth. Intervjuet i Klassekampen 5. juni 2010.

67 Ibid.

68 Temanummer om husarbeid i *Tidsskrift for kjonnsforskning* nr. 4/2010. 69 Fra en analyse av forsker Ragni Hege Kitterod, publisert i SSBs *Samfunnsspeilet* nr. 1/2009. Analysen er en del av studien av livslop, generasjon og kjonn (LOGG) – en av de storste og mest omfattende intervjuundersokelsene som er gjennomfort i Norge med over 15 000 intervjuede.

70 Temanummer om husarbeid i *Tidsskrift for kjonnsforskning* nr. 4/2010.

71 Bjork 2012, s. 117.

72 Ibid.

73 Sevil Sumer i Christensen og Syltevik (red.) 2009.

74 Op.cit.

75 Sevil Sumer skriver, op.cit.: «Man kan se tre retninger i EUs familiepolitikk fremover. Ikke-intervenerende: Arbeid/familie-konflikten er et individuelt problem man ma lose privat, eller ved hjelp av markedet. Familieorientert: Man er oppmerksom pa arbeid/familie-konflikten, og onsker a lose den, med det skjer helst ved ordninger der familien, oftest mor, kan vare mer hjemme med barna. Offentlig ansvar: Arbeid/fritids-konflikten er et offentlig ansvar som kan bli lost ved hjelp av det offentlige hjelpeapparat som subsidiert barnepass, foreldrepermisjon og sykepenger for syke barn.»

76 Foredrag ved Det pavelige akademi for sosialvitenskaper, Roma, april 1997. Foredraget har tidligere statt pa trykk i tidsskriftet *Ergo* nr. 3/1997.

77 Sevil Sumer er faglig koordinator for det store EU-finansierte prosjektet Femcit. Hun skriver i Christensen og Syltevik (red.) 2009.

78 Op.cit., s. 45.

79 Folkvord og Wergeland 2008.

80 www.frifagbevegelse.no 9. mars 2013: Fafo har gjennomfort en sporreundersokelse i LOs tillitsvalgtpanel, hvor 2300 kvinnelige og mannlige tillitsvalgte har svart pa en rekke sporsmal

34 Nanna Kildal i Christensen og Syltevik (red.) 2009.
35 Blant annet beskrevet at Nanna Kildal i Christensen og Syltevik (red.) 2009,s. 61.
36 Jf. uttalelser fra tidligere NHO-sjef John G. Bernander, for eksempel denne: «En stadig storre andel av befolkningen er utenfor arbeidslivet.» Dette ble blant annet sagt pa NHOs arskonferanse i Operaen i 2010. Slik ville NHO skape en bekymring rundt den sakalte trygdebolgen, altsa at stadig flere «velger» trygd fremfor arbeid. Den forrige NHO-sjefen, Finn Bergesen jr., hevdet at nordmenn er «en nasjon av sytere». Da var det ansattes sykefravar han snakket om. Polakker «har en helt annen innstilling og arbeidsmoral» enn nordmenn, sa tidligere NHO-direktor, na Civita-leder, Kristin Clemet, til VG hosten 2009.
37 Stortingsmelding 39, Attforingsmeldingen 1991–1992.
38 I et intervju med Dagbladet 9. november 2005.
39 NTB, 7. april 2012.
40 Sverige har opplevd harde innstramminger i sykelonn og trygdeordninger de senere ar. Det har ikke fort til at flere kommer i arbeid. NTB skriver for eksempel dette 17. april 2012: «En fersk oversikt viser at 396 000 personer enten var arbeidslose eller pa tiltak hos Arbetsformedlingen. Det er 8000 flere enn for ett ar siden. Samtidig har antall ledige stillinger hos landets arbeidsformidlinger blitt farre. – Sammenlignet med for ett ar siden er det tydelig at arbeidsmarkedet er svekket, skriver Arbetsformedlingens pressesjef, Tord Strannefors, i en pressemelding tirsdag.»
41 Artikkel publisert i *Rodt*! januar 2009.
42 I magasinet *LO-aktuelt* 28. september 2009.
43 «Arbeidstakere blir utsatt for stadig storre press. Man ma sta pa som aldri for, yte mer, vare mer produktiv, henge med, omstille seg og videreutdanne seg. Samtidig er det stadig flere som onsker a ha et aktivt liv utenfor jobben. De vil vare sammen med familien, sarlig om de har omsorg for sma barn. De fleste onsker a vare til stede i barnas liv i storre grad og pa en annen mate enn deres egne foreldre var.» Psykolog Frode Thuen intervjuet i sinnetshelse.no om boken *Utbrent. Krevende jobber – gode liv?* red. Atle Roness og Stig Berge Matthiesen, fra 2002.
44 Blant annet omtalt i Wahl 2009, s. 168–169.
45 Som beskrevet i Paul Fuehrers doktoravhandling *Om tidens varde*, Stockholms universitet, 2010, s. 16.
46 I boken *Utbrent. Krevende jobber – gode liv?* red. Atle Roness og Stig Berge Matthiesen gar det frem at arbeidslivet har blitt mer krevende enn tidligere. Det heter blant annet: «Arbeidslivet er blitt mer spennende og med storre muligheter enn noen gang for den enkelte til a realisere seg selv og a bruke sin kompetanse. Men samtidig er arbeidslivet ogsa for mange blitt mer stressende. Kravene til produktivitet og effektivitet har okt, og for mange forer dette til en slitenhet.» I et intervju med Aftenposten 4. mai 2007.
47 En undersokelse av helse, miljo og sikkerhet (HMS) i Norge i 2007 viser at 37 prosent av alle arbeidstakere alltid eller ofte er utslitt etter jobb. Det gjelder flere kvinner enn menn. Andelen som svarer at de ikke har overskudd til et sosialt liv slik de onsker, er ogsa svart hoy, hele 36 prosent. I samme rapport sier fire av ti at de anser arbeidstempoet som for hoyt. Ender de som ufore? Presentert pa Fafo-frokosten «Hvordan star det til med arbeidsmiljoet i Norge?» 23. oktober 2008.
48 Som vist av seniorforsker ved AFI, Asbjorn Grimsmo, i Aftenposten 3. februar 2013.
49 Gjengitt i Wahl 2009, s. 174.
50 European Foundation for the Improvement of Living and Working Conditions intervjuet hele 21 500 mennesker i 2001 til denne undersokelsen.
51 «Jeg skriver jo mye om arbeidslinja, som representerer en systematisk og massiv mistenkeliggjoring av folk. Nar Bjarne Hakon Hanssen, som arbeids- og inkluderingsminister, snakker om at han 'skal fa dem opp om morran', sa lurer jeg pa hvem som er 'dem'? Han snakker om oss, vare slektninger, venner og naboer!» Asbjorn Wahl i et intervju med Morgenbladet om boken hans, *Velferdsstatens vekst – og fall?* 27. mars 2009.
52 Som beskrevet i Wahl 2009.
53 Som vist av tankesmien Manifest Analyse og Magnus Marsdal i et tilsvar til pastander fra NHO.
54 Gjengitt i frifagbevegelse.no 12. september 2010.

10 Aftenposten 26. september 2012.

11 Barne- likestillings- og diskrimineringsdepartementet pa nett, under temasiden Likestilling mellom kjonnene: http://www.regjeringen.no/nb/dep/ bld/tema/likestilling-og-diskriminering/likestilling-mellom-kjonnene. html?id=670481.

12 Statistisk sentralbyra: «Arbeidsdeling hjemme blant foreldrepar: Mer likedelt med ulik arbeidstidsordning?»: http://www.ssb.no/ssp/utg/200406/05/. Her star det blant annet: «Pa tross av omfattende reformer og en offentlig malsetting om okt likedeling av husholdsarbeid, er det fortsatt slik at mor bruker langt mer tid pa bade husarbeid og barneomsorg enn far.»

13 Statistisk sentralbyra: Faktahefte *Dette er Kari og Ola. Kvinner og menn i Norge*, 2010, http://www.ssb.no/ola_kari/inntekt_formue/.

14 NOU 2012:15 *Politikk for likestilling*.

15 Undersokelsen er laget for Proffice, og er utfort blant 1030 ledere og 1527 andre yrkesaktive. Referert i Aftenposten 9. juni 2010.

16 Utfort av Respons Analyse pa oppdrag fra bemanningsfirmaet Proffice blant over 2500 yrkesaktive i Norge. Rapporten la grunnlaget for en dokumentar i NRK 2s program «Spekter» 30. oktober 2010.

17 NRK 2s program «Spekter» 30. oktober 2010.

18 Kronikk pa Hegnar Online, www.hegnar.no 6. desember 2010.

19 Ann Nilsen og Anne Marit Skarsbo refererer til den amerikanske sosiologiprofessoren Arlie Hoschild i Christensen og Syltevik (red.) 2009.

20 «I dagens arbeidsliv ma man gi stadig mer av seg selv, bade av sosiale ferdigheter, kreativitet og evne til a sjonglere flere roller. En del av de psykiske diagnosene som gis til arbeidstakere, burde kanskje ogsa vart gitt til arbeidslivet.» Seniorforsker ved STAMI (Statens arbeidsmiljoinstitutt), Asbjorn Grimsmo, til Aftenpostens A-magasinet 13. april 2008.

21 Allerede for 15 ar siden var det enkelte som forutsa hva som kom: «Den nye kunnskaps- eller informasjonsarbeideren selger seg selv som arbeidskraft pa en annen mate enn den tradisjonelle industriarbeideren gjor, fordi han/hun involveres med hele sitt selv i arbeidet. Denne nye, personlige produksjonsmaten apner opp for nye former for selvrealisering, men ogsa for nye former for utbytting.» Tian Sorhaug, Arbeidsforskningsinstituttet, 1998. Kilde: forskning.no 1. desember 1998.

22 Sitert pa forskning.no 1. desember 1998.

23 Wahl 2009, s. 161.

24 NAV er bekymret fordi stadig flere faller ut av arbeidslivet pa grunn av psykiske lidelser. Overlege i NAV, Soren Brage, sier i Aftenposten 2. oktober 2011 at det ikke nodvendigvis handler om brutalisering av arbeidslivet, men om et arbeidsliv det er vanskelig a vare i dersom man har psykiske lidelser. I dag stilles det store krav til a vare fleksibel og ha stor konsentrasjonsevne i mange jobber, og det passer ikke for alle.

25 Intervju i forskningsmagasinet *Apollon* ved UiO september 2010.

26 Arbeidslivsbarometeret er utarbeidet av Arbeidsforskningsinstituttet, med YS som oppdragsgiver. Pa www.ys.no kan man se barometeret, som skal beskrive trykket i norsk arbeidsliv. Gjengitt i Aftenposten 11. november 2012.

27 «Nyere undersokelser viser at motsetninger mellom arbeid og hjem er blant de mest fremtredende stressfaktorene blant dagens arbeidstakere, bare overgatt av prestasjonspress.» Frode Thuen i Roness og Berge Matthiesen (red.) 2002.

28 Slik for eksempel danske Nikolaj Sonne hevdet i et intervju i Klassekampen 12. oktober 2011.

29 Henrik Lambrecht Lund, arbeidslivsforsker ved Roskilde Universitetscenter, Danmark: «Vi kan se skyggesidene i form av de mange psykososiale lidelsene som er forbundet med dagens arbeidsliv. Folk rammes av stress og depresjoner, og familier gar i opplosning fordi arbeidet tar overhand.» Kilde: Klassekampen 12. oktober 2011.

30 Klassekampen 12. oktober 2011.

31 Koren 2012, s. 178–179.

32 Op.cit., s. 177.

33 Op.cit., s. 188.

43 Hagemann 2009, s. 171.
44 Ibid.
45 Hagemann 2009, s. 175.
46 Op.cit., s. 173.
47 Blom (red.): *Cappelens kvinnehistorie*, bd. 2, 1992, s. 574.
48 Blant annet beskrevet at Hakon Host i Christensen og Syltevik (red.) 2009, s. 221.
49 Blant annet beskrevet av Hilde Danielsen og Nanna Kildal i Christensen og Syltevik (red.) 2009, s. 68.
50 Sitert etter Blom (red.): *Cappelens kvinnehistorie*, bd. 2, 1992, s. 470.
51 Pat Mainardi i Bang (red.) 1972, s. 167.
52 Op.cit., s. 171.
53 Som beskrevet av Gro Hagemann i et intervju i Morgenbladet 26. desember 2003 om forskningsprosjektet hun ledet: «Husarbeid mellom ideologi og praksis ».
54 Maj Birgit Rorslett i tidsskriftet *KjerringRad* nr. 1/1976, s. 23.
55 Gro Hagemann sier i intervjuet med Morgenbladet: «Selv om husmodres rettigheter var en viktig sak for feministene, oppstod det ogsa et oppror mot morsgenerasjonen og dens idealer og forventninger. Det forte til en nedvurdering av – og delvis forakt for – husarbeidet.»
56 Nr. 2/1978.
57 Nr. 1/1978.
58 I en e-postutveksling med forfatteren.
59 *Kvinnefront* ble startet hosten 1975. Opplaget de forste arene var oppe i 20 000 eksemplarer. I 1982 ble bladet relansert, na under navnet *Kvinnejournalen*. Tidsskriftet ble nedlagt i 2004, for oppstarten av *Fett*.
60 Utkom fra 1975.
61 Gjengitt i en kronikk av forsker Synnove Skarsbo Lindtner i Klassekampen 29. september 2009.
62 Som for eksempel debattert i Holter (red.) 1982.
63 Holter 1976, s. 13.
64 Aftenposten 23. september 2009.
65 Sitert fra: http://www.kampdager.no/arkiv/milepaler/

第三章　仕事をすれば自由を得られる？

1 Jenny Wrangborg jobber som kokk og koldjomfru pa restaurant, og som poet. Diktet er gjengitt pa http://www.jennywrangborg.se/blogg/
2 Steen et al. 1950, s. 28.
3 Op.cit., s. 30.
4 Som for eksempel forfatter og 70-tallsfeminist Kjersti Ericsson sier: «Arbeidslivet er organisert slik at det er vanskelig a kombinere med det a vare smabarnsforeldre. I dag skal du gi sjela di til jobben. Derfor blir det viktig bade for kvinner og menn a kreve at arbeidslivet forandrer seg. Dessverre virker sekstimersdagen mer urealistisk enn den gjorde da vi fremmet kravet pa 1970-tallet. Motkreftene er sterkere na.» Kilde: www.kampdager.no.
5 Kronikk i Dagbladet 15. november 2005.
6 Begge deler kom frem i likestillingsregnskapet fra Likestillings- og diskrimineringsombudet (LDO) i 2008. Tallene ble presentert i ukeavisen Ny Tid 28. november 2009.
7 Klassekampen 26. januar 2013.
8 En undersokelse ved Norges Handelshoyskole (AFF) viser at andelen kvinnelige ledere i 2011 var 31,5 prosent i bedrifter med mer enn ti ledere. Det er en okning pa nesten 11 prosentpoeng fra 2001, da kvinneandelen la pa 20,9 prosent. AFFs undersokelse viser imidlertid at det er en storre kvinneandel blant mellomledere enn i de hoyeste posisjonene. Ifolge undersokelsen er 75 prosent av de kvinnelige lederne mellomledere. Pa partnerniva er tallene enda verre: KPMG, Deolitt, PWC og Ernst & Young har henholdsvis 13, 17, 11 og 10 prosent kvinnelige partnere. Kilde: www.e24.no 24. mars 2012.
9 I en kronikk i Aftenposten 4. mars 2011.

kvinne- og mannsbevegelsen pa 1970-tallet, redigert av Hilde Danielsen.

4 Feministen Runa Haukaa sier for eksempel i et intervju med ABC Nyheter 8. mars 2008 at uten historisk kunnskap oppstar det myter. Hun legger til: «Mens aktivistene i fagbevegelsen er opptatt av de stolte tradisjonene bevegelsen har, er kvinnene opptatt av at de ikke er som deres modregenerasjon. Vi larer tidlig at kvinnesakskvinner var noen hespetre, og ikke mange vet at kvinnebevegelsen har samlet like mange i tog 8. mars som fagbevegelsen har samlet 1. mai.»

5 Beskrevet i Haukaa 1982, s. 26.

6 Skard 1977, s. 204.

7 Et av flere eksempler pa dette er det feministiske tidsskriftet *KjerringRad* nr. 4/1978. Her debatteres det i hele bladet hvorvidt fullt lonnsarbeid virkelig er frigjorende for kvinnen, og om barnehager nodvendigvis er frigjorende for barn.

8 Siri Norve i *KjerringRad* nr. 4/1978, s. 13.

9 Unni Terjesen, op.cit., s. 25.

10 Froydis Guldahl, op.cit., s. 45.

11 Hilde Bojer i *KjerringRad* nr. 1/1976, s. 7.

12 Temanummer om husarbeid i *Tidsskrift for kjonnsforskning* nr. 4/2010.

13 www.kampdager.no – nettutstilling fra *Kilden*/Forskningsradet.

14 Beskrevet i Haukaa 1982, s. 10.

15 Op.cit., s. 113.

16 Eksemplene er hentet fra www.kampdager.no – nettutstilling fra *Kilden*/ Forskningsradet, som ogsa er kilde for resten av dette delkapittelet.

17 www.kampdager.no

18 Ibid.

19 Bang (red.) 1972, s. 207.

20 Skard 1977, s. 69.

21 Referert pa www.kampdager.no: 6-timersdagen.

22 Eisenstein 2009.

23 Op.cit., i forordet.

24 Dagsavisen 6. mars 2004.

25 Bang (red.) 1972, s. 16.

26 I Lonneroth 2008.

27 Op.cit., s. 55–56.

28 Haukaa (red.) 1991, s. 15.

29 Kilde: Store norske leksikon: http://snl.no/Karin_Stoltenberg.

30 Haukaa (red.) 1991, s. 16.

31 Op.cit. «Vi er alle *for* likestilling, men i praksis er det store ulikheter mellom kvinner og menn i alt fra inntekt, til hvor mye husarbeid vi gjor og hvor stor stillingsbrok vi har. Vi er like og forskjellige sa a si i ett og samme oyeblikk,» skriver Haukaa. «Problematikken blir da,» skriver hun, «at nar kvinner og menn lever i et likestilt samfunn med kjonnsforskjeller, ma hver og en av oss leve med og mestre dette paradokset: Vi er like, men vi er forskjellige.»

32 Undersokelsen er gjort for en artikkel av Berit Brandth og Elin Kvande i Haukaa (red.) 1991, s. 117–142.

33 Op.cit., s. 137.

34 Bang (red.) 1972, s. 96.

35 Ann Nilsen og Anne Marit Skarsbo i Christensen og Syltevik (red.) 2009.

36 Skard 2012, s. 14.

37 Beskrevet i blant annet Skard 2012, s. 72.

38 Wharton 2005, s. 83.

39 Blom (red.): *Cappelens kvinnehistorie*, bd. 2, 1992, s. 490.

40 Skard 1953, s. 13.

41 Blom (red.): *Cappelens kvinnehistorie*, bd. 2, 1992, s. 573.

42 Blant annet beskrevet av Hilde Danielsen og Nanna Kildal i Christensen og Syltevik (red.) 2009, s. 67.

22 Slik er det beskrevet i Brandth, Bungum og Kvande (red.) 2005.
23 Barnepsykolog og forsker Hanne Haavind mente allerede i 1987 dette i boken *Liten og stor*, s. 23.
24 *Kilden* 6. april 2004.
25 En definisjon Kari Skrede bruker i boken *Politicising Parenthood in Scandinavia. Kilden* 28. august 2006.
26 Statistisk sentralbyra: Faktahefte *Dette er Kari og Ola. Kvinner og menn i Norge*, 2010, http://www.ssb.no/ola_kari/inntekt_formue/
27 Arbeidsstyrken er summen av de sysselsatte og de arbeidsledige, dvs. personer som tilbyr sin arbeidskraft i arbeidsmarkedet. Kilde: SSB Arbeidskraftundersokelsen, 4. kvartal 2012
28 Gjengitt av Kari Warness i temanummer om husarbeid i *Tidsskrift for kjonnsforskning* nr. 4/2010.
29 S. 94.
30 Gjengitt i Dagsavisen 6. mars 2004.
31 Ibid.
32 Aftenposten 1. februar 2004.
33 Dagsavisen 6. mars 2004.
34 Kronikk i Dagbladet 15. november 2005.
35 I Fagforbundets magasin *Fagbladet*, november 2010.
36 I Klassekampen 12. september 2009.
37 Nina Bjork i sin spalte i den svenske avisen Dagens Nyheter 3. november 2005.
38 Klassekampen 17. november 2005.
39 Cathrine Sandnes, redaktor i Samtiden og feminist, skrev for eksempel: «Det begynte med Nina Bjork, forfatteren av den hoyst leseverdige boka *Under det rosa teppet*, og noen ar senere fikk hun folge av Linda Skugge: Plutselig begynte de a snakke som om de var bestevenninna til Valgerd Svarstad Haugland, begge to.» Kronikk i Dagbladet 13. oktober 2007.
40 Dagbladet 12. november 2005.
41 Ibid.
42 Intervju i Aftenposten 5. september 2009 i forbindelse med rapporten fra Karolinska Institutet.
43 Rapport fra Ostlandsforskning, *Sosiale arsaker til sykefravar*, gjengitt i magasinet *Velferd*, nr. 4/2011.
44 *Velferd*, nr. 4/2011.
45 Op.cit., s. 61.
46 Op.cit., s. 72.
47 Op.cit., s. 73.
48 «I dag kaller de det tidsklemme, pa 70-tallet ville vi kalt det 'kvinneundertrykking', dette at kvinner blir revet og slitt mellom sitt eget behov for selvstendighet og arbeid, og barna. Den lange fodselspermisjonen var, og barnehagene, dette ville vi aldri fatt hvis ikke noen tenkte at kvinner trenger sarordninger for a kunne ga ut i arbeidslivet pa lik linje med menn.» Runa Haukaa i Dagsavisen 6. mars 2004, der hun la til at hun aldri vil bli tilhenger av en 'mekanisk likestilling' mellom kjonn.
49 Beskrevet av Marsdal og Wold 2004.
50 Kanskje er dette en nyliberal hersketeknikk, typisk for var tid, slik den svenske forfatteren Anneli Jordahl hevdet i Klassekampen 16. juni 2012.

第二章　70年代の神話と社会変革の夢

1 Sandnes, Nossum og Smith-Erichsen (red.) 1999, s. 145.
2 Kjersti Ericsson er forfatter, forsker og 70-tallsfeminist. Hun beskriver det slik pa www.kampdager.no – nettutstilling fra *Kilden*/Forskningsradet: «Det er sa mye uvitenhet om 1970-tallet at jeg blir kjempeprovosert. Det er blitt tegnet et bilde av oss kvinneaktivister som humorlose og ensporete. Men det var en varm og flott periode. For mange kvinner var det ogsa en seksuell lossluppen tid, en varlosning. Det er pa tide a sla fast at 1970-arene var en blomstringstid. Og hvor hadde vi vart i dag om vi ikke hadde vist pigger og klor den gang?»
3 I mars 2013 ble faktisk en stor del av denne historien utgitt: *Da det personlige ble politisk. Den nye*

原註

はじめに　胸騒ぎ

1 Blant gifte eller samboende modre med barn i alderen tre–seks ar er det bare 26 prosent som jobber heltid. 40 prosent jobber deltid, og 14 prosent er midlertidig fravarende fra yrkeslivet. De ovrige er arbeidsledige eller star helt utenfor arbeidsstyrken. Magasinet *Kilden* 6. april 2004.

2 Professor i sosiologi ved Universitetet i Oslo, Marianne Nordli Hansen, beskriver det slik i en kronikk om norsk fattigdom i Aftenposten 19. juli 2008: «Den norske politiske debatten preges imidlertid av en rekke forestillinger og myter. En er at velferdsstaten i hovedsak gir alle like muligheter. En annen er at utviklingen gar i riktig retning, slik at stadig farre i samfunnet faller utenfor. En tredje er en forestilling om at uhell og tilfeldigheter kan forklare hvorfor noen faller utenfor.»

第一章　「仕事と家庭の両立」という難問

1 Aftenposten 3. februar 2004. Tilsvar til psykolog Sissel Gran i forbindelse med tidsklemmedebatten.

2 Daglig avholdes dugnader i borettslag, frivillige organisasjoner, lokalsamfunn og idrettsklubber rundt om i landet. Kilde: Hakon Lorentzen og Line Dugstad ved institutt for samfunnsforskning (ISF) i boken *Den norske dugnaden,* Hoyskoleforlaget, gjengitt pa forskning.no 9. mai 2011.

3 Runa Haukaa er sosiolog, kvinneforsker og forfatter av boken *Bak slagordene* fra 1982. Fra et intervju i Dagsavisen 6. mars 2004.

4 Fra Barne- likestillings- og inkluderingsdepartementet: NOU 2008:6 *Kjonn og lonn*: «Om det er kulturelle normer, okonomisk rasjonale eller en kombinasjon av flere forhold som ligger bak den sterke kjonnsdelingen i arbeidstidsfordelingen mellom kvinner og menn, er ikke godt a si. Det er imidlertid liten tvil om at modre ofte arbeider deltid, mens fedres arbeidstid generelt pavirkes forholdsvis lite av familiesituasjonen.»

5 Fra undersokelsen «Skriet fran karnfamiljen» av Rebecca Edgren Alden og Tinni Ernsjoo Rappe, gjengitt i Bjork 2012, s. 155–156.

6 Bjork 2012, s. 158.

7 Fra en kronikk av Gamkinn i Dagbladet 7. mars 2013.

8 Kronikk pa NRK Ytring 26. februar 2013.

9 Utgitt i 1999 og gjengitt i Briseid 2012, s. 106.

10 Forsker ved Institutt for samfunnsforskning, Anne Lise Ellingsater, hevder for eksempel dette i boken *Velferdsstaten og familien*. Her hevder hun at norske barn har det bedre enn noensinne, og at forskningen viser at to yrkesaktive foreldre pa heltid normalt ikke forer til darlig trivsel eller problemer for barn. Intervju i Aftenposten 27. april 2004.

11 Briseid 2012, s. 11.

12 Aftenposten 4. januar 2004.

13 Fra 1997, i Wharton 2005, s. 109.

14 Wharton 2005, s. 110.

15 Intervju i Aftenposten 18. november 2012 i forbindelse med Bjornstads bok *Verdens ende*.

16 Ibid.

17 Ibid. Sissel Grans svar til alle kvinnene som responderte pa tidsklemmedebatten.

18 Den 23. november 2009 beskriver forsker Anne Lise Ellingsater dette i Klassekampen: «Mannlige toppledere har ofte hjemmevarende koner som har hendene fulle med a organisere familiens prangende fritid og forbruk.» En norsk undersokelse som ble gjort pa oppdrag fra Likestillingssenteret og publisert i 2002, viste samme trend: 46 prosent av de mannlige lederne hadde kone eller samboer som jobbet deltid eller var hjemmevarende.

19 Anonym intervjuet i Aftenposten 1. februar 2004 i forbindelse med tidsklemmedebatten.

20 Aftenposten 8. mars 2013.

21 Kronikk pa NRK Ytring 16. mars 201.

©Eivind Volder Rutle

リン・スタルスベルグ　LINN STALSBERG

1971年ノルウェー生まれ。ロンドン・スクール・オブ・エコノミクスで社会学の修士号を取得。

アムネスティ・ノルウェー、ノルウェー国営放送NRK、新聞「階級闘争」などの媒体でジャーナリスト、コラムニストとして活躍。2013年に本書『私はいま自由なの？』を発表。アラビア語にも翻訳され、特にジェンダー・ギャップ指数ランキング129位のエジプト（2021年）で、女性読者から大きな反響を得た。

共著に、赤十字から出された『戦争のルール』(2012年、未邦訳)。単著は本書のほかに『もう飽き飽き――新自由主義がいかにして人間と自然を壊してきたか』(2019年、未邦訳）がある。

枇谷玲子（ひだに・れいこ）**REIKO HIDANI**

1980年生まれ。デンマーク語、ノルウェー語 、スウェーデン語翻訳家。大阪外国語大学卒業。

主な訳書にイルセ・サン『鈍感な世界に生きる敏感な人たち』(ディスカヴァー・トゥエンティワン)、マルタ・ブレーン『ウーマン・イン・バトル！』(合同出版)、サッサ・ブーレグレーン『北欧に学ぶ小さなフェミニストの本』(岩崎書店)、オーシル・カンスタ・ヨンセン『キュッパのはくぶつかん』(福音館書店)などがある。


私《わたし》はいま自由《じゆう》なの？

男女平等《だんじょびょうどう》世《せ》界一《かいいち》の国《くに》ノルウェーが直面《ちょくめん》した現実《げんじつ》

2021年10月10日　第1刷発行

著　者　リン・スタルスベルグ
訳　者　枇谷玲子
発行者　富澤凡子
発行所　柏書房株式会社
〒113-0033 東京都文京区本郷2-15-13
電話 03-3830-1891（営業）
03-3830-1894（編集）
装　丁　髙井愛
装　画　芳賀あきな
印　刷　壮光舎印刷株式会社
製　本　株式会社ブックアート

ISBN978-4-7601-5285-8